Schreinern

für Einsteiger und Fortgeschrittene

ACESA
Acero Fino Especial

Schreinern

für Einsteiger und Fortgeschrittene

Bechtermünz Verlag

Originaltitel: Trabajos en Madera

Deutsche Erstausgabe

Bearbeitung und Koordination der deutschen Ausgabe:
akapit Verlagsservice, Berlin - Saarbrücken
Übersetzung: Leonie Rams, Saarbrücken, für akapit
Text und Koordination:
Vicenç Gibert, Frederic A. Martín, Rodrigo Lazcano
Holzarbeiten: Eduard Vall-Ilosera
Layout: Josep Guasch
Fotografie: Nos & Soto
Illustrationen: Antoni Vidal, Jordi Segú
Design: Josep Guasch
Umschlaggestaltung: Georg Lehmacher, Friedberg (Bayern)
Umschlagmotive vorne: Nos & Soto (links und rechts oben),
ZEFA/Jahreszeiten Verlag (oben Mitte),
ZEFA/Hackenberg (unten rechts), Nos & Soto (hinten)
Printed in Spain
ISBN 3-8289-2338-0

Inhalt

EINLEITUNG

In dem vorliegenden Buch wollen wir Ihnen mehr bieten als nur praktische Anleitungen zum Bau von bestimmten Gegenständen oder Holzmöbeln im Schritt-für-Schritt-Verfahren.

Bei der inhaltlichen und gestalterischen Konzeption haben wir versucht, eine Art Selbstlernwerk zu schaffen, was sicherlich den Interessen einer großen Zahl von Anfängern und auch denen professioneller Experten entgegenkommen wird. So können Sie Ihren Einstieg je nach Ihren Vorkenntnissen selbst finden.

Das Buch ist in drei große Themenblöcke unterteilt, die – zusammengenommen – kompakte, auf das Wesentliche reduzierte Information bieten. So bekommen Sie das nötige Hintergrundwissen, mit dem Sie in der Lage sind, selbständig und ohne Probleme weiter in die Materie einzusteigen und die vielen Möglichkeiten zu entdecken, die das Material Holz zu bieten hat.

Zu Beginn steht der erste Informationsblock, die Grundlagen. Hier wird das Material Holz vorgestellt, das – wir möchten noch einmal darauf hinweisen – sehr schwer zu bearbeiten ist, wenn man nicht in alle seine Eigenarten eingewiesen ist und wenn man nicht weiß, welche Arbeitsgänge, die auf den ersten Blick einfach scheinen, Schwierigkeiten beinhalten können. Diese kann nur jemand benennen, der langjährige Erfahrung mit der Holzbearbeitung hat und sein Handwerk von der Pike auf gelernt hat.

Im zweiten Block beschäftigen wir uns mit der Vorbereitung. Hier werden die gebräuchlichsten Werkzeuge und Geräte beschrieben, welche Bedingungen sie erfüllen müssen und wie die Grundausstattung einer Werkbank aussieht. Diese Dinge sind wichtig zur Vorbereitung auf die vielen Arbeitsgänge, die für die unterschiedlichen Holzarbeiten durchlaufen werden müssen.

Schließlich folgen die Arbeitsanleitungen. Auch dieser dritte Themenblock geht, in drei Stufen, nach fortschreitendem Schwierigkeitsgrad vor. Er beginnt mit ganz einfachen Arbeiten. Hier lernen Sie, Basiselemente zu bauen, z.B. unterschiedliche Holzverbindungen oder den Einbau von Türschlössern. Dann folgen einfache Werkstücke, und zu guter Letzt finden Sie Anleitungen zum Bau von Möbeln und Spielzeug, die immer komplexer werden. Dies bezieht sich nicht nur auf den Schwierigkeitsgrad, sondern auch auf Größe und Umfang der Gegenstände...

Es wäre anmaßend zu behaupten, wir würden es auf diesen wenigen Seiten schaffen, Ihnen alle Geheimnisse dieses Handwerks, das zu den ältesten der Welt gehört, zusammenzufassen. Wir wollen jedoch das Wichtigste zusammenstellen, um Ihr Interesse und vielleicht auch Ihre Liebe zu diesem schönen Handwerk zu wecken. Sollte uns dies gelingen, würden wir uns sehr freuen.

Vicenç Gibert

GRUNDLAGEN

In diesem Kapitel erfahren Sie die wichtigsten Grundlagen über Holz als Basismaterial für das Tischlerhandwerk; als Massiv- oder Preßholz, Holz in Verbindung mit verzierenden Elementen und mit Metallbeschlägen; nicht zu vergessen die wichtigsten Hilfsmittel wie die verschiedenen Leimsorten, die bei den Verbindungstechniken zum Einsatz kommen.

Diese erste Annäherung an die Welt der Tischlerei endet – wie in jedem vergleichbaren Herstellungsprozeß – mit einem Abschnitt, in dem die verschiedenen Techniken für den Schlußanstrich vorgestellt werden. Von den einfachsten, z.B. der Verkittung, geht es zu den spezielleren und schwierigeren, wie der Lackierung.

Mit diesem eher allgemein gehaltenen Überblick möchten wir die grundlegenden Konzepte erklären, die am Anfang einer jeden Tischlerarbeit stehen. Daher werden die verschiedenen Sorten des Primärmaterials Holz beschrieben und die wichtigsten Elemente, die bei seiner Weiterbearbeitung eine Rolle spielen.

DAS MATERIAL

Wenn wir uns mit dem Holz als Primärmaterial befassen, müssen wir auch den Baum als natürliches Primärmaterial betrachten. Bäume sind schließlich, ob sie in der Stadt oder auf dem Land wachsen, immer wohltuend für das Auge und für die Seele. Ob sie allein stehen oder in Baumgruppen, als Straßenbäume auf Bürgersteig oder Mittelstreifen, ob auf Plätzen oder in Stadtparks: überall spenden sie ihre wohltuenden Energie, ohne die das Leben vieler Lebewesen, inklusive das des Menschen, wesentlich schwieriger zu meistern wäre.

Verschiedene Sorten von Tischlerholz

Die Bezeichnung „Tischlerholz“ verwenden wir wegen der notwendigen Unterscheidung zwischen der Holzbearbeitung, die in Räumen stattfindet, also der Tischlerei, und der, die im Freien stattfindet: der Zimmermannskunst. Diese Unterscheidung hat nicht nur mit den räumlichen Gegebenheiten zu tun, sondern auch mit der Dimension der Produkte der beiden Handwerke. Zimmerleute stellen Holzprodukte sehr großen Umfangs her; daher wären ihre Bearbeitung und ihr Transport innerhalb von Werkstätten unmöglich. Nicht zu vergessen natürlich die Größe der Maschinen, die ja der des zu bearbeitenden Materials entsprechen muß. Daher wird in der Holzverarbeitung zwischen Tischler- und Zimmermannswerkzeug unterschieden.

In diesem Abschnitt möchten wir nicht jede einzelne Holzsorte detailliert mit all ihren botanischen Eigenschaften beschreiben, sondern einen nützlichen Überblick geben über die wichtigsten Baumarten, deren Hölzer auf dem Markt sind. Je nach Anwendung erhalten Sie so wichtige Informationen wie Dichte, Härtegrad, Eigenschaften, Nachteile, geographische Verbreitung und gebräuchlichste Verwendung. Bei den Vergleichen beziehen wir uns auf die meistgehandelten europäischen Hölzer.

◄ TANNE

Vorkommen: Vor allem in Mittel- und Südeuropa, in Gebirgszonen von den Pyrenäen bis nach Rußland, jedoch auch in Nordamerika, West- und Zentralasien.

Eigenschaften: Helles, creme- bis ockerfarbenes Holz, mit wellenförmiger Maserung, leicht bräunlich oder rosenfarbig auf charakteristisch weißlichem Hintergrund. Tannenholz ist leicht zu bearbeiten, leicht, weich und elastisch; dennoch sehr widerstandsfähig und auch im Freien langlebig, auch wenn es langanhaltender Feuchtigkeit ausgesetzt ist. Trotzdem sollte es nicht rasch wechselnden Bedingungen unterworfen werden, denn wenn man es von einer feuchten Umgebung direkt in eine sehr trockene bringt oder umgekehrt, fängt es sofort an zu schimmeln und wird anfällig für Pilze. Es läßt sich wegen seiner geraden und grobporigen Fasern leicht trocknen und ist leicht zu beizen.

Verwendung: Von Zimmerleuten wie auch Tischlern benutzt; für Möbelgestelle, Teile und Gehäuse von Musikinstrumenten und Schiffsbaueile, z.B. Masten.

◄ KASTANIE

Vorkommen: Mittelmeerraum und in einigen Gebieten Mittel- und Nordeuropas, z.B. in der Schweiz, in Deutschland und in Südengland

Eigenschaften: Rötlich-ockerfarbenes Holz von langfaseriger Struktur, in seinen Eigenschaften vergleichbar mit Eichenholz. Von diesem unterscheidet es sich durch das Fehlen einer sichtbaren Struktur. Es schneidet sich gut und ist sehr dauerhaft auch unter Einfluß großer Feuchtigkeit; es wird jedoch leicht rissig an der Luft. Es ist nicht sehr anfällig für Insektenbefall und leichter zu bearbeiten als Eichenholz, außer beim Hobeln. Man kann es gut biegen, und wenn es einmal richtig getrocknet ist, ist es sehr stabil.

Verwendung: Vor allem für Treppen und für verschiedene Tischler- oder Zimmermannswerkstücke als Ersatz für Eiche. Für Tische, Schränke und alle Arten von Möbeln, besonders für den Gebrauch im Freien.

◄ **KIRSCHBAUM**

Vorkommen: europäischen Ursprungs, wächst aber auch in Kleinasien, im Kaukasus sowie in den USA.

Eigenschaften: Holz mit schöner Maserung, am besten mit einem hellen Ton; das Kernholz ist dunkelbraun. Es ist relativ hart, trotzdem anfällig für Holzwurmbefall. Muß vorsichtig getrocknet werden, da es sich sonst leicht wellt. Einmal richtig trocken ist es jedoch sehr stabil und widerstandsfähig. Vor allem im Freien sehr dauerhaft.

Verwendung: Es wird viel in der Kunstschreinerei verwendet, da es leicht zu bearbeiten und zu schneiden ist, sowohl manuell als auch mechanisch. Es ist sehr empfänglich für Schleif- und Beizvorgänge. Einen Tag in ein Kalkwasser- oder Säurebad eingelegt, entfaltet sich ein prächtiges Rot, bei Saiteninstrumenten, Mundstücken, Pfeifen und Stühlen besonders beliebt. Wird auch verwendet für Getriebezähne und verschiedene Schnitzarbeiten.

◄ **ESCHE**

Vorkommen: In ganz Europa, vor allem in den Wäldern der Mittelgebirge. Ähnliche Arten auch in Japan und den USA.

Eigenschaften: Cremefarbenes, weißliches, rosafarbenes oder gräuliches Holz, mit auffälliger Maserung und sehr hervorstechenden Jahresringen. Hart und fest, langfaserig, mit schneller Trocknungszeit und mäßig stabil. Sehr widerstandsfähig gegen Stöße und Vibrationen. Es verdirbt jedoch leicht und ist daher nicht geeignet für Objekte im Freien, es sei denn, es wird vorbehandelt. Es läßt sich gut sägen, leicht mit Maschinen bearbeiten und streichen, auch wenn es beim Hobeln manchmal splittert. Läßt sich unter Wasserdampf problemlos biegen.

Verwendung: Im allgemeinen für Möbel und gebogene Objekte, wie z.B. Tennis-, Baseball- und Eishockeyschläger, Fitneßgeräte und Werkzeugstiele. Auch bei gebogenen Schiffsteilen wird Eschenholz verwendet.

◄ **BUCHE**

Vorkommen: In den gemäßigten Zonen Nordeuropas; auf ihrem Territorium ist die Buche meist eine Konkurrentin der Eiche.

Eigenschaften: Weißliches Holz, das Rosatöne aufweist, wenn es unter Dampf getrocknet wurde. Es ist langfaserig und hat eine feine, gleichmäßige Struktur. Buchenholz trocknet schnell, aber wellt sich leicht und verzieht sich, einmal getrocknet, unter dem Einfluß von Feuchtigkeit. Im Wasser wird es schwarz und verfault schnell, hält also wechselnden Witterungsbedingungen nicht lange stand. Gegen Hitze ist es dagegen beständig und läßt sich gut biegen. Es läßt sich gut hobeln, splittert selten und eignet sich auch zum Drechseln.

Verwendung: Sehr gut geeignet für Möbel, vor allem solche mit gedrechselten Bestandteilen; es empfiehlt sich auch für verschiedene Haushaltsgeräte, Löffel oder Werkzeugstiele; nicht zu vergessen seine Verwendung bei Spielzeugen, Kisten und Parkettböden.

▶ NUSSBAUM

Vorkommen: Vor allem in heißen und gemäßigten Zonen Nordeuropas, obwohl der Nußbaum ursprünglich aus Kleinasien stammt. In Europa hat er jedoch eine weitere Verbreitung gefunden.

Eigenschaften: Halbschweres Holz, widerstandsfähig gegen mechanische Einflüsse und daher sehr beliebt. Die Farbe ist grau-bräunlich mit fast schwarzer Maserung; die Faser ist geradlinig, mit leichten Wellenformen. Mittelmäßig anfällig für Pilze. Bei der Bearbeitung läßt es sich nur schwer spalten, jedoch leicht schnitzen, leimen, schleifen und beizen. Es trocknet langsam und hat gewöhnlich ein schönes Kernholz.

Verwendung: Nußbaumholz ist eines der dekorativsten Hölzer und wird daher seit der Antike für die Möbelherstellung verwendet. Als Massivholz wird es in der Kunstschreinerei benutzt, für elegante Treppen, in der Drechslerei und Bildhauerei. Es werden auch Furniere aus Nußbaumholz hergestellt sowie luxuriöse Auskleidungen.

▶ OLIVE

Vorkommen: In allen Ländern Südeuropas, vor allem in der Nähe des Mittelmeers.

Eigenschaften: Gelbliches Holz mit dunkler, fleckiger Maserung. Olivenholz ist zudem kompakt, widerstandsfähig und hart. Es trocknet sehr langsam und hat die Tendenz, spröde und rissig zu werden. Es verbindet eine hohe Dichte mit einer feinen Struktur. Es ist nur mäßig resistent gegen Pilzbefall.

Verwendung: Da es sich leicht sägen und bearbeiten läßt, gebraucht man es vor allem für Möbelauskleidungen, für Leisten, Türpaneele, Parkettböden und Truhen. Es splittert nicht beim Einschlagen von Nägeln.

▶ ULME

Vorkommen: Hauptsächlich in Zentral- und Südeuropa, obwohl die Ulme auch in großen Gebieten Skandinaviens zu finden ist. In Amerika und Asien existieren auch Ulmenarten.

Eigenschaften: Hartes und schweres Holz. Die Fasern sind dicht verschlungen, weswegen Ulmenholz sehr druckresistent ist. Die Farbe ist bräunlich oder rötlich, und die Zeichnung ist sehr schwach. Langlebiges Holz, das nicht von Pilzen angegriffen wird. Da es ziemlich dichtes und unregelmäßiges Kernholz hat, ist es schwer zu hobeln, zu schleifen und zu beizen. Es nimmt jedoch Leim gut auf, da es sehr porös ist.

Verwendung: Wird vor allen Dingen im Gerüstbau verwendet sowie im Zimmer- und Tischlerhandwerk generell, obwohl es schwer zu streichen ist. Es wird meistens für solche Gerüste und Strukturen verwendet, die konstanter Feuchtigkeit ausgesetzt sind, wie Fischerboote oder Schiffsgerippe.

◄ **GEMEINE KIEFER**

Vorkommen: (lat.: *Pinus silvestris*) Das Verbreitungsgebiet umfaßt fast ganz Europa und Zentralasien; große Kiefernwaldgebiete befinden sich in Schweden, Finnland, Rußland und Polen.

Eigenschaften: Zur Zeit das gebräuchlichste Nutzholz. Die Jahresringe sind sehr markant, die Eigenschaften dieses Holzes variieren je nach geographischer Herkunft. Es ist leicht zu bearbeiten und zu nageln und nimmt Leime und Klebstoffe gut auf. Es trocknet schnell und ist stabil, solange es keine Astlöcher hat. Gutes Qualitätsholz zeigt immer eine Maserung, die zwischen harten und weichen Konturen abwechselt. Die weichen sind jeweils heller. Da Kiefernholz sehr harzig ist, ist es auch sehr witterungsbeständig.

Verwendung: 1A-Qualitätsholz wird in der Tischlerei für die Fertigung von edlen Möbeln verwendet. Gewöhnliches Kiefernholz dagegen wird für Hauskonstruktionen, Montagearbeiten und zur Kistenherstellung benutzt. Auch als Rohstoff für die Papierherstellung spielt Kiefernholz eine sehr wichtige Rolle.

◄ **PLATANE**

Vorkommen: Wir beziehen uns hier vor allem auf die amerikanische Platane. Die morgenländische Platane, die ebenfalls in ganz Europa bis auf den Norden verbreitet ist, wird wirtschaftlich nicht genutzt.

Eigenschaften: Gräulich-kupferfarbenes Holz mit nach außen hin verlaufenden Adern, die gut sichtbar sind, wenn man das Holz längs schneidet. Es ist leicht und langfaserig, ähnlich wie Buchenholz, mit einer feinen und gleichmäßigen Struktur. Es krümmt sich nicht beim Trocknen, allerdings wird es schnell von Holzwürmern befallen. Unter Wasser hält es sich gut, bei Außenkonstruktionen hält es jedoch der Feuchtigkeit nicht gut stand.

Verwendung: Das Holz ist geeignet für die Herstellung von Leisten oder Holzwagen. Ansonsten Verwendung wie Buchenholz.

◄ **EICHE**

Vorkommen: Baum von sehr weitläufiger Verbreitung. Beste Qualität hat Eichenholz aus Deutschland, Kroatien und den USA.

Eigenschaften: Sehr hartes und wasserfestes Holz; im Wasser wird es sogar noch härter. Es ist jedoch sehr dicht und daher schwer. Die Farbe ist gelbbraun, die Struktur breit , die Fasern sind geradlinig, lang und elastisch. Einmal eingeschlagene Nägel sind, vor allem aus frischem Eichenholz, praktisch nicht mehr herauszuziehen.

Verwendung: Wird zu Qualitätsmöbeln verarbeitet. Aber auch in der Schiffsindustrie, im Bauwesen, für Parkett und Holzschnitte, da es leicht zu verarbeiten und zu beizen ist und eine angenehme Färbung hat. Außerdem ist es bekanntlich der Grundstoff für Faßdauben, in denen teure Weine und Liköre gelagert werden.

Handelsübliche Schnittholzsorten

Rohholz wird kurz nach dem Fällen verschiedenen Verfahren und Behandlungen unterzogen. Erst danach kann man aus dem Holz die Produkte herstellen, die dann gebrauchsfertig im Fachhandel erhältlich sind.

Eine Normierung macht es schließlich möglich, daß die Hölzer und Holzprodukte ähnliche oder fast die gleichen Eigenschaften in bezug auf ihre Ausmessung und ihre Qualität haben: Überall, wo diese Normen gelten, kann man Schnittholzsorten kaufen, die die gleichen Eigenschaften haben.

Als Grundlage für die Normgrößen gilt der Holzquerschnitt. Er ist das Maß der kleinsten Fläche eines Holzstücks, also seiner Breite und Dicke. Die Länge dagegen bestimmt zwar die Gesamtgröße des Holzstücks, interessiert aber nicht für die Normgröße.

Zum besseren Verständnis erklären wir zunächst die Fachbegriffe, mit denen man die Maße eines Holzstücks bezeichnet:

Stirnseite. Die kleinste Fläche eines Holzstücks. Ihr Maß entspricht der Normgröße, dem Holzquerschnitt.

Breitfläche. Die Seite eines Holzstücks mit der größten Oberfläche.

Kantseite. Zweitgrößte Oberfläche nach der Breitfläche.

Die Abmessungen

Die Abmessungen eines Holzstücks beziehen sich also immer auf seine Stirnseite, die mit dem Holzquerschnitt identisch ist: Die Maße sind Dicke (= kurze Seite der Kantseite) mal Breite (= kurze Seite der Vorderseite)

Geordnet von der kleinsten bis zur größten Abmessung benennt man die Holzstücke folgendermaßen:

Furnier. Holzblätter in einer Dicke von 0,2 mm bis 5 mm. Länge und Breite sind unterschiedlich.

Dickte. Die Dicke variiert zwischen 4 mm und 10 mm. Länge und Breite sind unterschiedlich.

Latte. 5–7 cm in der Breite mal 2–3 cm Dicke. Lattenholz ist von minderer Qualität.

Bohle. Bohlen haben an der einen Kantseite ein Nut- und an der anderen Seite ein Federprofil. 5–15 cm Breite mal 1,5–3 cm Dicke. Länge variabel.

Brett. Die Breite ist immer größer als die Dicke: 10–30 cm Breite gegenüber 1–3 cm Dicke.

Leiste. Rechteckiger Holzquerschnitt in der Größenordnung 1–2 cm x 2–4 cm.

Rahmen. Rechteckiger Holzquerschnitt mit einer Dicke von 38–100 mm. Die Breite darf die doppelte Dicke nicht übersteigen.

▲ Die gebräuchlichsten Holzquerschnitte und ihre Bezeichnungen im Vergleich.

Kantholz. i. allg. scharfkantige Holzstücke mit quadratischem oder rechteckigem Querschnitt. Breite und Dicke übersteigen 10 cm

Balken. Vierkantig geschnittenes Holzstück mit größerem Querschnitt. Die Länge beträgt meist mehrere Meter. Balken der verschiedensten Art werden vor allem im Bauwesen verwendet.

Neben dieser groben Einteilung in Typen gibt es noch viele Untersorten mit festgelegten Ausmaßen. Die Bezeichnung richtet sich dann nach dem Anwendungsbereich der Holzstücke.

Die Normierung der Querschnitte dient nicht nur dazu, den zu Holz gewordenen Baum in verschiedene Formen und Kategorien einzuteilen. Sie ermöglicht auch eine internationale Standardisierung durch die zuständigen Behörden: Sie können handelsübliche Normen für jede Schnittholzgröße festlegen, sowohl für den nationalen als auch für den internationalen Handel. Nicht nur die Abmessungen sind normiert, sondern auch die physisch-mechanische Widerstandsfähigkeit, Holzfehler, Wachstumszyklen etc.

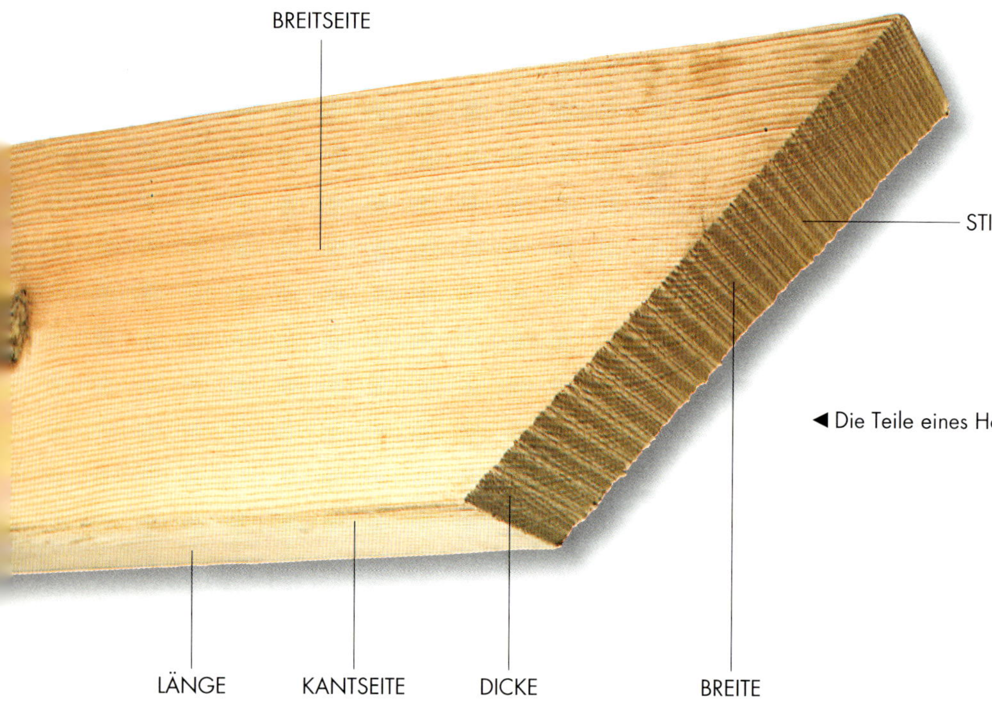

◀ Die Teile eines Holzstücks

Bemessungsverfahren

Nicht nur die Holzquerschnitte zeichnen sich durch ihre Vielfältigkeit aus, sondern auch die Bemessungsverfahren. Neben den international standardisierten Raum- und Längenmaßen gibt es auch traditionellere, die in manchen anderen Ländern noch üblich sind.

Die wichtigsten Meßverfahren, die in diesem Buch angewendet werden, sind folgende:

nach Kubikmetern. Dies ist die gebräuchlichste Maßeinheit für große Holzmengen, insbesondere in der Industrie und im Bauwesen.

nach Gewicht. Vor allem bei wertvollen und exotischen Hölzern verwendet, bei denen der Stamm keinen großen Durchmesser erreicht.

nach Quadratmetern. Diese Maßeinheit wird für Holzstücke angewandt, deren Breitfläche quadratisch ist. Für Holzstücke mit geringer Dicke (z.B. Furniere, Bohlen oder Sperrholzplatten) ist sie jedoch zu unpräzise.

nach Metern. Man mißt nach Metern bei Holzstücken mit konstant bleibender Dicke und Breite; unabhängig vom Profil der Flächen: z.B. bei Zier- oder Parkettleisten.

nach Einheiten. Wenn es sich um Platten oder andere Holzstücke in einer bestimmten Standardgröße handelt, wird die Holzmenge nach Einheiten bemessen.

Maßeinheiten

Die eben beschriebenen Meßverfahren und die dazugehörigen Maßeinheiten variieren leider je nachdem, an welchem Ort der Welt man Holzstücke kaufen möchte. Deswegen geben wir einen vergleichenden Überblick über die verschiedenen Maßeinheiten, denn oftmals muß man als Käufer eine Umrechnungsttabelle bemühen. Obwohl das Dezimalsystem das am weitesten verbreitete ist, sollte man auch andere Maßsysteme – allen voran das angelsächsische und das spanische – kennen.

1 Kubikmeter	35,319	Kubikfuß
1 Kubikmeter	61,038	Barrel
1 Kubikmeter	423.776	Boardfoot
1 Meter	39,378	Zoll
1 Spanne	194	Millimeter
1 Gros	12	Dutzend oder 144 Einheiten
1 Foot (Fuß)	304,79	Millimeter
1 Foot (Fuß)	12	Zoll
1 Inch	25,3995	Millimeter
1 Inch	16	engl. Einheit
1 franz. Einheit	2,25	Millimeter
1 engl. Einhheit	1,5874	Millimeter
1 Boardfoot	2.359737	Kubikdezimeter

Sperrholz, Spanholz und Holzfaserplatten

◄ Ansicht der Schichten, aus denen eine Spanholzplatte zusammengesetzt ist, und der unterschiedlichen Dichteverhältnisse.

Sperrholzplatten

Die traditionelle Nutzung der Ressourcen des Waldes, die jahrelang einherging mit der Vernichtung gewaltiger Waldflächen, ist im Laufe der Zeit immer weiter verbessert worden durch neue Produktionssysteme, die das vorhandene Primärmaterial optimaler nutzen und vorausschauender mit ihm umgehen. Diese reichen von einer einfachen Verarbeitung des frisch geschnittenen Holzes bis hin zur Nutzung weiterführender Holzprodukte, die erst durch einen recht komplizierten industriellen Prozeß entstehen.

So hat beispielsweise die Entwicklung mehrschichtiger, geleimter Holzplatten die Herstellung großflächiger Einheiten ermöglicht, die sich sehr stabil gegenüber klimatischen Einflüssen zeigen und frei sind von den Mängeln und schlechten Eigenschaften, die Holz in seinem natürlichen Zustand hat.

▲ Profil einer Spanplatte, deren Dichtegrad die Anordnung der Fasern im Innenteil weiterhin sichtbar läßt.

Trotzdem behalten sie ihre ursprünglichen Eigenschaften bezüglich ihrer Bearbeitung, Schnitt und chemischer Behandlung, und dies ohne Einschränkung der Optik, Qualität und anderer positiver Eigenschaften des Ursprungsmaterials.

Eigenschaften von Sperrholz

Sperrholzplatten bestehen aus verschiedenen miteinander verleimten Furnieren, deren Fasern jeweils in eine andere Richtung zeigen. Die Weiterentwicklung der Sperrholztechnik hat bewirkt, daß die typischen natürlichen Bewegungen des Holzes – des sich Zusammenziehens und des Ausdehnens – quasi ausgeschaltet werden. Diesen Effekt erreicht man, wenn man Holzfurniere in jeweils gerader Anzahl zusammenleimt, und zwar so, daß die Fasern im 90°-(oder einem anderen definierten) Winkel zueinander stehen. Die Furniere müssen jeweils in ausgewogener Anzahl in der Sperrholzplatte vorhanden sein, so daß die Gesamtdicke der in einer Richtung ausgerichteten Furniere immer der Anzahl der in Gegenrichtung ausgerichteten entspricht. Nur so werden die auf die Platte wirkenden Kräfte ausgeglichen, und die Platte verformt sich nicht.

Klassifizierung von Sperrholzplatten

Man kann Sperrholzplatten grundsätzlich in drei Kategorien einteilen, je nach Qualität der Ansichtsflächen:

Kategorie A. Die Außenflächen der Platte sind frei von Astlöchern, schlechten Verbindungen, Rissen und sonstigen Mängeln oder Flecken, die die Optik der Maserung beeinträchtigen. Das Produkt hat ein homogenes Äußeres.

Kategorie B. Die Außenflächen der Platte weisen geringfügige Mängel auf: kleinere Astlöcher, leichte Unregelmäßigkeiten in der Maserung oder kleinere Harzflecken.

Kategorie C. Hier weisen die Außenflächen sichtbare Mängel auf: Die Innenfurniere sind wellig, auf der Oberfläche finden sich große Astlöcher oder Risse, die allerdings nicht auffallen, wenn man die Fläche abschleift.

Spanholz

Dieses Verfahren bietet eine bessere Ausschöpfung des Materials. Erst durch die Entwicklung von Kunstharzen ist es möglich geworden, das zu Spänen

▼ Homogenes Preßverfahren: Diese Platten sind unempfindlich gegen einwirkende Zugkräfte, da die Partikel gleich groß und gleichmäßig sind.

▼ Dreischicht-Preßverfahren: Diese Platten halten jedem Druck stand, da die Größe der Partikel in den Außenschichten und der Mittellage variiert. Dadurch erhält man drei Schichten von unterschiedlichen Eigenschaften in bezug auf Dichte und Porösität.

▼ Mehrschicht-Preßverfahren: Es liefert die besten Platten, was ihre mechanischen Eigenschaften betrifft. Von innen nach außen werden die Partikel immer feiner. Auf diese Weise sind die Größenunterschiede der Partikel in den einzelnen Schichten für das Auge nicht mehr sichtbar.

▲ Seitenansicht einer Holzfaserplatte (Ausschnitt). Besonders auffällig: Die charakteristisch hohe Verdichtung der Faserbestandteile.

verarbeitete Holz zu verdichten und zusammenzukitten, wodurch das Material sehr sparsam verwendet werden kann. Schon Mitte des 20. Jahrhunderts wurde dieses Verfahren angewandt, und es ist immer weiter entwickelt worden. Dank seiner ökonomischen Vielseitigkeit ist Spanholz in der Möbelindustrie weit verbreitet.

Von der modernen Möbelproduktion ausgehend, die sehr große Holzflächen benötigt, wurden industrielle Spanplaten gefertigt, die allmählich in das Bauwesen und auch in die Hobbywerkstätten Einzug hielten.

Alle typischen Probleme, die sich bei der Holzbearbeitung ergeben, sind bei Spanplatten praktisch nicht vorhanden, da ja die gleichmäßig geschnittenen Späne in alle Richtungen stehen und von daher ein stabiles, homogenes Material darstellen – sowohl an der Oberfläche als auch im Inneren einer solchen Platte.

Aus diesen Gründen kann man sagen, daß Spanplatten, die zu 90% aus Holz bestehen, bessere Eigenschaften haben als viele rein organisch zusammengesetzte Holzarten.

Eigenschaften von Spanholz

Die Herstellung von Spanholz beschränkt sich nicht nur auf einen einzigen Materialtyp, da die Industrie ständig neue Herstellungsverfahren entwickelt und neue Varianten auf den Markt bringt. Darum steht dem Heimwerker eine Palette von Spanholzvarianten zu Verfügung. Die qualitativen Eigenschaften bleiben jedoch die gleichen, also Stabilität bei wechselnden Raumverhältnissen und bei Belastungen, denen die Platte ausgesetzt ist.

Als grundsätzliche Vorteile dieses Materials kann man hervorheben:

– seine Stabilität, die größer ist als bei Sperrholz, da die Fasern in alle Richtungen stehen; dadurch wird ein gleichmäßiger Härtegrad erzielt.

– das Fehlen üblicher Mängel wie Astlöcher, Risse, Deformationen oder Leimstellen.

– seine hohe Resistenz gegenüber Feuchtigkeit, da die Fasern teilweise wasserdicht sind, und gegenüber Temperaturwechseln.

– seine großen Ausmaße: Ein Spanholzbrett kann bis zu 8 m lang und 2 m breit sein; solche Maße sind mit natürlichem Holz nicht zu erzielen.

– seine Widerstandsfähigkeit gegenüber biologischem Befall, also Pilzen, Holzwürmern und Schimmel, da seine Partikel amorph und mit Harzen behandelt sind.

– seine gute Stapelfähigkeit: die Bretter können problemlos in direktem Kontakt übereinander gestapelt werden.

Spanholztypen

Eine Spanholzplatte setzt sich aus Spänen oder Holzpartikeln zusammen, die durch synthetische, thermisch aushärtende Polymerharze verleimt und bei hohen Temperaturen von hochentwickelten Maschinerien gepreßt werden.

Anhand dieser allgemeinen Definition lassen sich viele Spanholzvarianten ausmachen. Die gebräuchlichsten sind dabei jene, die in einem flachen Preßverfahren hergestellt werden. Von diesen existieren wiederum drei unterschiedliche Plattenqualitäten (siehe Abbildungen links).

Holzfaserplatten

Dieses Produkt wurde in den Vereinigten Staaten entwickelt, da man auf der Suche nach Platten mittlerer Dichte war. Heutzutage findet man Produkte auf dem Markt, die wie echtes Holz aussehen und die sich praktisch auch wie Massivholz bearbeiten lassen.

Mitteldichte Holzfaserplatten (M.D.F.) bestehen aus Fasern, die trocken durch Kunstharze in einem Hochdruck-Preßverfahren miteinander verbunden werden. Das Ergebnis ist ein Produkt von hoher Qualität, es ist gleichmäßig, stark, kompakt, stabil, auf beiden Seiten glatt und in seiner gesamten Breite homogen.

Wegen seiner exzellenten Bearbeitungseigenschaften und der vielseitigen Einsatzmöglichkeiten ersetzt Holzfaser häufig Massivholz: Es weist nicht die gleichen Mängel auf, obwohl ihr Gewicht häufig das von Spanplatten übersteigt.

Anwendungsbereiche von Holzfaserplatten

Holzfaserplatten werden hauptsächlich für Konstruktionsarbeiten und auf Baustellen verwendet sowie in anderen Bereichen, in denen das Material ständiger Feuchtigkeit ausgesetzt ist. Sie werden im allgemeinen aus Kiefernfasern hergestellt, die in trockenem Zustand nach Hinzufügen von Kunstharzen und Chemikalien für den nötigen Feuchtigkeitsschutz miteinander verklebt werden. Sie bieten dem Anwender ein Material, das all die Arbeitsgänge erlaubt, die bislang nur mit Sperr- oder Massivholz möglich waren.

▼ Beispiel der Anwendung einer Holzfaserplatte mit Plastikfurnier. Hier ist besonders gut zu sehen, wie einfach sich dieses Material für geschwungene Formen einsetzen läßt.

VERZIERENDE ZUSÄTZE

Im Zuge der revolutionären Entwicklung, der wir Holzfaser- und Spanplatten auf dem Markt verdanken, sind auch unzählige Arten synthetischer Beschichtungen entstanden, welche die Verwendungsmöglichkeiten von Holzplatten vervielfältigt haben, z.B. im Bauwesen oder im Möbeldesign oder in der Innenarchitektur. Diese Gruppe nichtorganischer Oberflächen nennen wir der Einfachheit halber Kunststoff. Neben diesen synthetischen Verzierungen wollen wir aber nicht die traditionellen aus organischem Material vergessen und auch Zierleisten und Paneele vorstellen.

Kunststoffbeschichtungen

▲ Ansicht einer Spanplatte: Die Kunststoffbeschichtung paßt sich den Rundungen gut an.

Kunststoffe

Die Kunststoffe, die in der Holzverarbeitung zum Einsatz kommen, dienen im allgemeinen zur Beschichtung, und zwar als Plastikfurniere oder als Folien mit unifarbenen oder marmorierten Mustern. Sie sind das Produkt eines hochtechnisierten Prozesses, der für fast jeden Untergrund, so komplex auch seine Form ist, eine große Anzahl gestalterischer Möglichkeiten bietet. Die große Unempfindlichkeit ist eine weitere Eigenschaft dieses Materials, weshalb es oft für große Oberflächen und formschöne Möbel verwendet wird: Diese Beschichtungen erlauben nämlich eine leichte Pflege der betreffenden Teile.

Eigenschaften von Kunststoffbeschichtungen

Kunststoffbeschichtungen, ob sie als Schutzverkleidung oder zu Dekorationszwecken dienen, werden aus Folien hergestellt, die mit Phenolharzen imprägniert werden. Sie setzen sich aus drei Schichten zusammen: Die Grundschicht, deren Dichte von der Anzahl verwendeter Kraftpapierblätter abhängt, die mittlere Schicht, die Farbe und Muster enthält, und die Oberfläche: eine Schicht, die die unteren Lagen mit einer Imprägnierung aus sehr harten, transparenten Harzen schützt. Der gesamte Komplex wird dann bei 200° C heiß gepreßt, wobei es zur vollständigen Polymerisation und Aushärtung kommt. Dabei entsteht ein sehr homogenes Material.

Auf Seite 19 kann man die verschiedenen Möglichkeiten sehen, wie unterschiedlich man z.B. eine MDF-Platte, die auf beiden Seiten kunststoffbeschichtet ist, gestalten kann.

Heutzutage werden Kunststoffbeschichtungen in allen Designvarianten hergestellt. Es gibt sie in Glanz- und in Metall-Optik, mit imitierter Holzmaserung, mit Graniteffekt und auch mit phantasievollen Mustern, mit marmorierter oder unregelmäßiger Struktur. Selbstverständlich findet man das Material auch in allen erdenklichen Farben; in den Grundtönen und auch in anderen Farbnuancen.

Eine weitere Eigenschaft von Kunststoffbeschichtungen ist ihre Fähigkeit, sich an sämtliche Formen und Profile anzupassen, was zu einer kleinen Revolution in der Möbelherstellung führte, weil es nun möglich war, auch kurvige Längskanten zu verkleiden, ohne daß es dadurch zwangsläufig zu Lücken im Verkleidungsmaterial kommen mußte. Dies geschieht z.B. bei scharfen Kanten, weswegen dort die ersten Abnutzungserscheinungen auftreten. Von dort ausgehend kann sich der Schaden dann durch das gesamte Möbelstück ziehen und es vollkommen unbrauchbar machen. Dies passiert z.B. häufig in der Nähe von Kühlschränken, wo die ständige Feuchtigkeit den Kunststoff vom Holz ablösen kann.

◄ Kunststoff verändert seine Eigenschaften nicht, auch nicht in steilen oder rechten Winkeln.

▲ Auswahl von Kunststoffolien mit phantasievollen oder marmorierten Mustern

▲ Auswahl von Kunststoffolien mit imitierter Holzmaserung

▲ Auswahl von Kunststoffolien mit verschiedenen Granitmustern

◄ Auswahl von Kunststoffolien in Metall-Optik

◄ Da Kunststoffbeschichtungen wasserdicht und leicht zu reinigen sind, sind sie sehr gut geeignet für Küchenmöbel.

EIGENSCHAFTEN	BESCHREIBUNG
• Länge/Breite(mm)	• 2440x1220, 2440x1830, 2750x1830, 3660x1830
• Dicke (mm)	• 8, 9, 10, 12, 15, 16, 18, 19, 22, 25, 28, 30
• Design und Ausführung	• In einer breiten Farbpalette. Die Beschichtungen sind anwendbar auf melaminbehandelten Spanplatten.
• Abriebwiderstand	• Gewichtsverlust bei 100 Umdrehungen weniger als 90 mg
• Reißfestigkeit	• Keine sichtbaren Veränderungen
• Porösität	• besteht nicht (interne Spezifizierungen)
• Reaktionen auf Chemikalien und Haushaltsreiniger	• Essigsäure (10%), Karamel (180 °C), Rotwein (11°), Speiseöl bei 150 °C bis 300 °C
• Haftung des Melaminpapiers	• Durchschnittlich 8 Kg/cm²
• Toleranzbereich in Länge und Breite	• +2 mm/m (Max.); 10 mm Max. für Platten über 4 m Länge
• Toleranzbereich in Dicke	• 0,0 mm/+ 0,3mm

► In so einer Auswahlform kann man die Muster gut miteinander vergleichen.

Zierleisten

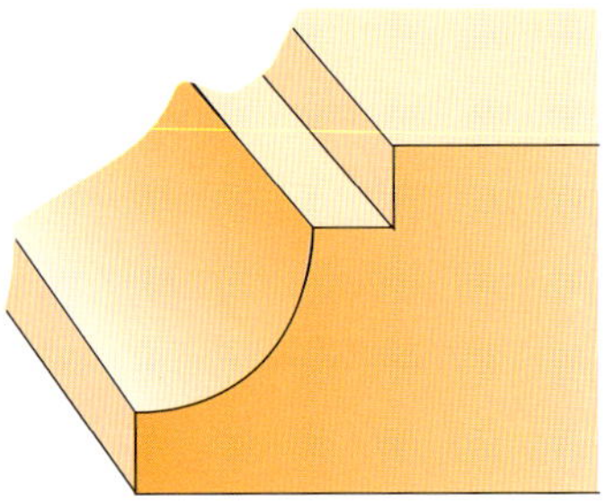

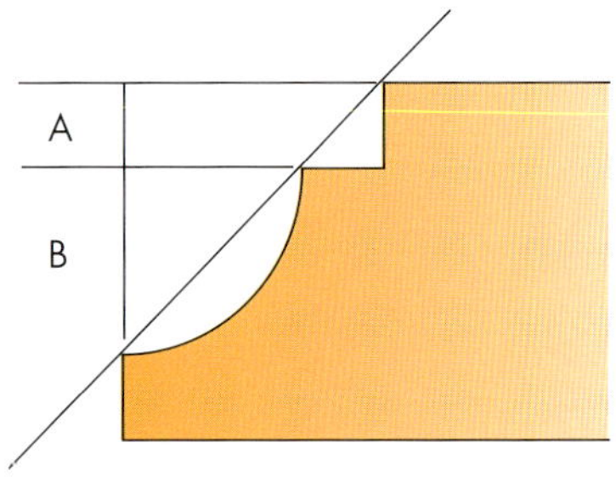

▶ Hier wird für das Hobeln von Zierleisten auf der Werkbank ein Spezialhobel (Hohlkehlenhobel) verwendet.

Eine Zierleiste weicht in ihrem Profil vom Möbelstück ab. Zwei oder mehr Seiten sind bearbeitet und mit verschiedenen Verzierungen versehen. Zierleisten sind typische Holzzusätze in der Tischlerei.

Zu ihrer Herstellung muß zuerst das gewünschte Profil auf die Stirnseite gezeichnet werden. Mit einer groben Feile wird das Kantholz bis zu dem Winkel abgeschliffen, den die Zeichnung vorgibt (a); dann wird mit einem Hobel der gewünschte Winkel vorgeschliffen (b), und über die so entstandene Schräge wird der Leistenhobel angesetzt: zum Beispiel ein Hohlkehlenhobel.

Verschiedene Zierleisten

Es gibt vier verschiedene Typen unterschiedlicher Form:

Plan. Hier sind alle Vorsprünge, Einbuchtungen oder Schrägen eben. Beispiele: schmale (a) und breite Zierleiste (b), Typ Säulenfuß (c), Kapitelltyp mit Schräge (d).

Konvex. Hier sind alle Vorsprünge konvex, wie in der Simsleiste (e), dem halbrunden (f) und dem Viertelstab (g) sowie deren umgekehrter Form (h).

Konkav. In diesem Profil sind konkave Formen eingelassen, z.B. Hohlkehle(i), (j), halbrund (k), schottische Form (l).

Kombiniert. Hier sind sowohl konkave als auch konvexe Strukturen vorhanden. Beispiele: verschiedene S-Profile (m), (n), (o), (p).

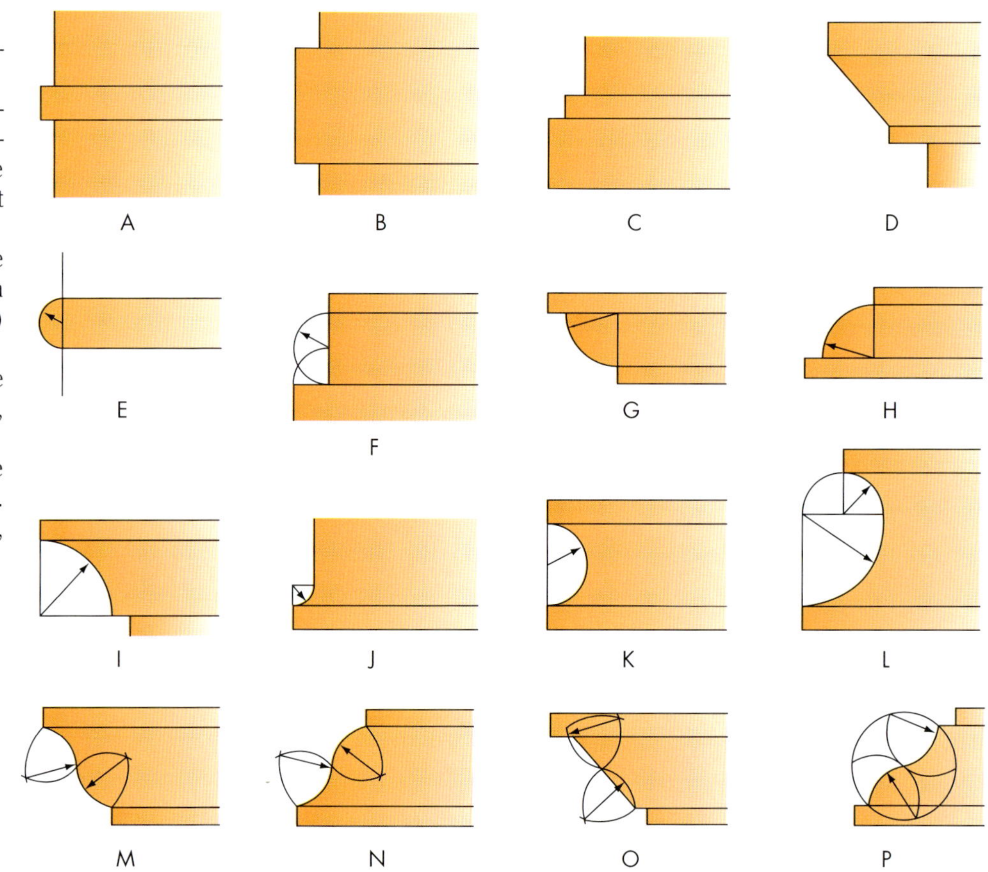

▶ Verschiedene Leistentypen mit ihren charakteristischen Formen: plan, konvex, konkav und kombiniert

Füllungen sind alle quadratischen oder rechtwinkligen Holzvertäfelungen, die Fenster oder Türen und ihre Rahmen verzieren. Sie füllen den Innenraum zwischen den Längs- und Querfriesen.

Die Querfriese sind die waagerechten Teile des Türrahmens, welche die vertikalen Leisten (Längsfriese) miteinander verbinden.

Die Füllungen sind im allgemeinen symmetrisch zur Längsachse der jeweiligen Tür oder des Fensters angeordnet. Man kann Paneele und Kassetten unterscheiden.

Paneeltür

Im Prinzip ähneln sich Paneel- und Kassettenverkleidung mit dem Unterschied, daß Paneele grundsätzlich länger als breit sind. Kassetten können rechtwinkling, quadratisch, dreieckig oder rhombenförmig sein. Paneeltüren besitzen meist nicht mehr als zwei Füllungen.

Die Verbindung zwischen den Paneelen und den Längs- bzw. Querfriesen sind mit Profilleisten verziert.

▲ Beispiel: Tür mit zwei Paneelfüllungen und kurvigen Füllungsleisten

▲ Gesamtansicht

► Tür aus fünf Kassetten mit ihren einzelnen Bestandteilen

▼ Ausschnitt

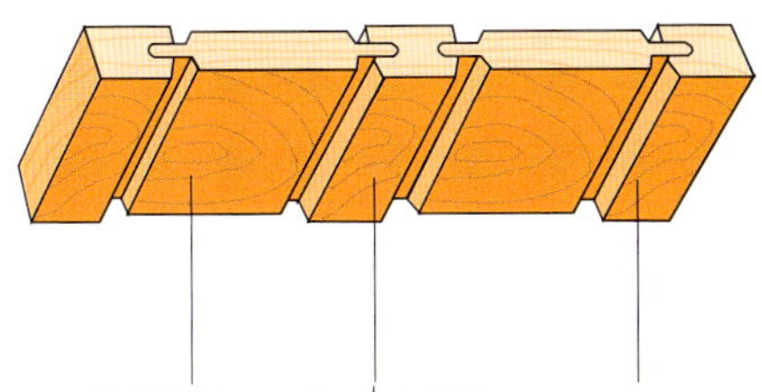

▼ Typische Bestandteile und Verbindungstechniken einer Paneeltür

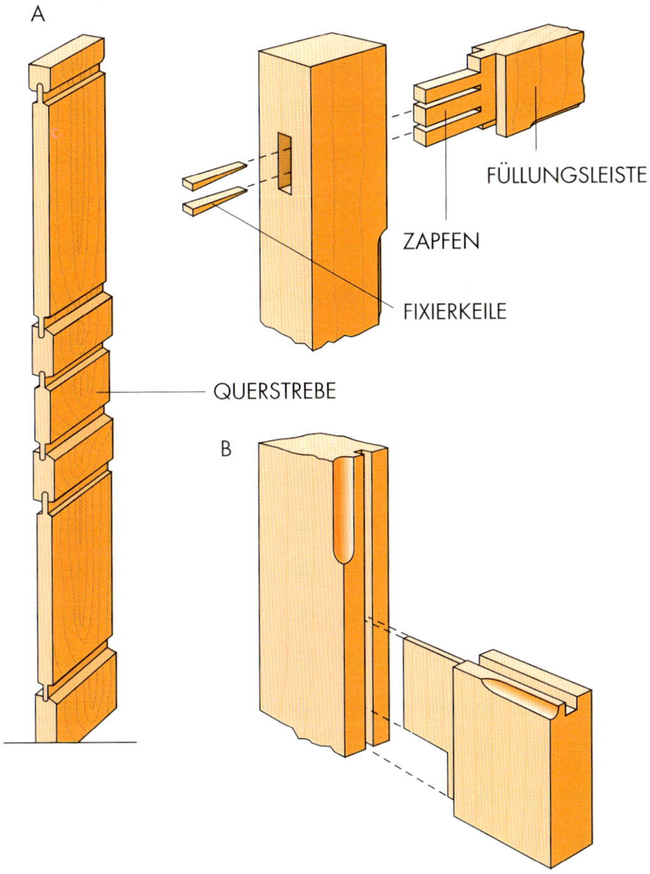

Kassettentür

Wir beschreiben exemplarisch den Aufbau einer Tür mit fünf Kassetten. Der Türrahmen hat Füllungsleisten, die wesentlich flacher sind als die anderen Bestandteile der Tür. Diese Bestandteile sind: zwei Seitenfriese, zwei Querfriese (oberer und unterer), zwei Längsstreben, zwei Querstreben, zwei untere und zwei obere Füllungen und die mittlere Füllung, die ringsum ein Federprofil hat, durch das sie mit den anderen Rahmenteilen verbunden ist.

Für die Zusammensetzung des Türrahmens kann man die Verbindungstechnik anwenden, die in Abbildung (a) dargestellt ist. Hier wird der Seitenfries mit dem oberen Querfries verbunden. Eine alternative Möglichkeit zeigt Abb. (b). Sie zeigt die Verbindung aus unterem Querfries und Längsfries mit Zapfen und entsprechendem Zapfenloch.

BESCHLÄGE

Es gibt eine Vielzahl von Beschlägen: Sicherheitsbeschläge wie die unterschiedlichen Türschlösser oder -riegel oder Gelenkverbindungen, die Türblätter oder Fenster an ihre Rahmen binden: Bänder und Scharniere.

Ebenso gehören die Vorrichtungen für Pendeltüren oder hydraulische Türschließer zu den Beschlägen.

Der Großteil dieser Elemente wird direkt mit den Holzteilen verbunden. Schrauben und Bolzen vervollständigen daher die Liste der Metallbeschläge.

Bänder und Scharniere

Bänder

Bänder sind Bewegungsbeschläge. Mit ihnen kann man Türen und Fenster aller Art mit ihren jeweiligen Rahmen verbinden, um sie drehbar zu machen: das Band dient als Gelenk. Normalerweise bestehen diese Verbindungsstücke aus Metall, und ihre Größe verhält sich direkt proportional zu Umfang und Gewicht der Bauteile, die sie bewegen und dem Grund, auf dem sie angebracht sind.

Bänder sind die am häufigsten benutzten Drehelemente. Sie bestehen grundsätzlich aus drei Teilen: einem, der auf dem (feststehenden) Korpus angebracht ist, einem zweiten, der an dem beweglichen Teil (z.B. der Tür) befestigt ist, und einer Achse, welche die beiden Teile miteinander verbindet.

Sowohl der Teil, der am Rahmen als auch der, der am Tür- oder Fensterflügel befestigt wird, besteht aus einem sogenannten Lappen (plane Kontaktfläche) und einer zylinderförmigen Öse, durch die die Achse geführt wird (s. Abb.).

Wenn man Bänder anbringt, ist es vor allen Dingen wichtig, die Tür oder das Fenster in der richtigen Höhe zu halten, damit sie hinterher richtig schließen und nicht etwa klemmen. Zu diesem Zweck schiebt man am besten Keile unter den Flügel, um ihn auf der richtigen Höhe zu halten, sonst wird er von seinem eigenen Gewicht heruntergezogen.

Bandarten

Bänder gibt es vielen verschiedenen Formen; ihre Bezeichnung richtet sich meist nach ihren typischen Verwendungsorten.

Scharnierbänder. Hier sind die Lappen eng um den Dorn gerollt. Diese Art Band wird normalerweise nicht für Bauteile mit veredelter Endbehandlung benutzt. Der optische Eindruck kann jedoch verbessert werden, wenn man Bänder mit runden oder verzierten Ösen verwendet. Oder man versteckt die Lappen der Bänder zwischen Flügel und Rahmen (s. Abb.). Wenn das Band an den Holzkanten angebracht wird (s. Abb.), liegen die Lappen parallel zueinander. Das hat

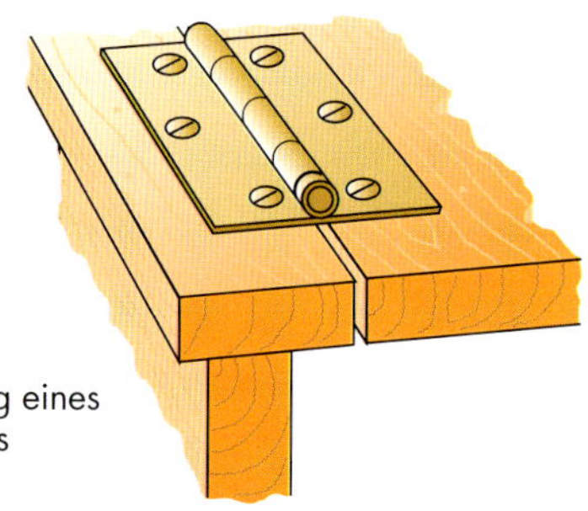

► Anbringung eines Scharnierbandes

► Band in gebeugter Position

▼ Scharnierband

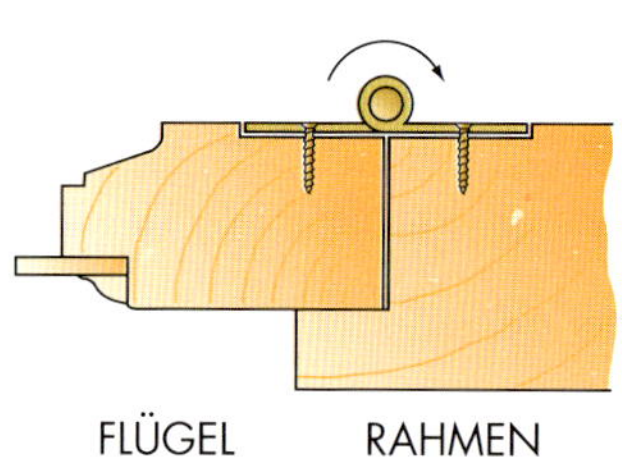

◄ Band an der Vorderseite

► Band an der der Kante

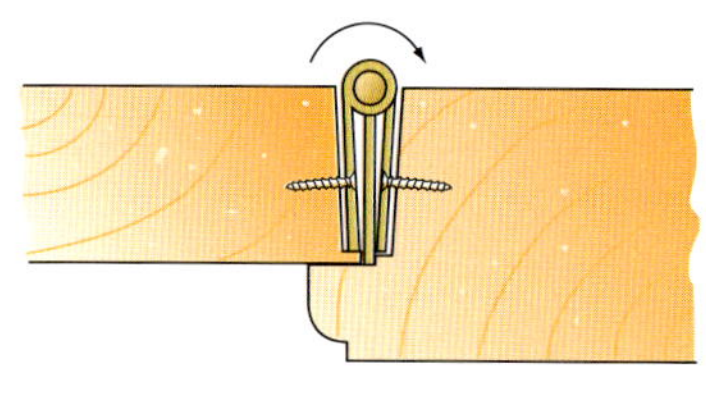

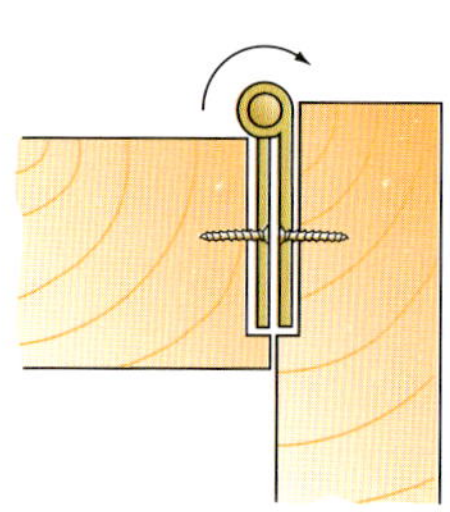

◄ Asymmetrisches Scharnier

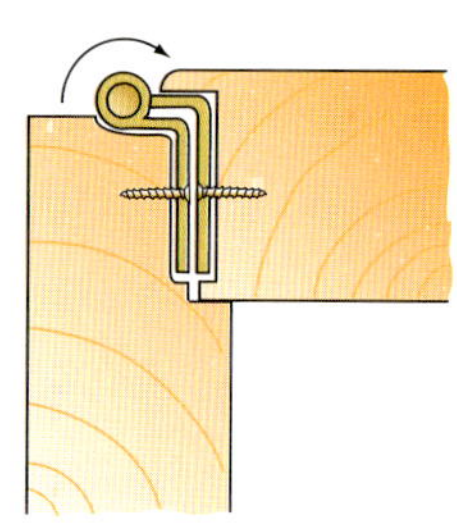

► Winkelscharnier

▲ Fischband

den Vorteil, daß man das Gelenk nur dann sieht, wenn das Band gebeugt ist.

Asymmetrische Bänder. Bei ihnen ist der Dorn nicht genau in der Mitte zentriert: Ein Lappen ist breiter als der andere. Asymmetrische Bänder verbinden Türblätter und Fenster, die nicht auf gleicher Ebene mit ihren Rahmen liegen sollen.

Wenn die Türblätter sehr weit aus ihrer Umrahmung hervorstehen, benutzt man Winkelbänder. Je nach Größe des Türvorsprungs sind die Lappen mehr oder weniger breit.

Fischbänder. Fischbänder werden gebraucht, um Türen und Fenster anzubringen, aber auch für Möbelstücke. Es gibt sie in unterschiedlichen Formen und Längen, aber immer sind die beiden Lappen auf verschiedener Höhe. So kann man die Tür oder das Fenster bei Bedarf aushängen. Fischbänder sind aus Stahl, Leichtmetall oder Messing.

Scharniere

Ein Scharnier ist auch ein Bewegungsbeschlag. Genau wie das Band wird das Scharnier als Drehelement für Türen und Fenster benutzt. Nur befindet sich der Dorn in einem der beiden Lappen integriert. Auch Scharniere gibt es in verschiedenen Formen, je nach Art der gewünschten Verbindung zwischen Türblatt und Rahmen.

Scharnierarten

Asymmetrisches Scharnier. Auch hier ist ein Lappen breiter als der andere. Das Scharnier wird für hervorstehende Türen verwendet. Da es asymmetrisch ist, ist es entweder ein Rechts- oder Linksscharnier. Die Rotationsachse wird außen am Türblatt angebracht.

Flachscharnier. Beide Lappen sind gleich groß; es ist aushängbar und wird, ohne eingelassen zu werden, auf die Vorderseite der Bauteile montiert.

Winkelscharnier. Auch hier sind die Lappen unterschiedlich groß. Ihre Breite hängt vom jeweiligen Türvorsprung ab.

Kantscharnier. Wie der Name bereits andeutet, wird dieses Scharnier an der Türkante angebracht. Es gibt einen besseren Halt als das Flachscharnier. Die Lappen sind gleich groß oder jeweils in ihrer unteren oder oberen Hälfte schmaler (s. Abb.). Das Scharnier ist aushängbar und wird sowohl für Innen- als auch für Außentüren verwendet.

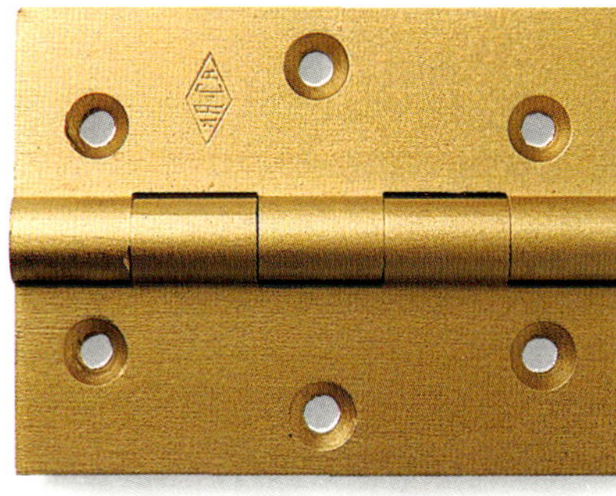

▲ Asymmetrisches Scharnier

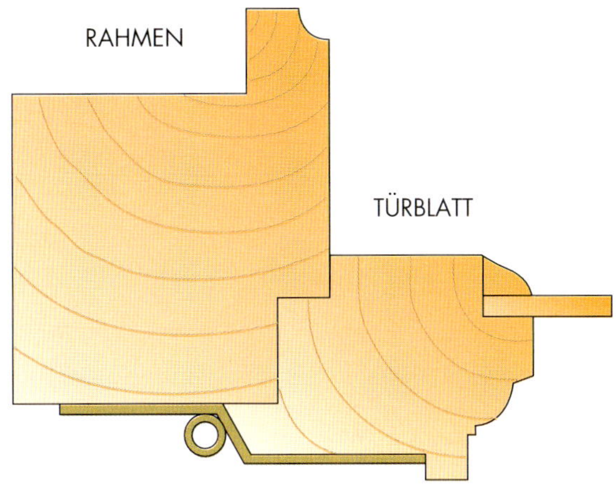

▲ Anwendung eines asymmetrischen Scharniers

▼ Flachscharnier

▼ Kantscharnier

◀▼ Winkelscharnier

Schlösser

Schlösser sind die meistverwendeten Schließmechanismen für Türen, Fenster und Schubladen, sowohl in der Tischlerei als auch im Möbelbau. Dieser Beschlag basiert auf einem Grundbaustein: dem Riegel, der sich durch eine geradlinige Bewegung in die zugehörige Öse befördern läßt, die in ein feststehendes Bauteil eingelassen ist. Kastenschlösser werden mit Schrauben auf das Bauteil geschraubt, Einsteckschlösser werden in das Holz eingelassen, so z.B. Sicherheitsschlösser, die zu den am häufigsten gebrauchten und einbruchssichersten Schlössern zählen. Denn wenn die Tür geschlossen ist, sind die eingelassenen Teile des Schlosses in der Tür und im Türrahmen nicht mehr sichtbar. Nur noch die Verblendung des Schlüssellochs ist zu sehen. Selbstverständlich muß für den Einbau eines Einsteckschlosses gewährleistet sein, daß die Türkante, also auch die Längsstrebe, die die Aussenkante der Türe stellt, breit genug ist, um das Schloß aufzunehmen. Gleiches gilt für die Öse am feststehenden Bauteil. Dessen Stabilität darf nämlich nicht geschwächt werden, da ja das Schloß in der Tür der viel solidere und besser befestigte Teil ist. Deswegen muß das Holz für die Einbettung des Ösenteils weiter ausgestemmt werden.

Es gibt viele unterschiedliche Arten von Schlössern und deren Materialien. Je nach den Sicherheitsbedürfnissen, die von ihnen abgedeckt werden müssen, sind sie aus Stahl, Leichtmetall oder vernickelt.

Schloßsorten

Wir unterscheiden zwei Gruppen:

Möbelschlösser. Zu dieser Sorte gehören Universalschlösser, die in eine Einkerbung auf der Vorderseite des Möbelstücks eingelassen werden. Auch Zylinderschlösser für Türen und Schubladen gehören in diese Kategorie; sie können nach rechts oder nach links hin schließen. Für einfache Möbelstücke oder Türen reicht ein Aufsteckschloß, das auf der Vorderseite montiert wird. Der Riegel bewegt sich nach außen und schließt in einer Öse, die ebenfalls aussen auf dem feststehenden Bauteil angebracht wird. Anders verhält es sich bei Einsteckschlössern: Sie werden vor allem für Schränke, Schubladen etc. verwendet, wo sie, bis auf ihr Außenteil, das aus Leichtmetall oder Stahl besteht, verborgen sind.

Riegelschlösser. Sie werden meist für Wohnungs- Büro- und sonstige Aussentüren als Zusatzschlösser verwendet. Der Riegel läßt sich sicherheitshalber zweimal herumdrehen. Das Schloß wird auf der Innenseite der Tür aufgesetzt; alle Teile sind also sichtbar. Es gibt auch eine Variante, die an der Kantseite eingebaut werden kann. Eine weitere Variante besitzt eine Drückfalle: Sobald die Tür ins Schloß fällt, ist sie verriegelt. Von innen kann das Schloß mit einem Knauf bewegt und verriegelt werden; von außen dagegen nur mit einem Schlüssel.

◄ Universalmöbelschloß

► Aufsteckschloß für einfache Möbel

◄ Zylinderschloß für Türen und Schubladen

▲ Riegelschloß. Gehäuse und Riegel sind sichtbar. Es wird an der Vorderseite der Tür angebracht.

▲ Einsteckschloß (Möbelschloß) für Schränke, Schubladen etc.

▼ Riegelschloß. Von innen wird es mit dem Knauf bedient, von außen mit dem Schlüssel.

Abgesehen von den Schlössern, die wir ja schon im vorhergehenden Kapitel vorgestellt haben, gibt es viele Arten von Riegeln und anderen Sicherheitsbeschlägen, wie z.B. Riegel und Sperriegel, Basküleschlösser, Bommerbänder für Pendeltüren, Führungen für Schiebetüren und hydraulische Türschließer. Bei diesen muß, damit die Vorrichtung funktioniert, wenigstens eines der Teile auf dem Tür- oder Fensterrahmen angebracht werden.

Die meisten dieser Beschläge sind für das Anbringen auf Holzuntergrund konzipiert. Schließlich werden sie ja in der Regel mit Schrauben und Bolzen befestigt.

Im Folgenden beschreiben wir die wichtigsten Schließ- und Sicherheitssysteme, die an Holzrahmen angebracht werden.

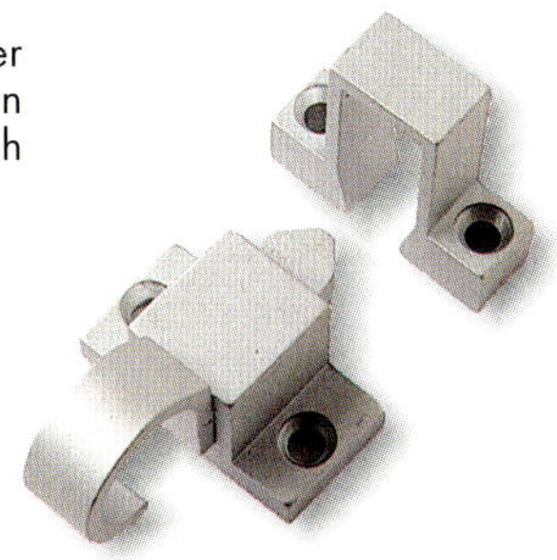

◄ Möbelriegel, der sich hauptsächlich in Schränken, aber auch an Fenstern findet.

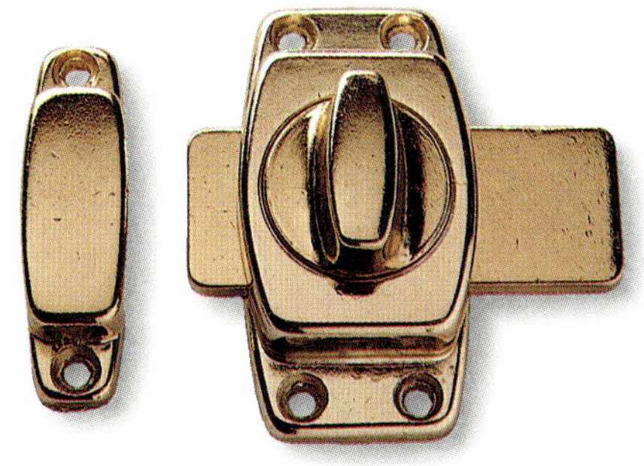

▲ Türriegel. Um ihn anzubringen, reicht das Aufschrauben. Eine Nut muß nicht ausgestemmt werden.

► Stabriegel. Die Zunge rastet in der Ausstemmung an der Kantseite ein.

Riegel

Riegel bestehen aus einem Metallstück, das man mit Hilfe eines Handgriffs oder Knaufs zur Seite bewegen kann. Sie dienen zur (zusätzlichen) Sicherung, die gewährleistet, daß eine Tür wirklich zu ist. Es gibt Riegel in sehr vielen unterschiedlichen Formen, Größen und Längen: z.B. die vertikal schließenden Möbelriegel oder die Stabriegel (Für Zwei- oder Mehrflügeltüren: Die Zunge rastet in einer ausgestemmten Nut in der Kantseite ein; man bedient den Riegel mit einem Hebel, den man nach oben oder unten umlegt). Ferner gibt es Türriegel, die auf dem Türblatt befestigt werden. Sie benötigen keine Ausstemmung im Türrahmen.

Baskülen

Viele ältere Fenster und Balkontüren haben noch Basküleschlösser, die mit zwei Metallstangen funktionieren. An deren Ende ist jeweils ein Haken, der am festen Rahmen in passende Fangbleche einrastet. Die Metallstangen werden durch Manschetten geführt. Mit einem Handgriff kann man diese Stangen drehen, so daß die Haken ein- und ausrasten. Baskülen können eingesteckt oder aufgesetzt werden.

▼ Zwei verschiedene Aufsetzbaskülen

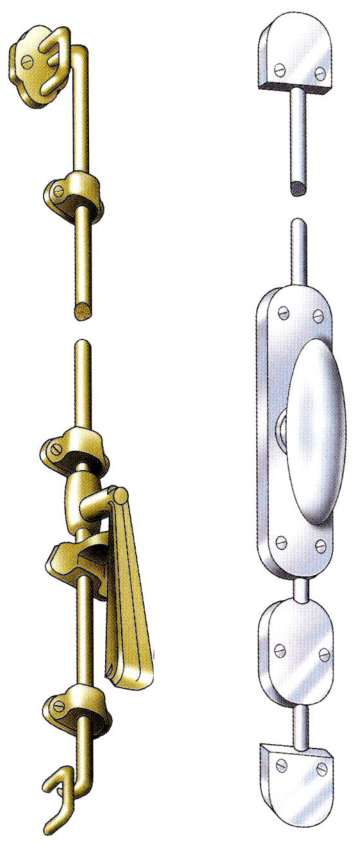

▼ Aufsetzbasküle, die an der Vorderseite des Rahmens angebracht ist.

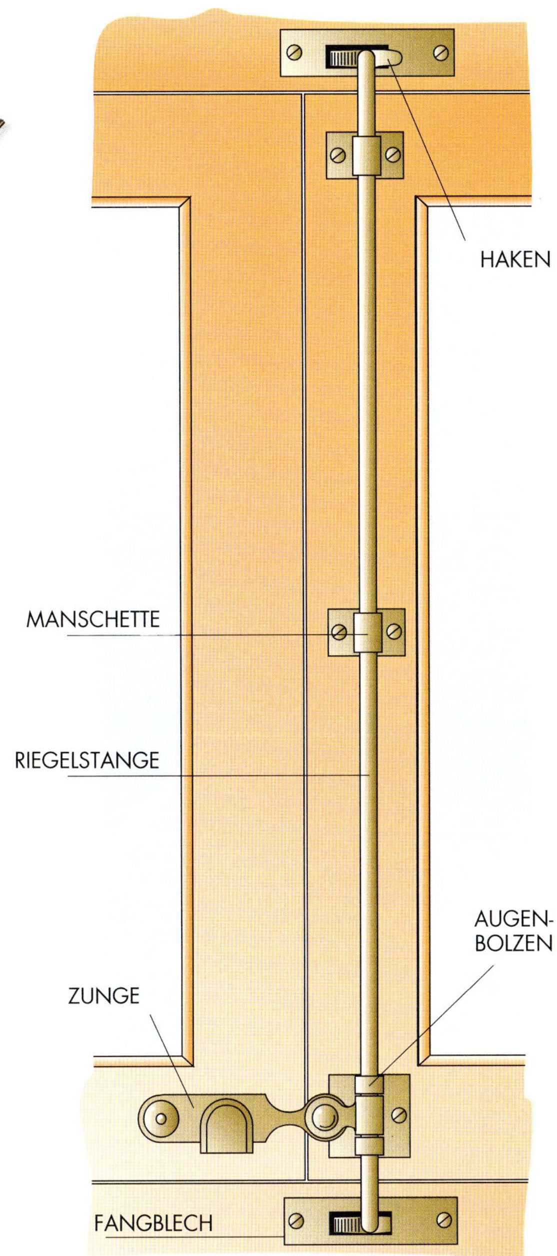

Verbindungssysteme

Viele Metallstifte in allen möglichen Größen, Längen und Dicken stehen Ihnen zur Verfügung, wenn Sie verschiedene Holzstücke miteinander zu einem Werkstück verbinden wollen.

Für den Fall, daß Ihnen die Auswahl schwer fällt, beschreiben wir Ihnen die wichtigsten Metallverbindungen, wie z.B. Stifte, Nägel, Schrauben und Schlaufen.

Stifte und Nägel

Nägel sind lange Stahlstifte mit einem kleinen Durchmesser und abgeflachtem Kopf. Man kann mit ihnen sämtliche Arten von Holzstücken miteinander verbinden, wenn man sichergehen will, daß die Verbindung hält. Die Größe der Nägel muß natürlich nach der Dicke der zu verbindenden Holzstücke ausgewählt werden. Stifte sind kleine Nägel, die für kniffelige und feine Arbeiten benutzt werden. Stifte haben im Unterschied zu Nägeln keinen Kopf. Man unterscheidet die größeren Fitschband- von den kleineren Leistenstiften. Außerdem gibt es Verbandstifte, die an beiden Seiten spitz sind.

Massivholzschrauben

Holzschrauben werden ohne Bohrlöcher in das Werkstück geschraubt. Sie schneiden von selbst ein Gewinde in das Holz. Zu diesem Zweck haben sie ein weit vorstehendes Außengewinde. Kurz vor dem Schraubkopf geht dies in ein kurzes, glattes Stück Schraubenschaft über. Der Schraubkopf besitzt meist eine Nut, um den Schraubenzieher anzusetzen. Es gibt viele Arten Schraubköpfe (Kreuz- oder Schlitz- etc.) Schrauben werden aus Stahl, Messing, Eisen, Kupfer oder Leichtmetall hergestellt.

Wenn Sie Ihr Werkstück einer Endbehandlung unterziehen wollen, oder wenn Sie es wieder auseinandernehmen wollen, empfiehlt es sich, mit Schrauben zu arbeiten statt mit Nägeln.

Die drei wichtigsten Schraubentypen sind: mit flachem Kopf, mit rundem Kopf für Beschläge und Querverbindungen und Sechskantschrauben.

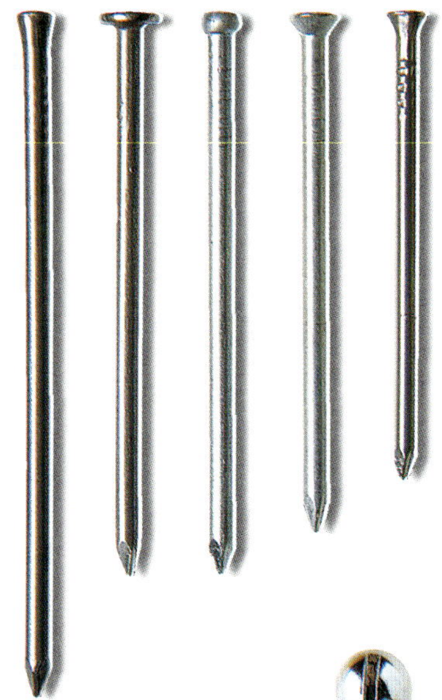

◄ Verschiedene Nagelsorten. Sie unterscheiden sich in der Länge und insbesondere in der Form ihrer Köpfe.

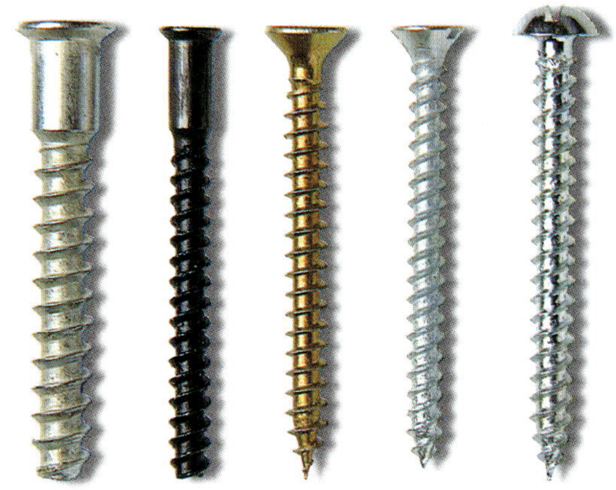

▲ Verschiedene Schrauben für Spanplatten

Schrauben für Spanplatten

Bei Spanholzmöbeln kann es passieren, daß die innere Struktur der Platte Probleme verursacht, wenn man normale Schrauben eindrehen will: Sie halten nicht oder nur schlecht. In diesem Fall benutzt man spezielle Schrauben für Spanplatten: Ihr Gewinde geht bis zum Schraubkopf durch. Außerdem sind sie schwerer, was einen besseren Halt ermöglicht. Sie haben einen Schlitz- oder Kreuzkopf.

◄ Verschiedene Schraubköpfe: Sechskant-; Inbus-; Kreuz-Halbrund; Kreuz-Flachkopf; Schlitz--Flachkopf-; Schlitz-Halbrund; Linsensenkholzschraube (v.u.n.o.).

Schlaufen

Schlaufen sind u-förmig gebogene Stifte mit zwei Spitzen. Sie können rund oder eckig sein und mehr oder weniger geöffnet. Wenn man zwei Holzstücke mit Schlaufen verbindet, schlägt man in jedes eine beiden Spitzen. Das kann sowohl an der Stirn- als auch an der Kantseite oder der Breitfläche eines Holzstücks geschehen. Meist dienen sie als Zusatzsicherung bei verleimten Verbindungen.

▼ Massivholzschrauben: mit halbrundem, flachem oder Sechskant-Kopf

▼ Einfache Schlaufe für einfache Verbindungsarbeiten

▼ Eckige Schlaufe

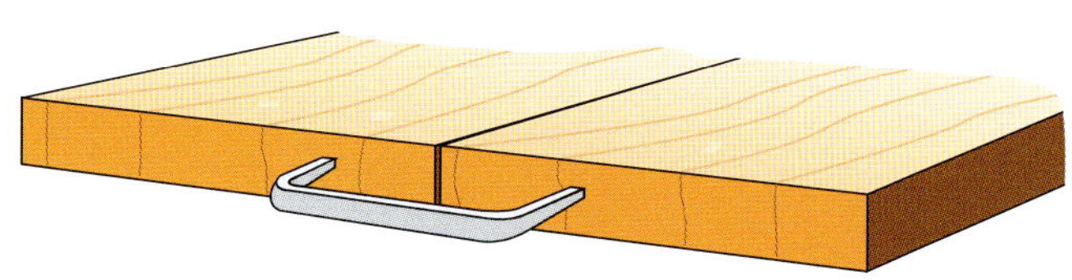

A

B

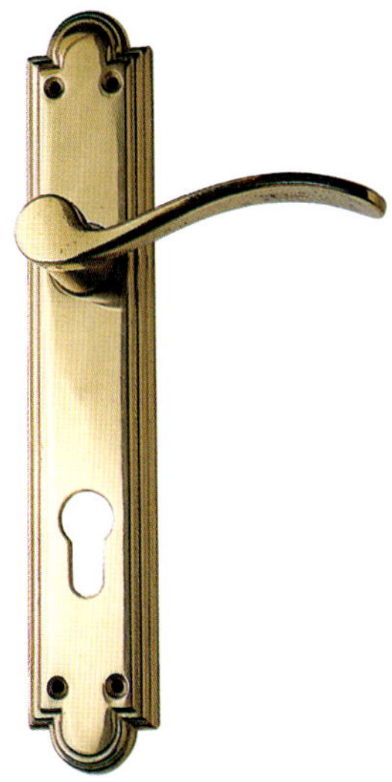

C

▲ Verschiedene Schlüsselrosetten für Möbel: mit Relief (a), zum Einsetzen in eine vorgefertigte Ausstemmung (b), Langschild mit Türdrücker (c).

Schlüsselrosetten

Hierbei handelt es sich um reine Zierbeschläge, welche die Schlüssellöcher umkleiden. Je nach Gestaltungswunsch kann man für eine Tür oder ein Möbelstück zwischen vielen verschiedenen Rosetten auswählen: Es gibt sie in allen Größen.

In der Abbildung zeigen wir verschiedene Schlüssellochverkleidungen, in Vorder- und Seitenansicht: Sie können flach zur Oberfläche sein oder ein Relief bilden. Außerdem sehen Sie auch die verschiedenen Anbringungsformen: Sie werden aufgeschraubt oder in die vorgefertigte Ausstemmung eingesteckt.

Langschilder für Türen sind natürlich größer als Rosetten und an Schlösser mit Türgriffen angepaßt. Deshalb werden sie mit bereits allen notwendigen Bohrlöchern geliefert.

Griffe und Knöpfe

Auch sie gibt es in allen Farben, Formen und Materialien, z. B. aus Bakelit, Kunststoff, Bronze und verchromt, aus Aluminium, gedrechseltem Holz usw., für Schubladen und Türen; denn schließlich will man sie ja auf- und zumachen. Knöpfe eignen sich besonders gut für Schubladen, weil sie sich genausogut ziehen wie drücken lassen. Aber auch an Türen kann man Knöpfe anbringen; diese müssen dann allerdings größer sein. Mit Drehgriffen kann man Türschlösser bedienen, die eine Falle haben. Daher werden sie meistens dort angebracht.

Ein Griff kann sehr kunstvoll sein und sich aus mehreren Teilen zusammensetzen. Er kann aber auch ein sehr einfaches, rein funktionelles Einzelstück sein.

Für Schiebetüren gibt es Spezialgriffe, die in die Tür eingelassen und mit Schrauben befestigt werden.

Kantenschutzelemente

Diese Elemente erlauben auch den Kanten von Span- und Holzfaserplatten eine Art Endbehandlung. Da diese Kanten sehr splitterig sind, brauchen sie eine Schutzvorrichtung. Der Kantenschutz kann aus Kunststoff, Holz, Aluminium oder anderen Materialien sein. In der Abbildung zeigen wir verschiedene Kantenschutzelemente und wie sie auf ihrem Untergrund befestigt sind.

▼ Verschiedene Kantenschutzelemente. Sie schützen die Kantseite von Span- und Holzfaserplatten.

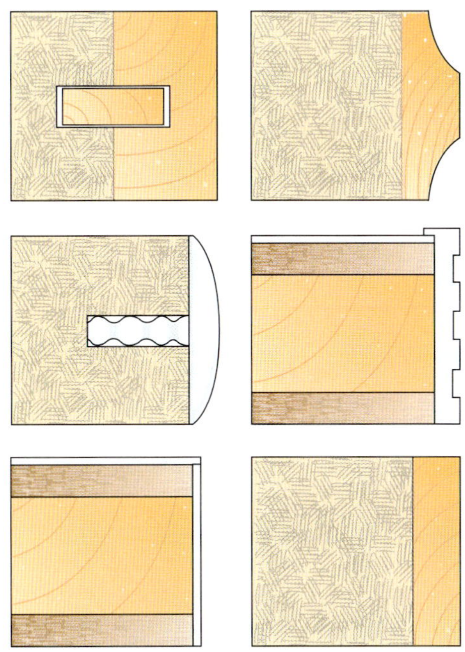

A

B

C

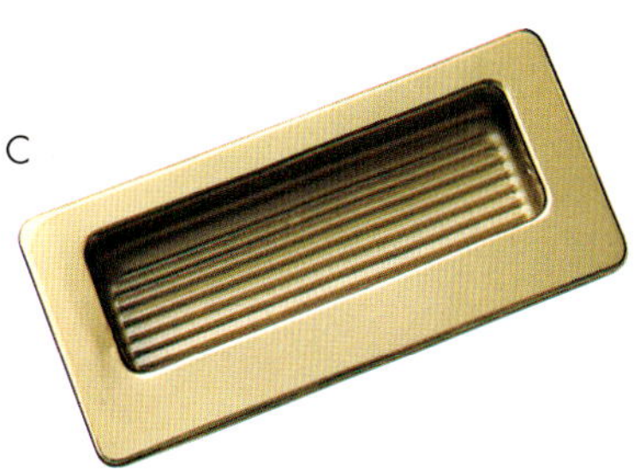

D

E

► Knöpfe und Griffe: Knopf für Schubladen und Türen (a), Schrankgriff (b), Schiebetürgriff (c), kunstvoll gearbeiteter Griff (d), Drehgriff für Fallentürschloß (e).

KLEBSTOFFE

In der Tischlerei und im Bauwesen muß man sehr häufig Holzstücke so fest miteinander verbinden, daß sie – während der Verbindung und bei ihrem späteren Gebrauch – einer Vielzahl von einwirkenden Kräften widerstehen können. Leime, ob tierischer oder chemischer Herkunft, sind eine Möglichkeit, feste Holzverbindungen zu schaffen. Damit eine Leimverbindung hält, darf man nicht unterschätzen, wie wichtig das Pressen ist. Denn nur richtiges Pressen garantiert, daß die Holzstücke während des Trocknens nicht verrutschen.

Leimsorten

Organischer Klebstoff

Ein sehr altes Verfahren, Klebstoff herzustellen, verwendet organische Grundstoffe. Schlachtabfälle wie Häute, Knochen und Knorpel werden ausgekocht. Nach dem Abkühlen bleibt dann eine geleeartige, transparente Masse übrig, die leicht mit dem Pinsel aufgetragen werden kann: eine Art Gelatineleim. Dieser Leim ist in fester oder in Granulatform erhältlich. Vor der Anwendung wird er in Wasser gelöst und erhitzt – und schon hat man einen extrem haftenden Leim, der fast perfekte Holzverbindungen ermöglicht. Allerdings hat er auch seine Nachteile: Er muß heiß aufgetragen werden, ist nicht feuchtigkeitsresistent, verflüssigt sich bei Hitzeeinwirkung und muß sehr schnell und bei niedriger Außentemperatur verarbeitet werden, da er schnell abkühlt und hart wird. Auf der anderen Seite ist organischer Leim preisgünstig, einfach vorzubereiten und kann ohne besondere Lagerungsvorschriften aufbewahrt werden.

▲ Zweimal Klebstoff organischen Ursprungs: in fester und in Granulatform.

Kunstharzleime

Sie sind wesentlich leistungsfähiger als organische Klebstoffe. Ihre Widerstandsfähigkeit gegenüber Feuchtigkeit und mechanischen Einflüssen ist größer. Obwohl Anfang des 20. Jahrhunderts schon Kunstharzleime entwickelt wurden, fand ihre Anwendung erst ab den 1940er Jahren eine weitere Verbreitung. Zu dieser Gruppe von Klebstoffen gehören die Phenol-Formaldehyd-Harze (PF-Harze). Sie sind als Pulver oder als feste Streifen erhältlich. Vor allem für die Herstellung von Sperrholzplatten sind Kunstharze sehr gebräuchlich, weil sie sehr hart werden.

Harnstoff-Formaldehyd-Harze (UF) sind weißlich-gräulich und riechen stark nach Formol. Der zähflüssige Klebstoff hält sich allerdings nicht länger als drei Monate unter optimalen Lagerungsbedingungen. In Pulverform können UF-

► In solchen Gefäßen wurden traditionell die Knochenleime im Wasserbad erhitzt und verflüssigt.

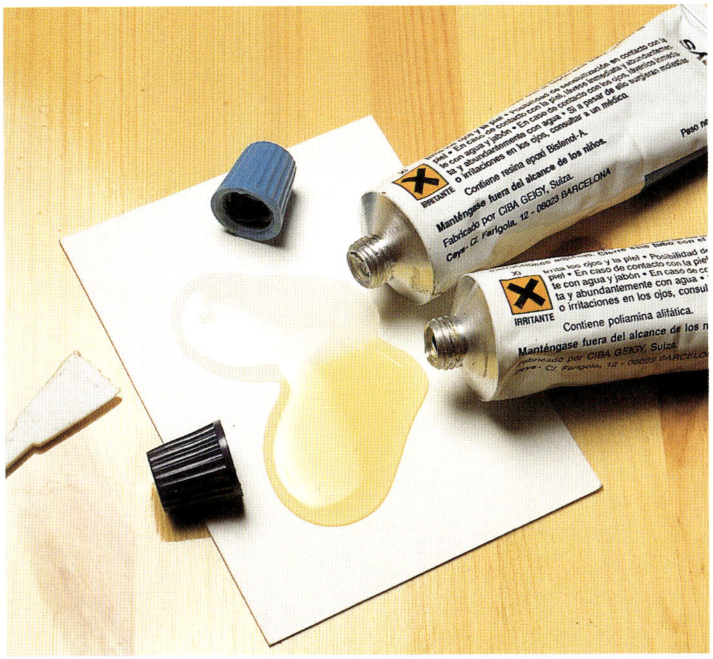

▲ Zwei-Komponenten-Kontaktleim. Die beiden synthetisch hergestellten Komponenten reagieren miteinander, wenn man sie vermischt.

► Holzleim auf Kunstharzbasis. Wird mit dem Pinsel aufgetragen.

Harze unbegrenzt lange gelagert werden. Sie werden im Verhältnis 2:1 in Wasser gelöst. Seltener findet man sie auch als Folien oder als Schaum.

Synthetische Klebstoffe gibt es in reichlicher Auswahl; die Eigenschaften sind jedoch mehr oder weniger die gleichen: Sie sind sogar bei kochendem Wasser wasserfest, tropffrei, immun gegen Mikrobenbefall und schon mit einem Aushärter versetzt. Die ersten synthetischen Klebstoffe mußten nämlich noch vor ihrer Anwendung mit Aushärter angereichert werden.

Zu guter Letzt dürfen wir das Silikon nicht vergessen, das immer wichtiger wird, wenn es darum geht, Holzteile mit anderen Materialien zu verbinden, z.B. wenn ein Holzsockel auf einer Rigipswand oder einer Tapete befestigt werden soll.

► Kontaktleim wird sehr häufig in der Tischlerei verwendet; vor allem für das Aufleimen von Furnieren oder Täfelungen.

ENDBEHANDLUNG

Die Endbehandlung und der Holzschutz sind der krönende Abschluß einer jeden Tischlereiarbeit. Sie bescheinigen dem Werkstück die technische und ästhetische Qualität, nach der hinterher die Qualität des gesamten Werkstücks bemessen wird. Kitt, Farbe, Beize, Wachs, Lasur, Lack oder andere Formen der Endbehandlung sollen die Holzoberfläche schützen und gleichzeitig verschönern. Dabei verändern diese Schutzanstriche keineswegs die ursprüngliche Holzstruktur.

Kitt, Farbe und Antikeffekt

Kitt

Kitt kann mögliche Schwachstellen und Holzfehler verdecken: Risse, Nagel- oder Schraublöcher, Absplitterungen usw. Dazu trägt man den Kitt mit einem Spatel auf und verteilt die Masse auf der zu behandelnden Stelle. Wenn die Unregelmäßigkeit ausgeglichen ist, wird die Masse glattgestrichen, damit die Oberfläche eben wird.

Von den vielen Möglichkeiten, Kitt herzustellen ist die einfachste, weißen Leim mit Sägemehl zu mischen; am besten mit Sägemehl der gleichen Holzart, so daß es keine großen Farbunterschiede gibt. Heutzutage gibt es synthetische Kitte in Tuben, als weiße oder farbige Pasten. Sie sind leicht anzuwenden und härten schnell aus. Es gibt auch Kittersatzstoffe für ganz kleine Reparaturen.

Wichtiger Hinweis: Nach dem Verkitten muß die Oberfläche glatt abgeschliffen werden, damit sie einen tadellosen Anstrich erhalten kann. Natürlich können Sie erst dann schleifen, wenn der Kitt vollständig durchgetrocknet ist.

◀ Mit Kitt kann man Schwachstellen und Risse im Holz wieder ausgleichen.

Farbe

Farben, die flüssig auf das Holz aufgetragen werden, bilden an der Oberfläche einen Schutzfilm. Sie bestehen aus Pigmenten, die meist in Pulverform einer Flüssigkeit (Wasser oder organisches Lösungsmittel) zugegeben werden. Daher spricht man auch von Dispersionsfarben: Die Pigmente verteilen sich (dispergieren) im Lösungsmittel. Die Art des Lösungsmittels beeinflußt die Konsistenz der Farbe und ihre Trocknungseigenschaften. Es gibt hier Matt- und Glanzfarben, entsprechend der unterschiedlichen Verwendungszwecke des fertigen Werkstücks.

Die verschiedenen Farbsorten bekommen ihre Namen von ihren Lösungsmitteln bzw. von ihren Pigmenten: z.B. Latexfarbe, Ölfarbe oder Lackfarbe.

Lackfarbe

Diese Farbe besteht aus fett- und zellulosehaltigen Beizen, denen die Farbpigmente zugesetzt werden. Es handelt sich meist um Mineralfarbstoffe, die für eine gut imprägnierende Qualitätsfarbe zu einer homogenen Lösung gemischt werden müssen. Dann ergeben sie einen haftenden, elastischen, kompakten und schnell trocknenden Glanzanstrich. Dispersionsfarbe wird sowohl für Innen- als auch für Außenanstriche benutzt. Es sind robuste Farben, denen auch ein paar Kratzer nicht schaden und die auch bei den natürlichen Holzbewegungen nicht abblättern.

▼ Ein fachgerechter und regelmäßiger Anstrich kann die Lebensdauer von Hölzern erheblich verlängern.

Antikeffekt

Ein beliebtes Verfahren, neue Hölzer antik erscheinen zu lassen besteht darin, die Oberfläche mit einem Handbrenner zu bearbeiten. Das Holz dunkelt aus und wird abschließend mit einer Drahtbürste geschrubbt, so daß ein gleichmäßiger Effekt entsteht.

◄ Oberflächenbeize mit dem Handbrenner: So stellt man den Antikeffekt her.

► Mit der Drahtbürste schrubbt man das Holz, bis der gewünschte Effekt erreicht ist.

Beize, Wachs, Lasur und Lack

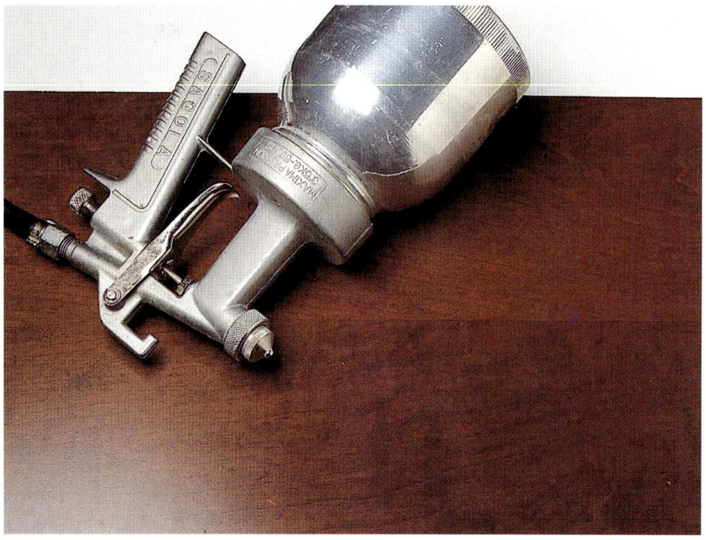

◄ Mit der Spritzpistole läßt sich Beize sehr schnell und gleichmäßig auftragen.

▲ Beize überzieht das Holz mit einer widerstandsfähigen Schutzschicht.

Beize

Beizmittel sind mehr oder weniger dickflüssige Lösungen von Beizchemikalien in Wasser. Die Chemikalien (Salze, Laugen, organische Säuren) reagieren mit beizaktiven Stoffen im Holz und führen so zu Verfärbungen. Daher sind Beizen immer auf eine bestimmte Holzart abgestimmt. Sie hinterlassen einen transparenten, matten oder glänzenden Effekt; in jedem Fall erscheint eine gebeizte Oberfläche glatt. Um optimal zu wirken, muß Beize schnell trocknen, gut an der Holzoberfläche haften, über lange Zeiträume farbecht bleiben, wetterbeständig sein und einen bleibenden Glanzeffekt erzeugen. Beizen sind im allgemeinen transparent; man kann ihnen jedoch auch Farbstoffe zusetzen. Sie betonen die natürliche Färbung und Maserung des Holzes und schützen es vor Feuchtigkeit und schädlichen Umwelteinflüssen.

Wachs

Das Wachs ist, neben der Beize, eines der traditionellsten Mittel zur Oberflächenbehandlung von Holzmöbeln. Wachs ist sehr einfach aufzutragen und erzeugt einen diskreten Glanz. Es schützt das Holz auch vor äußeren Einflüssen, allerdings eignet es sich nicht für stark beanspruchte Holzflächen. Daher verwendet man Wachs vor allem für Billigmöbel oder für Möbelinnenräume

◄ Wachse bieten nur einen mäßigen Schutz und werden daher nur für die Innenseiten von Möbeln verwendet. Sie werden nur manuell aufgetragen.

Lasur

Mehr als ein simpler Holzschutz dienen Lasuren dazu, das Holz durch eine neue Tönung zu verschönern. So kann man mit Nußbaumlasur einfaches Kiefernholz veredeln, ohne daß sich die Maserung verändert.

Lasuren werden meist benutzt, um vorhandene Schwachstellen abzudecken oder Farbschwankungen auszugleichen.

Hartholzsorten sind leichter zu färben als die harzigen Weichhölzer.

Lasuren werden mit einer Bürste oder einem Pinsel gleichmäßig aufgetragen. Vorher muß die Holzoberfläche gründlich von Fettflecken, Staub und sonstigen Unreinheiten gesäubert werden.

Von den vielen verschiedenen Lasuren haben sich einige als besonders beliebt erwiesen, weshalb es viele Variationen der folgenden Farbtöne gibt: Schwarz, Rotbraun, Blau, Nußbaum und Mahagoni.

▲ Mit Lasuren kann man Holz von geringer Qualität schöner aussehen lassen.

▼ Ein Lackanstrich verleiht dem Holz eine gleichmäßige, einheitliche Färbung und schützt es zudem noch vor Witterungseinflüssen.

Lack

Ein Lackanstrich verleiht dem Holz einen besonderen Glanz und Schutz. Eine lackierte Oberfläche ist vollkommen glatt. Lacke sind Lösungen von filmbildenden Harzen oder Kunstharzen in Wasser, Alkohol oder chemischen Lösungsmitteln (z.B. Ketone, Kohlenwasserstoffe, Celluloseester). Die synthetischen Lösungsmittel sind zur Zeit die am weitesten verbreiteten. Sie werden mit einer Spritzpistole aufgetragen. Das Ergebnis ist ein sehr widerstandsfähiger Anstrich mit einer perfekten Oberflächentextur; unabhängig davon, ob der Lack farbig oder transparent ist.

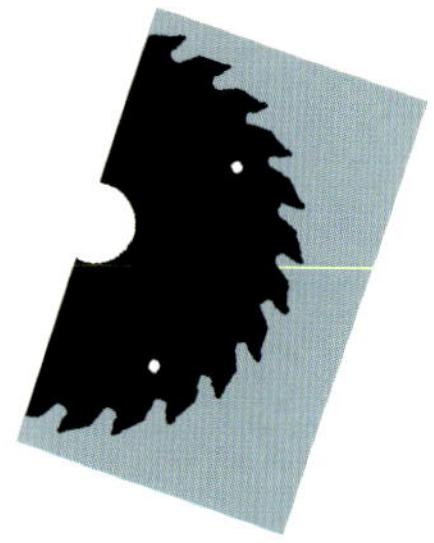

DIE VORBEREITUNG

Wenn wir von der Tischlerei sprechen, dann beziehen wir uns dabei auf die uralte Beziehung, die der Mensch zum Holz hat. Die Entwicklung der Menschheit wäre sozusagen unvorstellbar ohne die Bearbeitung dieses Naturstoffs, die es uns ermöglicht hat, das „Draußen“ in einen bewohnbaren Ort zu verwandeln und das „Drinnen“ in ein Gefüge von Möbeln und Gegenständen. Gemeinsam haben die Veränderung des „Draußen“ und des „Drinnen“ dazu beigetragen, unseren Lebensstandard nach und nach zu steigern.

Im folgenden Kapitel werden wir die Themen vorstellen, die uns den eigentlichen Wert des Holzes als Rohstoff vor Augen halten. Trotz allem brauchen wir Werkzeuge und Maschinen, um den Rohstoff Holz besser nutzen zu können; wir brauchen auch gute Systeme, um Holzstücke miteinander zu verbinden, denn trotz allem sind die Möglichkeiten, die Holz uns in seinem natürlichen Zustand bietet, eingeschränkt.

Bevor das Holz beim Verbraucher ankommt, durchläuft es mehrere aufeinander aufbauende Etappen der industriellen Fertigung, der Vermarktung und des Vertriebs.

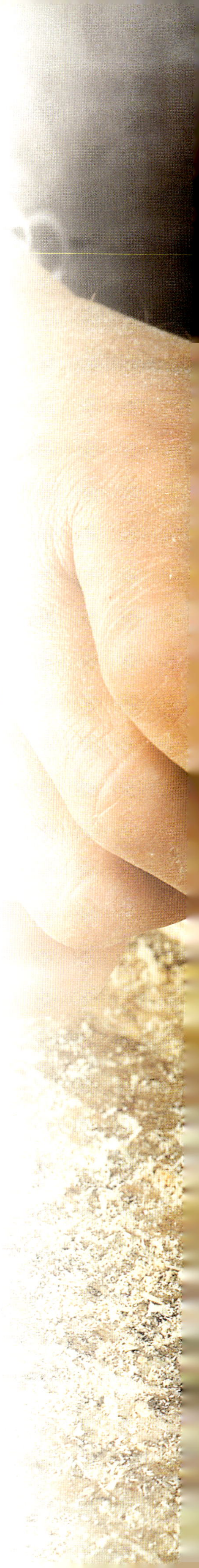

ERSTE SCHRITTE DER ROHHOLZVERARBEITUNG

Nachdem die Bäume gefällt und zerlegt wurden und das entstandene Rohholz getrocknet ist, macht man aus dem Rohholz Schnittholz; teilweise auch schon Kanthölzer oder Bretter in unterschiedlichen Ausmaßen. Dieser Arbeitsschritt wird von den Sägewerken erledigt, in denen Zuschneider das Holz an modernen Arbeitsplätzen mit hochentwickelten und leistungsfähigen Maschinen bearbeiten.

Die maschinelle Ausstattung im Sägewerk

Ein Sägewerk muß vielen holzverarbeitenden Betrieben zuliefern; großen, kleinen und mittelständischen. Dazu braucht man technisch hochwertige Maschinen, die sowohl Massivhölzer als auch Sperrholz-, Spanholz oder Holzfaserplatten auf die gewünschten Größen zurechtschneiden können.

Kombimaschine

Kombimaschinen wurden entwickelt, um Raum zu sparen. Schließlich nimmt eine große Maschine weniger Platz weg als fünf kleinere Maschinen (Presse, Kreissäge, Hobel, Dicktenschneidemaschine und Ausstemmaschine). Allerdings können nicht alle Arbeitsschritte gleichzeitig ausgeführt werden. Die Presse und die Kreissäge benutzen beispielsweise viele Werkzeuge gemeinsam. Daher muß die Maschine für einen neuen Arbeitsgang umgestellt werden, was natürlich Zeit kostet.

Blockbandsägemaschinen

Sie sind entweder für vertikale oder horizontale Schnitte eingerichtet und können bis zu sechs Meter lange Holzstücke sägen. Das Holzstück wird auf einen beweglichen Karren gelegt und durch die Säge geschickt. Man kann verschiedene Schnittwinkel und -höhen einstellen.

Sägegatter

Die Maschine schneidet große Holzplatten, die senkrecht aufgestellt werden, damit man sie einfacher bearbeiten kann. Sie besteht aus einem großen Metallgerüst, das in der Wand verankert ist und oben und unten Führungsleisten hat. An diesen bewegt sich eine senkrechte Stange, an der ein Sägemotor herauf- und herunterfährt. Die Säge kann sich in alle Richtungen bewegen.

Kreissägemaschinen

Es gibt verschiedene Arten von Kreissägemaschinen, mit denen man fast alle Arten von Schnitten durchführen kann. Sie laufen heutzutage vollautomatisch: Das Holzstück wird auf einem Tisch eingespannt, dann programmiert man die gewünschten Zuschnittsmaße ein.

◄ Gattersägemaschine in einem Sägewerk

Der Tischler und seine Werkbank

Der Arbeitsplatz oder – besser gesagt – die Werkbank ist der Ort, an dem der Tischler den Großteil seiner Arbeiten ausführt. Sie muß stabil und solide sein, weil manche Holzstücke sehr gewichtig sind, und auch weil durch die Arbeit mit den Maschinen und Werkzeugen viel Kraft auf die Werkbank ausgeübt wird. Daher müssen Werkbänke aus sehr hartem und widerstandsfähigem Holz sein: Meist nimmt man Buchenholz oder Kiefer, wenn sie hart und harzreich sind.

Standardmäßig ist eine Bank 220 cm lang und 50 cm breit, der Kanal ist dabei schon mitgerechnet. Die Dicke beträgt 8–10cm; die Höhe etwa 90 cm. Es gibt allerdings auch Werkbänke mit anderen Ausmaßen.

Die Füße der Werkbank bestehen aus soliden Längsstreben, die durch Querstreben noch mehr Halt bekommen. Ein Brett, das parallel zur Werkbank angebracht ist, dient ebenfalls der Stabilisierung; außerdem kann man dort seine Werkzeuge ablegen.

An einem Fuß ist außerdem eine Klemme eingebaut, mit der man kleine und mittelgroße Werkstücke einspannen kann. Am parallel liegenden Fuß kann man in dazu vorgesehenen Löchern Schraubzwingen befestigen, so daß man auch große Werkstücke einspannen kann.

Die Arbeitsfläche besteht aus zwei dicken Holzplatten, die an den Kanten durch eine verstärkende Leiste miteinander verbunden sind. Diese stabile Leiste läßt an einer Längsseite auf der ganzen Länge eine Lücke frei, in die man Sägen und andere Werkzeuge hängen kann. Außerdem gibt eine Schublade Platz für kleinere Werk- und Meßzeuge. Ein feststehender kleiner Holzklotz auf der Arbeitsfläche dient als Anschlag. Er verhindert, daß die zu bearbeitenden Holzstücke verrutschen. Er besteht aus zwei keilförmigen Holzstücken, die mehr oder weniger stark eingeschlagen werden können. So kann man das Klötzchen nach Belieben verstellen.

◄ Klassische Tischlerwerkbank mit einer Ablage für die Werkzeuge.

◄ Detailansicht einer Werkbank: Das Anschlagsklötzchen erfüllt sinnvolle Aufgaben.

◄ Hier ist ein großes Werkstück eingespannt: Auf der einen Seite steckt es in der Klemme, an der anderen ist eine zusätzliche Schraubzwinge angebracht.

► Seitenansicht der eingebauten Klemme der Werkbank

▼ Wenn die Werkbank für lange Werkstücke nicht ausreicht, nimmt man einen Bock als Stütze zu Hilfe.

DIE WERKZEUGE

Für einfache Arbeiten, die auch nur eine einfache Endbehandlung erhalten, reichen die klassischen Werkzeuge: Zollstock, Reißstift, Band, Zirkel, Axt, Säge, Bohrer, Holzhammer und Beitel. Mit diesen Werkzeugen wurden seit jeher Holzarbeiten angefertigt. Im Laufe der Zeit sind viele Weiterentwicklungen dazugekommen, was ein schnellers, präziseres und feineres Arbeiten ermöglicht: Winkel, Streichmaß, Stichsäge, Hobel, Langhobel, Kehlhobel, Drillbohrer und Spitzbohrer, Hammer, Feilen usw.

Meß- und Anreißwerkzeuge

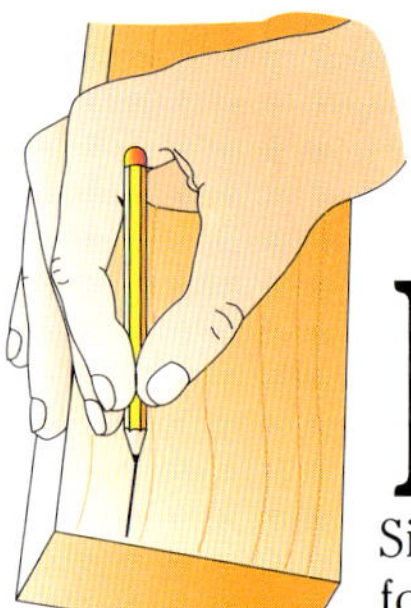

◄ Mit einer sauberen Fingerführung ist es nicht schwer, gerade Linien zu ziehen.

In einer Tischlerei dienen Meßzeuge nicht nur dazu, die Werkstücke auszumessen. Sie übernehmen auch die folgenden Arbeitsschritte mit: das Markieren und Anreißen der Linien. Daher verwundert es nicht, daß ein Tischler sich häufig seine eigenen Meßzeuge herstellen muß, die ihm helfen, einmal gefundene Maße auf andere Werkstücke zu übertragen.

Fingerführung

Man nimmt ganz einfach einen Bleistift zwischen Daumen und Zeigefinger und setzt ihn an der Stelle an, an der man beginnen möchte. Dann zieht man die Linie. Mittel- und Ringfinger führen an der Kantseite entlang und stützen dadurch die Hand: Die Linie wird gerade.

Metermaß

Zollstock und Bandmaß sind die üblichen Metermaße. Sie können aus unterschiedlichen Materialien hergestellt werden: Zollstöcke sind aus Holz, Kunststoff oder Aluminium. Die besten Bandmaße sind aus flexiblem Aluminium und rollen sich von selbst in ein Metallgehäuse ein. Praktisch ist der metallene Anschlag, den man beim Messen an einem Ende des Werkstücks einhaken kann.

Lineal

In der Tischlerei benutzt man Lineale aus Holz oder Aluminum. Lineale aus Holz haben den Nachteil, daß sie sich schnell abnutzen, weshalb sie breiter und dicker sind als Aluminiumlineale: Dann kann man abgenutzte Seiten einfach abhobeln.

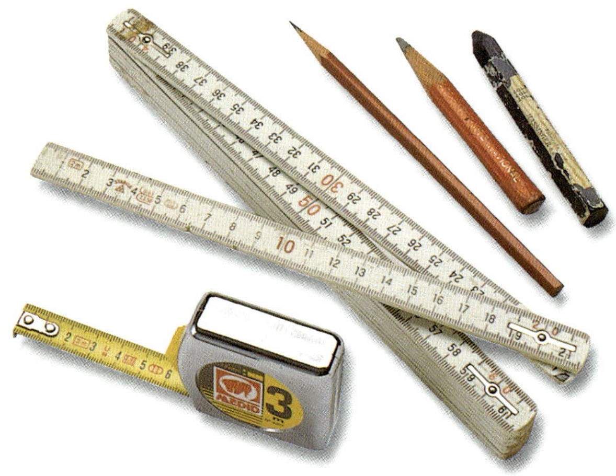

▲ Verschiedene Metermaße: Zollstock, Bandmaß und einige typische Tischlerbleistifte.

Winkel

Im Prinzip kann man jedes rechtwinklige Holzstück als Winkelmaß benutzen. Es muß die geeignete Größe haben, um den rechten Winkel auf das Werkstück zu übertragen.

Gehrmaß

Bei diesem Werkzeug stehen Anschlag und Schiene in einem Winkel von 45° bzw. 135°. Es gibt kombinierte Winkel (s. Abb.), mit denen man neben den Gehrungen auch rechte Winkel anreißen kann. Für die Gehrungen legt man dann einfach die Schrägseite an das Werkstück an.

▲ Verschiedene Lineale. Statt des Maßstabs haben sie nur Hilfsmarkierungen.

Schmiege

Genauso wie der einfache Winkel und der Anschlagwinkel besteht die Schmiege aus Anschlag und Schiene, nur mit dem

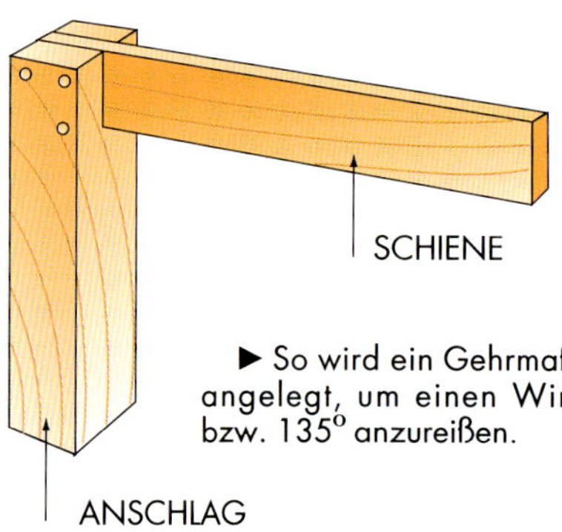

► Einfacher Winkel und seine Bestandteile

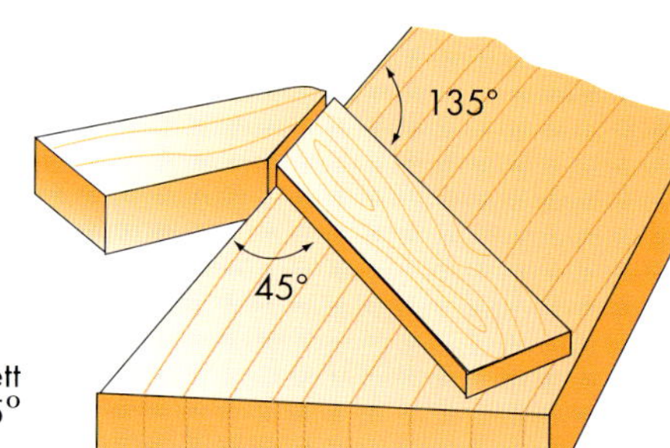

► So wird ein Gehrmaß auf ein Brett angelegt, um einen Winkel von 45° bzw. 135° anzureißen.

▼ Winkelmaße aus Holz und Metall

▼ Mit den verstellbaren Schmiegen kann man alle Winkel anreißen.

▼ Mit dem Anschlagswinkel kann man nicht nur Winkel anreißen, sondern auch überprüfen.

► Die Reißnadel empfiehlt sich besonders dann, wenn man tief anreißen will.

Unterschied, daß die Schiene frei beweglich ist. Auf dem Anschlagsstück sind die Winkel markiert. So kann man die Schiene auf den gewünschten Winkel einstellen und mit einer Flügelmutter fixieren.

Anschlagwinkel

Der Anschlagwinkel zeigt alle wichtigen Winkel an. Er eignet sich nicht besonders gut für die Holzverarbeitung, wohl aber zur Überprüfung von Winkeln, da er sich mit den anderen ergänzt.

Streichmaß

Wenn man parallele Linien auf das Holz zeichnen will, gibt es dafür kein besseres Instrument als das Streichmaß. Es besteht aus zwei parallelen Leisten, an deren Enden jeweils eine Reißnadel sitzt. Sie werden durch ein Kopfstück geführt, an dem man den Abstand zwischen den beiden Reißnadeln einstellen kann. Bei den Streichmaßen in der Abbildung werden die Leisten mit Keilen fixiert, nachdem man den gewünschten Abstand eingestellt hat.

Bleistifte

Bleistifte gibt es bekanntlich in den Härtegraden B (weich), HB (mittelhart) und H (hart). Weiche Bleistifte wären in einer Tischlerei natürlich schnell im wahrsten Sinne des Wortes am Ende. Deshalb gibt es spezielle Tischlerbleistifte. Sie sind oval, mittelhart und viel dicker als Bleistifte zum Zeichnen.

Reißnadel

Ein weiteres wichtiges Anreißwerkzeug ist die Reißnadel. Mit ihrem spitzen Nagel kann man tiefe Markierungen ins Holz reißen. Für unbehandeltes Holz nimmt man Reißnadeln mit Stahlnägeln, für behandeltes solche mit Messingnägeln, um möglicherweise auftretende Risse schon im vorhinein auszuschließen.

Zirkel

Ein Tischler muß auch kurvige Formen anreißen. Dazu stehen ihm verschiedene Zirkel zur Verfügung: gewöhnliche Schulzirkel mit Bleistiftmine, Spitzzirkel oder improvisierte Zirkel mit Band und Bleistift.

Schieblehre

In der industriellen Fertigung wird nicht mit den vorstehend beschriebenen Handwerkzeugen gearbeitet, sondern mit Lehren. Aber auch der Tischler arbeitet mit diesem überaus praktischen Werkzeug: Die Schieblehre kann alle drei Dimensionen ausmessen. Sie besteht aus zwei ineinanderliegenden Schiebern mit aufgedruckter Maßskala. Jeder Schieber hat an einem Ende einen Winkel, mit dem man die Dicke eines Werkstücks mit höchster Genauigkeit messen kann. Mit den Winkeln auf der anderen Seite der Schieber kann man Innenräume messen. Auf der Unterseite schließlich mißt ein Stangenmaß die Tiefe.

▲ Das Streichmaß ist hervorragend geeignet, um parallele Linien auf Holz zu ziehen.

► Viele verschiedene Zirkel kommen in einer Tischlerei zum Einsatz.

Schneidewerkzeuge

Um Holz bearbeiten zu können, hat der Mensch viele verschiedene Handwerkzeuge erfunden und perfektioniert. Allerdings sind einige davon im Zuge der Industrialisierung auch schon wieder in Vergessenheit geraten. Nicht so bei den Schneidewerkzeugen: Ob Blatt-, Stich- oder Laubsägen; sie erfreuen sich in Tischlerwerkstätten reger Verwendung.

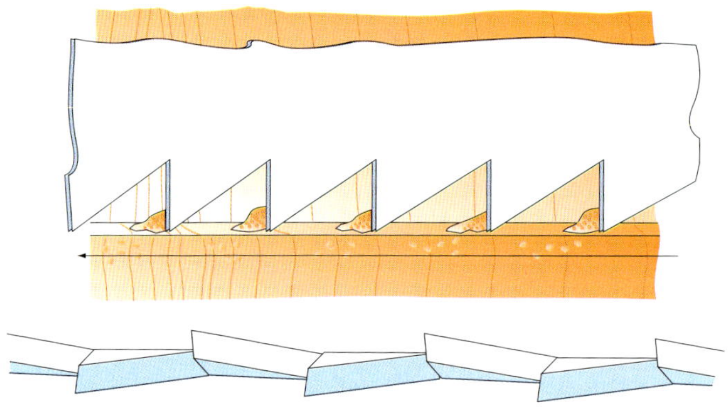

◀ Zwei Arten von Zahnung: Zahnung in Stoßrichtung (a); verschränkte Zahnung (b).

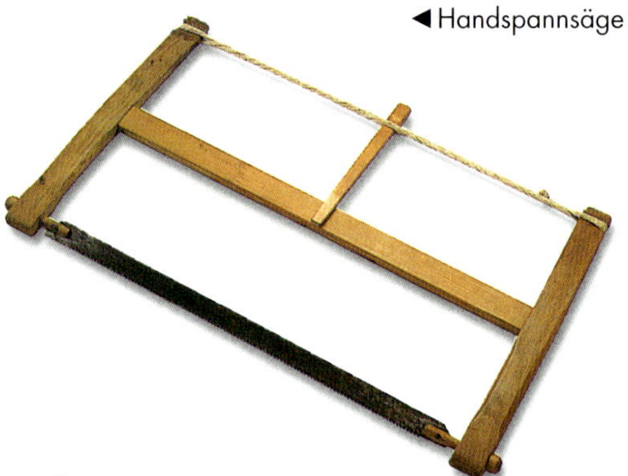

◀ Handspannsäge

◀ Bocksäge. Sie läuft durch eine Führung.

▼ Bügelsäge mit austauschbarem Sägeblatt.

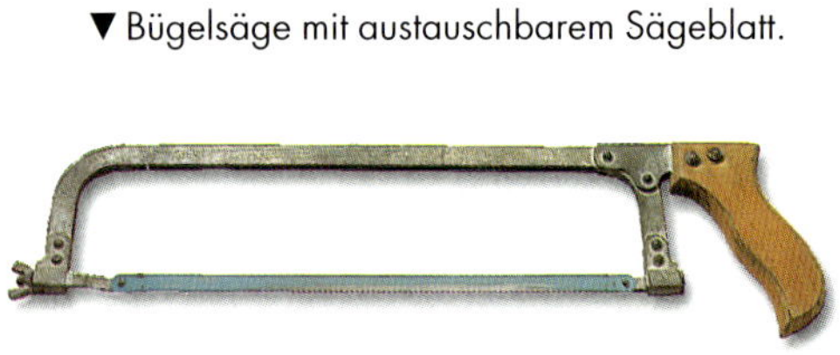

▼ Der Fuchsschwanz ist auch außerhalb der Tischlerei ein beliebtes Werkzeug.

Sägewerkzeuge

Sägen haben Schneiden aus gehärtetem Stahl mit dreieckigen Zähnen, die abwechselnd nach vorne und nach hinten gebogen sind. Diese verschränkte Anordnung der Zähne verhindert, daß die Schneide beim Sägen steckenbleibt. Außerdem sorgt sie dafür, daß der Schnitt breiter wird als das Sägeblatt, das erleichtert die Handhabung der Säge.

Handspannsäge

Die Handspannsäge besteht aus einem Sägeblatt, das in ein Gestell eingespannt wird. In der Abbildung kann man sehen, wie dieses Gestell aufgebaut ist: Parallel zum Sägeblatt gibt es eine Querleiste und eine gedrehte Kordel. Mit dieser Kordel kann man die Säge spannen. Dazu benutzt man das kleine Spannholz, das in der Mitte der Kordel steckt. Die Säge hat einen großen Nachteil: Man kann mit ihr keine Längsschnitte machen. Zumindest kann man keine Kante schneiden, die länger ist als der Zwischenraum zwischen Sägeblatt und Querleiste.

Bocksäge

Sie ist vollständig aus Metall und läuft durch eine Führung, deren Winkel zwischen 45° und 90° verstellbar ist. Das Werkstück wird in einen Bock eingespannt, der unter der Säge liegt. Da das Holz fest liegt und die Säge ebenfalls auf einen festen Winkel eingestellt wird, kann man beim Sägen kaum einen Fehler machen. Die Bocksäge wird nur von Hand bedient. Auch wenn das Sägeblatt sehr breit ist, sind die Zähne trotzdem klein. Dies ermöglicht einen sehr präzisen Schnitt, ohne daß das Holz splittert.

Bügelsäge

Bügelsägen sind sehr einfach aufgebaut: ein Sägeblatt ist in einen u-förmigen Bügel eingespannt und wird mit einer Flügelmutter festgezogen. Meistens

▼ Rückensäge. Der Rücken wird mit einer zusätzlichen Metallschicht verstärkt, um eine höhere Stabilität zu erreichen.

▼ Stichsäge, für Rundschneidearbeiten oder durchbrochene Sägearbeiten.

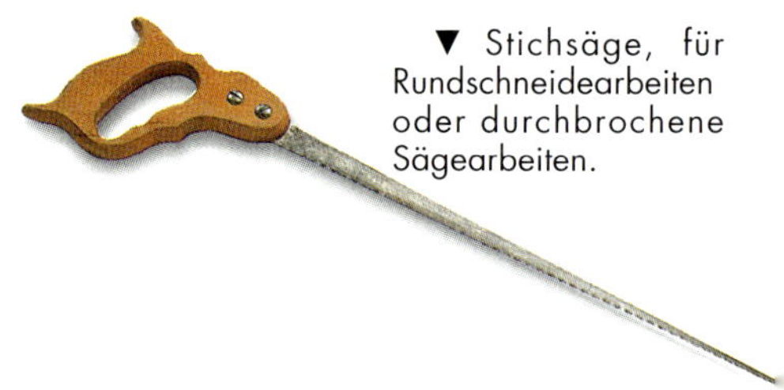

▼ Sehr praktisch: An diesen Handgriff können unterschiedliche Sägeblätter montiert werden.

▼ Zwei Typen von Furnierschneidern. Jeder ist für eine andere Furnier-Art geeignet.

▼ Querschnitt durch einen Hobel

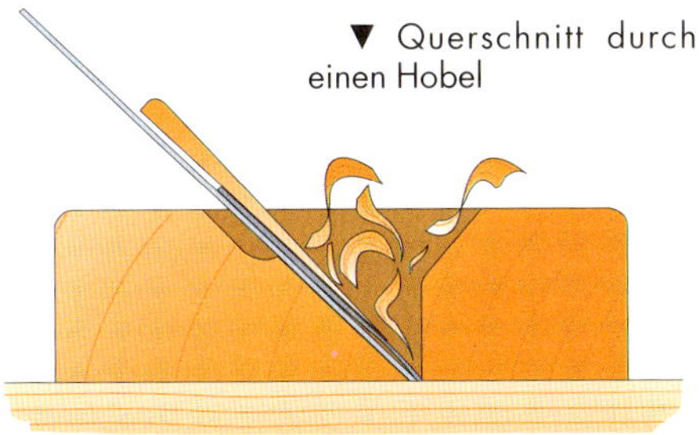

► Ein Hobel und seine Bestandteile

▼ Ein langer Schlichthobel für lange Holzbretter

▼ Ein Schrupphobel ist gut für grobe Arbeiten.

▼ Schiffhobel für gebogene Flächen

haben die Sägeblätter eine Dreieckszahnung. Mit kleinen Handbügelsägen wie in unserer Abbildung kann man sehr präzise sägen. Daher eignen sie sich besonders für Feinarbeiten.

Fuchsschwanz

Sein Sägeblatt ist trapezförmig und breiter als das der anderen Sägen. Am breiten Ende ist der Griff befestigt. Der große Vorteil von Fuchsschwänzen: Man kann mit ihm unbegrenzt lange Holzstücke geradlinig sägen.

Rückensäge

Mit ihr kann man sehr präzise Schnitte ausführen, ohne zu tief in das Holz einzudringen. Vor allem für das Ausschneiden von Zapfen, Federn und anderen Fugenteilen gebraucht man die Rückensäge. Das Sägeblatt ist rechteckig; die Zähne viel feiner und kleiner als beim Fuchsschwanz. Der Rücken der Rückensäge ist mit einer Metallschicht verstärkt, so daß das Sägeblatt stabiler ist. Deshalb kann man sehr gerade und präzise sägen.

Stichsäge

Die Stichsäge hat ein sehr dünnes Sägeblatt und wird – wie der Fuchsschwanz – nur mit einem Handgriff betätigt. Mit ihr kann man runde Flächen schneiden, meist Löcher. Deshalb nennt man sie auch Lochsäge.

Kombisäge

Sie können im Handel auch Sägen kaufen, die nur aus einem Griff bestehen, an den Sie verschiedene Sägeblätter anmontieren können. So haben Sie eine kombinierte Säge mit Rückensäge, Stichsäge und Fuchsschwanz.

Furnierschneider

Furnierblätter sind sehr dünn; sie sind nur ungefähr 0,8 mm dick. Um sie sauber zu schneiden, ohne daß sie splittern, braucht man spezielle Furnierschneider. Diese bestehen aus einem mehr oder weniger rechteckigen Blatt, das an beiden Seiten leicht nach außen gewölbt ist. Die Zähne sind sehr fein, dreieckig und gleichschenkelig. Daher kann ein Furnierschneider nicht schränken, im Gegensatz zu den meisten anderen Sägen.

Werkzeuge mit scharfen Klingen

Nach dem Sägen muß ein Werkstück geglättet, gehobelt und profiliert werden. Für diese Arbeiten braucht man sehr scharfe Werkzeuge, mit denen man das Holz sehr präzise bearbeiten kann. Hier kommen vor allen Dingen zwei Gruppen von Werkzeugen zum Einsatz: Hobel und Ausstemmwerkzeuge.

▼ Ein Simshobel. dient der Nachbehandlung von ausgefalzten Kanten.

▼ Unterseite eines Falzhobels. Mit ihm kann man Stufen ins Holz schneiden.

▼ Nutenhobel für Rillen, Nuten und Führungen im Holz

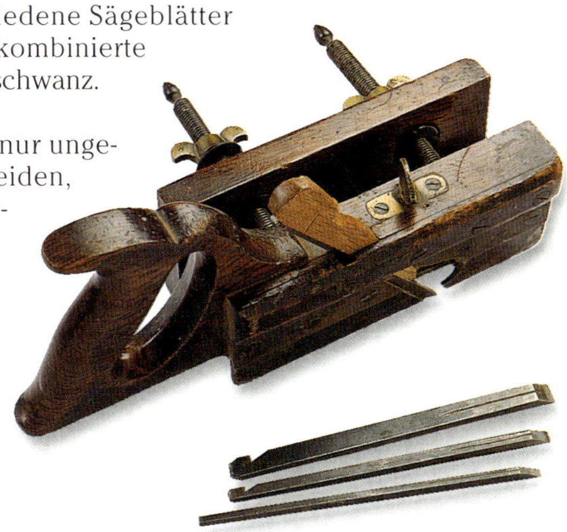

▼ Es gibt auch Hobel aus Metall.

Hobel

Bei allen Hobelwerkzeugen besteht die Schneide aus gehärtetem Stahl. Sie ist abgeflacht und leicht konkav gebogen. Die spitze Seite zeigt dabei in Hobelrichtung. In Gegenrichtung liegt liegt ein Spanbrecher auf der Schneide; eine Metallklinge, die in Gegenrichtung abgeflacht ist. Sie ist in einem schweren Kasten eingelassen, der meist aus Eichenholz oder aus Metall besteht, in einer schräg durch den Hobel verlaufenden Öffnung. Die Öffnung ist im Bereich der Schneide sehr schmal und wird nach oben hin immer breiter. So können die abgehobelten Späne nach oben hin austreten, ohne den Hobel zu verstopfen.

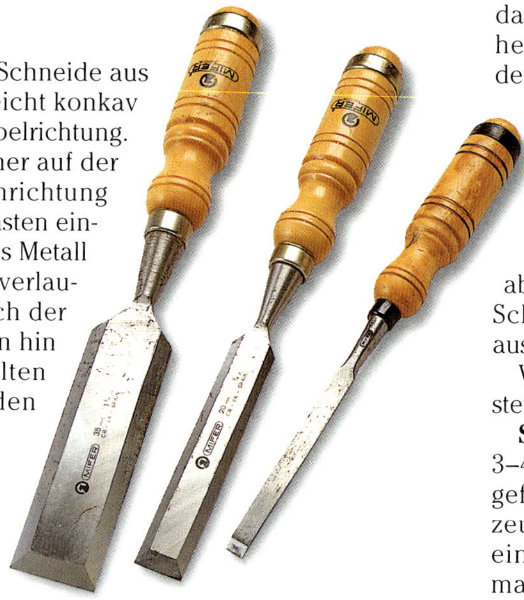

▲ Ein Sortiment von Beiteln für alle Arten von Schnitten im Holz

◄ Schleifstein für Werkzeuge; in diesem Falle für einen Beitel

Hobel dienen vor allem zwei Zwecken: Glatte Oberflächen noch glatter zu machen oder ihnen ein Profil zu verleihen.

Hobel für glatte Flächen. Sie sind aus Holz oder Metall. Zu dieser Gruppe gehören die Langhobel für große Werkstücke, der Schrupphobel für grobe Vorarbeiten und der Schichthobel für das Grobhobeln, Glätten und Feinhobeln; der Schiffhobel mit einer konvex gewölbten Grundfläche für kurvige Innenflächen, und der Zahnhobel, der dazu dient, Unebenheiten auszugleichen und Oberflächen aufzurauhen, wenn sie hinterher geleimt werden sollen.

Profilhobel. Sie kommen nach den groben Vorarbeiten und dem Glatthobeln zum Einsatz. Bei ihnen ist die Schneide nicht durch einen Keil fixiert, sondern sie bleibt offen, so daß sie sich beim Kontakt mit dem Holz durchbiegen und ein Profil erzeugen kann.

Zu den wichtigsten Profilhobeln gehören die Falzhobel, die einen rechtwinkligen Falz herstellen, Hohlkehlhobel, die halbrunde Profile schneiden, Nutenhobel, die man für das Aussparen von Nuten und Führungen benutzt, Federhobel, die das passende Gegenstück zu den Nuten herstellen, Karnieshobel und viele andere mehr.

▲ Stemmeisen werden für tiefe Ausstemmungen benutzt.

Ausstemmwerkzeuge

Alle Werkzeuge dieser Gruppe haben eine Klinge aus gehärtetem Stahl und sind jeweils an einem Ende abgeflacht; sie laufen zu einer scharfen Schneide zu. Der gerade Griff ist meist aus Holz.

Wir stellen die meistgebrauchten Ausstemmwerkzeuge hier kurz vor:

Stechbeitel. Die Klinge ist ungefähr 3–4 mm dick und an allen Kanten abgeflacht. Dadurch kann man das Werkzeug viel besser an Kanten und Ecken eintreiben. Mit dem Stechbeitel kann man das Holz sowohl in Faserrichtung als auch quer dazu schneiden. Man kann Falze herstellen, Löcher für Scharniere, Schlösser usw. ausstemmen. Die Schneiden von Stechbeitel und Stemmeisen werden auf einen Winkel von 35° geschliffen. Man sollte sie regelmäßig nachschleifen, da ein stumpfes Werkzeug gefährlicher ist als ein scharfes! Aus diesem Grunde sollten Sie diese Schneidewerkzeuge auch immer in beide Hände nehmen, wenn Sie mit ihnen arbeiten!

Stemmeisen. Es funktioniert ähnlich wie der Stechbeitel. Der einzige Unterschied besteht in der Klinge: Sie ist robuster und nur zur Schneide hin abgeflacht. Stemmeisen werden vor allem für tiefe Ausstemmungen benutzt.

Hohlmeißel. Sie haben eine konkav gebogene, hohle Klinge. Mit Hohlmeißeln kann man halbrunde Formen ausstemmen.

► Mit Hohlmeißeln führt man Schnitz- und Skulpturarbeiten aus.

Schleif- und Feilwerkzeuge

Bevor man das Holz streichen oder beizen kann, muß es geschliffen oder abgefeilt werden. Deswegen stellen wir nun die wichtigsten Werkzeuge vor, die den Werkstücken den sprichwörtlich „letzten Schliff“ geben, und erklären, wie man sie am effektivsten einsetzen kann.

► Zwei Arten von Feilenprofilen: einfach (a), und gekreuzt (b)

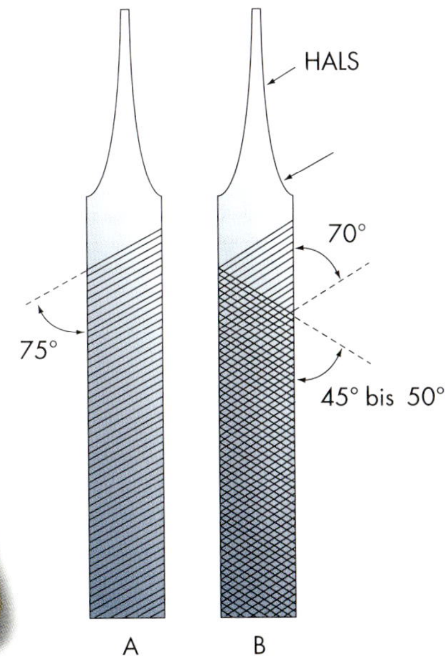

▲ Raspeln in unterschiedlichen Hiebarten, je nachdem, wie grob man raspeln möchte.

Raspel

In der Tischlerei verwendet man vor allem Halbrundraspeln: Eine der beiden Seiten ist flach, die andere halbrund. Die Raspel hat ein sehr rauhes Profil mit dreieckigen Zacken, die direkt nebeneinanderstehen, im Gegensatz zu der Feile, die ein viel feineres Profil hat. Raspeln werden zum Grobfeilen benutzt. Durch die halbrunde Form können sowohl runde als auch flache Flächen bearbeitet werden.

Feile

Die Feile bügelt die Unebenmäßigkeiten, die durch das Raspeln entstanden sind, wieder aus und sorgt für den Feinschliff. Die Zähne sind parallel zueinander angeordnet und ziehen sich über die gesamte Breite des Werkzeugs. Sie stehen in einem 75° Winkel zur Kantseite.

Ziehklinge

Die Ziehklinge ist eines der einfachsten Werkzeuge zur Holzbearbeitung. Die gehärtete Stahlklinge hat eine Länge von ca. 12 cm bis 14 cm, eine Breite von 6 cm oder 7 cm und 1 mm Dicke. Man schneidet mit den Längskanten.

Gerade für die letzten Schleifarbeiten an einem Werkstück ist eine Ziehklinge sehr gut geeignet. Besonders beliebt ist dieses Werkzeug daher bei Möbelrestauratoren.

Ziehklingenhobel

Obwohl dieses Gerät Hobel heißt, ist es im Grunde eine Ziehklinge, die in einen Kasten eingebaut ist. Der Unterschied zum Hobel besteht darin, daß die Schneide steil steht. Der Ziehklingenhobel wird vor allen Dingen dazu benutzt, kurvige Flächen zu profilieren.

Schleifpapier

Schleifpapier besteht aus einem starken Papier mit einem Schleifbelag. Der ist meist aus Edelkorund oder Siliziumkarbid und wird auf das Papier aufgeleimt. Die Körnung, also die Korngröße, ist numeriert: 36 ist die gröbste, es folgen 40, 60, 80 und so weiter. Die feinste Körnung ist 1000.

Will man mit der Hand schleifen, wickelt man das Schleifpapier um einen Holzklotz, der eine glatte Fläche hat und von der Größe her gut mit einer Hand bewegt werden kann.

Rundfeile

Sie heißt auch mit anderem Namen Rattenschwanz, weil sich die runde Feile zu beiden Enden hin verjüngt. Kein Tischlereibetrieb kommt ohne zwei Sorten von Rundfeilen aus: Mit Raspel- und mit gestreiftem Feilenprofil.

▼ So wird das Hobelmesser korrekt angesetzt. Nach diesem Arbeitsgang sollte das Holz vollständig glatt sein.

▼ Eine Auswahl an Schleifpapier. Für Holz gibt es besondere Körnungen.

◀ Verschiedene Handbohrwerkzeuge: Nagelbohrer, Windenschneckenbohrer, Pfriem (mit dickem Griff)

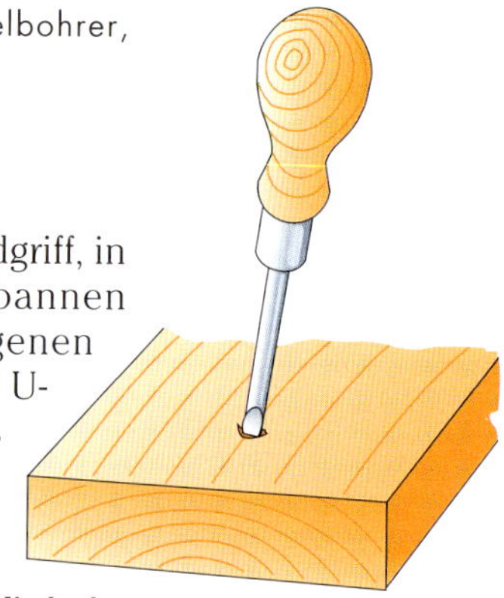

▲ Die Ahle muß senkrecht gehalten werden, wenn man sie ins Holz bohrt.

Wenn man Löcher ins Holz machen will, geht das natürlich am einfachsten und schnellsten, wenn man einen Nagel oder Pfriem einschlägt und wieder herauszieht. Aber so beschädigt man das Holz auch leicht, weil ja keine Holzmasse weggenommen, sondern nur zu den Seiten hin verdrängt wird: Das Holz wird also am Loch auseinandergepreßt. Deswegen hat man verschiedene Bohrwerkzeuge erfunden. Sie beschädigen die Holzstruktur nur minimal.

Ahle

Auch „Schusterpfriem" genannt und ist eine Art Pfriem. Allerdings schneidet die Ahle anders; sie beschädigt das Holz dabei weniger, besonders, wenn man sie gegen die Faserrichtung einsetzt. Man kann mit ihr jedoch nur kleine Löcher von geringer Tiefe bohren. Außerdem sind mit einer Ahle gefertigte Bohrlöcher sehr grob. Mit Handbohrern oder Bohrmaschinen kann man sauberer arbeiten.

Holzbohrer

Eines der ältesten Werkzeuge zum Bohren von Löchern in Holz. Holzbohrer haben, im Gegensatz zu Steinbohrern, eine scharfe Zentrierspitze, die als Führung dient. Dann folgt die Bohrfläche, die auf der vollen Breite des Durchmessers mit scharfen Spitzen beginnt. Dadurch wird vermieden, daß das Holz splittert. Die Bohrfläche ist spiralförmig gewunden, was den Span leichter austreten läßt, und endet in einem quadratischen oder runden Bohrkolben, mit dem der Bohrer in eine Maschine oder eine Bohrwinde eingespannt wird.

Der Pfriem kann für Vorarbeiten fürs Bohren verwendet werden: Mit ihm körnt man die entsprechende Stelle an, so daß der Bohrer, egal welcher Größe, leichter ins Holz eindringen kann.

Bohrwinde

Eine Bohrwinde ist eigentlich nur ein Handgriff, in den man verschiedene Bohraufsätze einspannen kann. Sie besteht aus einer u-förmig gebogenen Stange. An ihrem oberen Ende und in der U-Biegung hat sie Handgriffe, die meist aus Holz sind. Am unteren Ende der Stange ist ein Bohrfutter für die Bohraufsätze. Manche Bohrwinden haben an dieser Stelle eine Ratsche, mit der man auch in Ecken und Winkeln gut bohren kann: So muß man die Winde nicht vollständig herumkurbeln.

Bohraufsätze

Bohraufsätze, wie z.B. Holzbohrer, sind sozusagen das „Herzstück" einer Bohrwinde oder einer Bohrmaschine. Sie sind allerdings nur auf zwei Arten einsetzbar: Bohrer für Bohrwinden haben einen quadratischen Bohrkolben, für Bohrmaschinen sind die Bohrkolben rund.

Um möglichst präzise zu bohren und dabei das Holz so wenig wie möglich zu beschädigen, ist es wichtig, daß man die Schneide des Bohrers so parallel wie möglich an die Faserrichtung ansetzt. Wenn man in Faserrichtung bohren muß, beispielsweise ins Hirnholz, nimmt man dafür einen Windenschneckenbohrer. Bohrt man senkrecht zur Faserrichtung, benutzt man Spiral- oder Zentrumsbohrer.

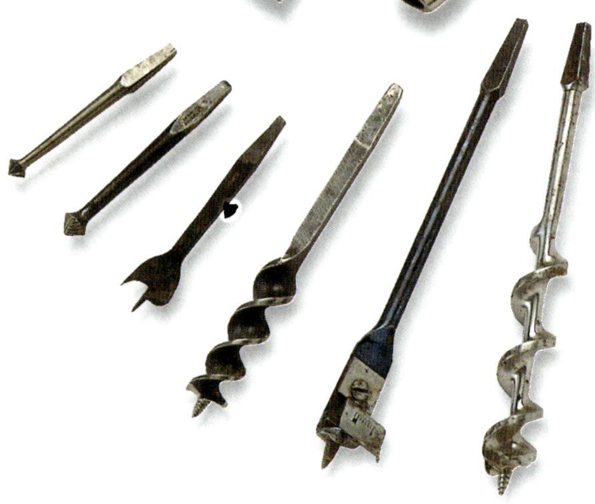

▲ Man kann unterschiedliche Bohraufsätze in eine Bohrwinde einspannen.

Handbohrer

Unsere Abbildung zeigt einen Handbohrer. Im Gegensatz zur Bohrwinde besteht er aus einem senkrechten Gehäuse. Mit einer Kurbel setzt man den Mechanismus in Gang. Zahnräder in seinem Inneren übertragen die Kraft auf das Bohrfutter, und der Bohrer dreht sich ins Holz. Natürlich muß man das Werkzeug mit einer Hand festhalten, während man mit der anderen Hand kurbelt. Zu diesem Zweck ist ein Handgriff an der anderen Seite des Gehäuses angebracht. Der Handbohrer bohrt schneller als die Bohrwinde, allerdings ist die Kraftübertragung weniger günstig. Deshalb benutzt man ihn nur mit Bohraufsätzen von geringem Durchmesser.

Es gibt auch noch eine einfachere Ausführung: den Drillbohrer. Hier wird der Bohrer nicht über eine Kurbel bewegt, sondern durch das Auf- und Abschieben eines Griffs an der Seite des Gehäuses. Drillbohrer eignen sich allerdings nur für seine feine Bohrungen.

Schraubendreher

Sie bestehen für gewöhnlich aus einem schmalen Stahlschaft und einem geriffelten Holz- oder Plastikgriff. Neuere Schraubenzieher können auch aus einer Chrom-Vanadium-Legierung hergestellt sein. Holzgriffe sind an der Stelle, wo der Schaft austritt, mit einem Metallring verstärkt. Der Kopf des Schraubendrehers ist die verschiedenen Schraubenarten angepaßt: Es gibt Schlitz-, Kreuz- oder Inbusschraubendreher.

Abgesehen von den normalen Schraubendrehern, die es in allerlei Größen gibt, gibt es auch solche mit auswechselbaren Köpfen. Wie bei Steckschlüsselsätzen werden die Köpfe in eine Halterung eingeschraubt.

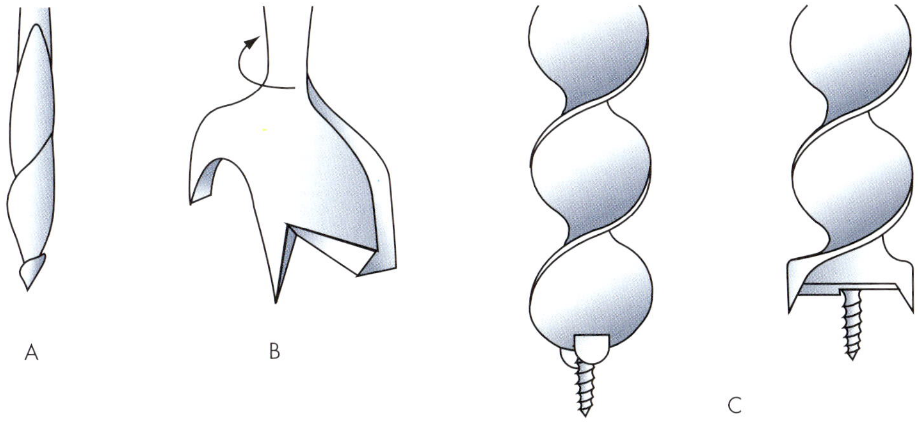

▲ Detailansicht von Bohraufsätzen: Windenschneckenbohrer (a), Zentrumsbohrer (b), Spiralboh rer (c).

◀ Bohraufsätze für eine Bohrmaschine: Sie haben einen runden Bohrkolben.

▼ Handschraubendreher. Der obere kann auch in eine Maschine eingespannt werden.

▼ Handbohrer mit Kurbel. Er funktioniert besser und schneller als die Bohrwinde.

Einschlagen und Herausziehen

Einschlagen und Herausziehen sind zwei Arbeitsgänge, die eng miteinander verknüpft sind. Das wird einem spätestens beim Anblick eines Tischlereihammers deutlich, der Werkzeuge für beides kombiniert. Es gibt jedoch auch viele Werkzeuge, die nur eines von beiden können: entweder einschlagen oder herausziehen.

Hammer

Ein Universalwerkzeug, mit dem man Nägel einschlagen oder hämmern kann. Ein Tischlerhammer kann auch Nägel herausziehen.

Er ist sehr einfach aufgebaut: auf einem harten Holzstiel sitzt ein Stahlkopf. Dieser hat ein Auge in der Mitte, in dem der Stiel eingeklemmt ist. Für unterschiedliche Verwendungsformen gibt es verschiedene Hammerköpfe. Tischlerhämmer können Nägel herausziehen, Holzhämmer sind ganz aus Holz, und auch Schlicht- und Lattenhämmer werden in der Tischlerei verwendet.

Holzhammer

Auch der Holzhammer ist ein Schlagwerkzeug; man benutzt ihn allerdings anders als den Hammer mit Stahlkopf, denn dieser ist nicht für alle in einer Tischlerei anfallenden Arbeiten geeignet. Mit Holzhämmern bearbeitet man Holzverbindungen, oder man treibt mit ihnen andere Werkzeuge ins Holz, kurz: Mit ihm sollte man alle Arbeiten ausführen, bei denen die bearbeitete Fläche hinterher keine Kerben aufweisen sollte. Der Hammerkopf ist entweder rechteckig oder zylinderförmig. Es gibt auch Holzhämmer aus Plastik oder Leichtmetall. Letztere werden vor allem von Holzbildhauern und Schnitzern verwendet. Die längliche Kopfform und der kurze Stiel eignen sich nämlich sehr gut für Feinarbeiten.

Zange

Zangen bestehen aus zwei beweglichen Hebeln, die überkreuz liegen und durch eine Achse miteinander verbunden sind.

In der Tischlerei verwendet man die unterschiedlichsten Zangen, zum Beispiel die Kneifzange. Sie hat einen runden Kopf mit scharfen Kanten und wird zum Herausziehen von Nägeln benutzt. Man kann mit ihr die Nägel besonders gut und fest packen, auch wenn deren Kopf nur knapp aus dem Holz herausragt. Diese Zange eignet sich auch gut dazu, Draht zu schneiden und um kleine Werkstücke bei der Bearbeitung festzuhalten.

Am gebräuchlichsten ist allerdings die Kombizange, die viele Funktionen von Zangen miteinander verbindet. Sie hat einen eckigen Kopf und eine geriffelte Aussparung in der Greiffläche, mit der man auch dickere Nägel und kleine Gegenstände gut zu packen bekommt. Ausserdem hat sie eine Schneide, um Draht zu schneiden.

▲ Verschiedene Formen von Hämmern mit Stahlkopf und ein Holzhammer: Er ist vollständig aus Holz.

◀ Verschiedene Arten von Zangen: Kombizange, Flachzange, Kneifzange

Geißfuß

Der Geißfuß ist eigentlich eine Brechstange aus Stahl, mit der man Kisten aufbrechen kann. An einem Ende ist er schmal, um gut unter die Bretter greifen zu können, auf der anderen Seite hat er außerdem eine v-förmige Aussparung, die unter den Nagelkopf greift. Sie erinnert an den gespaltenen Huf einer Ziege, daher der Name.

◀ Der Geißfuß dient als Brechstange und kann auch Nägel herausziehen.

Nagelversenker

Der Nagelversenker ist ein Metallstift, der an einer Seite spitz ist. Er sieht aus wie ein stumpfer Bleistift. Wenn man Nagelköpfe vollständig unter die Holzoberfläche versenken will, setzt man den Nagelversenker auf den Nagelkopf an und schlägt mit dem Holzhammer, bis er weit genug eingeschlagen ist.

▼ Getreu seinem Namen dient der Nagelversenker dazu, die Köpfe von Nägeln und Bolzen unter die Holzoberfläche zu versenken.

Holzkonstruktionen werden nicht nur mit Hilfe von Holzverbindungen miteinander verbunden, sondern sie werden auch durch Leim zusammengehalten. Die meisten Klebstoffe, abgesehen von Kontaktleimen, benötigen die Hilfe von Spanninstrumenten, die die verleimten Teile so lange zusammenpressen, bis der Klebstoff ausgehärtet ist. Die wichtigsten Spannwerkzeuge sind Schraubzwingen und Schraubknechte.

Schraubzwinge

Mit Schraubzwingen kann man z.B. ein Werkstück zur Bearbeitung an der Werkbank befestigen oder zwei Holzstücke zusammenpressen, die man miteinander verleimt hat. Schraubzwingen sind meist aus Stahl und haben Holzgriffe.

Schraubzwingen bestehen aus einer länglichen Schiene, an deren Ende eine festehende Spannbacke befestigt ist. Eine verstellbare Backe bewegt sich an der Schiene, bis er auf ein Hindernis – die dazwischengelegten Holzstücke – stößt und mit einem Gewindestock festgeschraubt wird. Wenn dieser Gewindestock zu kurz ist, muß die verstellbare Spannbacke hochgeschoben werden. Wenn aber der Gewindestock auf ein Hindernis stößt und man ihn festzurren kann, ist auch der Gleitarm fest.

Schraubzwingen gibt es in vielen unterschiedlichen Größen. Um verleimte Holzstücke aneinanderzupressen benutzt man am besten kleine Bügelschraubzwingen. Mit der Parallel-Schraubzwinge können Übereckverbindungen eingespannt werden.

Bei einer Spannweite von 500 bis 2000 mm spricht man von Schraubknechten. Bei Moment-Schraubknechten sind beide Spannbacken beweglich. So kann man sie schnell unterschiedlich großen Werkstücken anpassen: an Bilderrahmen, Kisten oder Möbelstücke.

Spannen von kreisflächigen Formen

Wenn man kreisflächige Werkstücke spannen will, braucht man dazu ein Spezialwerkzeug, es sei denn, man behilft sich – wie in alten Zeiten – mit einer Kordel und zwei Stöckchen. Das geht eigentlich genausogut: Wie in der Abbildung, wickelt man die Kordel doppelt oder vierfach um die Konstruktion und dreht sie an zwei gegenüberliegenden Stellen mit zwei Stöckchen auf, um sie ganz zu spannen.

▲ Manchmal kann man sich mit ganz einfachen Konstruktionen behelfen, z.B. bei diesem Hocker.

▲ Spezialschraubzwinge für kreisförmige Flächen und Übereckverbindungen

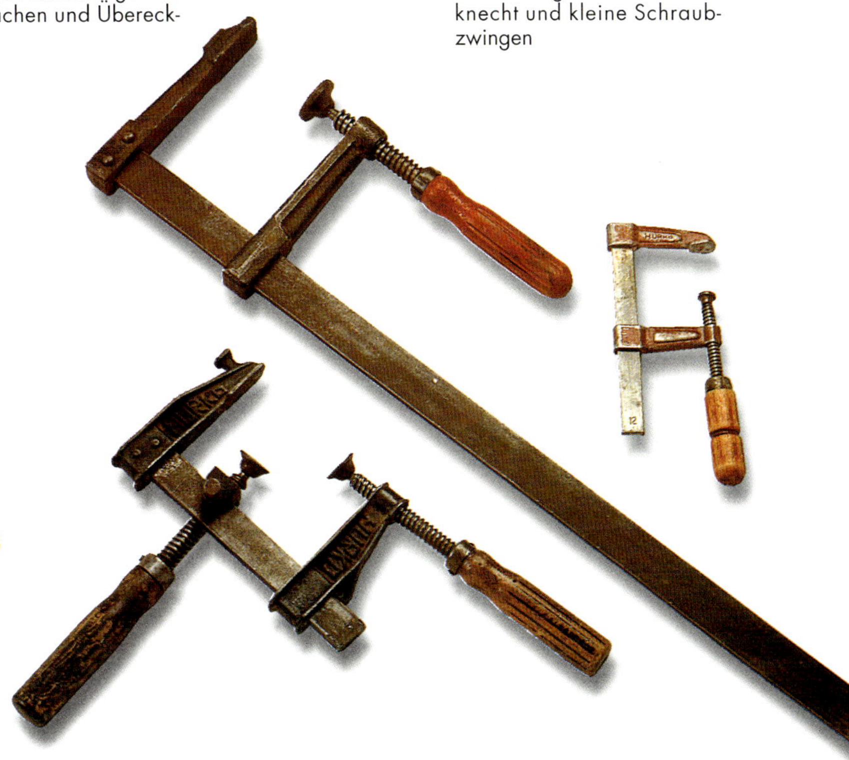

▼ Ein großer Schraubknecht und kleine Schraubzwingen

▼ Parallel-Schraubzwinge. Sie wird für das Spannen von verleimten Kanten auf Gehrung benutzt.

MASCHINEN

Mit fortschreitender Industrialisierung haben auch viele typische Tischlereiwerkzeuge eine Umwandlung erfahren: Motoren, Getriebe und andere Teile kamen hinzu und verwandelten sie in Maschinen. Manche der Maschinen verfolgen noch genau den Verwendungszweck, den sie als einfache Werkzeuge hatten, z.B. Motorsägen oder Hobelmaschinen. Andere wiederum sind vielseitig angelegt, z.B. die Bohrmaschine, die dank ihrer verschiedenen Bohraufsätze viele kleinere Werkzeuge ersetzen kann.

Tragbare Maschinen

▲► Gehrungskreissäge

Viele Faktoren haben dazu geführt, daß das Heimwerken für viele Menschen zu einer beliebten Freizeitbeschäftigung geworden ist, nicht zuletzt auch die Tatsache, daß man viel Geld sparen kann, wenn man seine Möbel selber baut. Um diesem wachsenden Bedürfnis gerecht zu werden, wurden Maschinen entwickelt, die für jeden Haushalt erschwinglich sind. Viele Arbeitsgänge werden durch sie erleichtert, vor allen Dingen Installationen und Montagen, die außerhalb der Werkstatt erledigt werden müssen, zum Beispiel an Stellen, die ansonsten nur schwer zugänglich wären, wenn es nicht Maschinen gäbe, die in jede Ecke gelangten. Umso praktischer ist es, daß viele Geräte auch mit Akkus funktionieren und man sogar von der Steckdose unabhängig ist. Da diese Maschinen auch sehr leicht und einfach zu transportieren sind, sind sie sehr benutzerfreundlich und erfreuen sich reger Verwendung, sowohl in der Arbeitswelt als auch im Haushalt.

Tragbare Maschinen teilen wir aufgrund ihrer Eigenschaften in zwei große Gruppen ein:

Werkbankmaschinen

So wollen wir alle Maschinen nennen, die an der Werkbank zum Einsatz kommen. Viele Hersteller bieten auch passende Tische und Ständer an. Die Arbeitsweise ist bei ihnen im Prinzip genauso wie bei den stationären Maschinen: Entweder wird die Maschine über das eingespannte Holzstück geführt oder das Holzstück durch die Schneideblätter der feststehenden Maschine.

Die Funktionsweise der einzelnen Maschinen beschreiben wir im nächsten Abschnitt über die stationären Maschinen. Folgende Maschinen gehören u.a. zur Gruppe der Werkbankmaschinen: Bandsäge, Stichsäge, Tischkreissäge, Gehrungskreissäge, Hobelmaschine, Universalhobelmaschine, Band- oder Schwingschleifer und Klebepistolen.

▼ Klebepistole

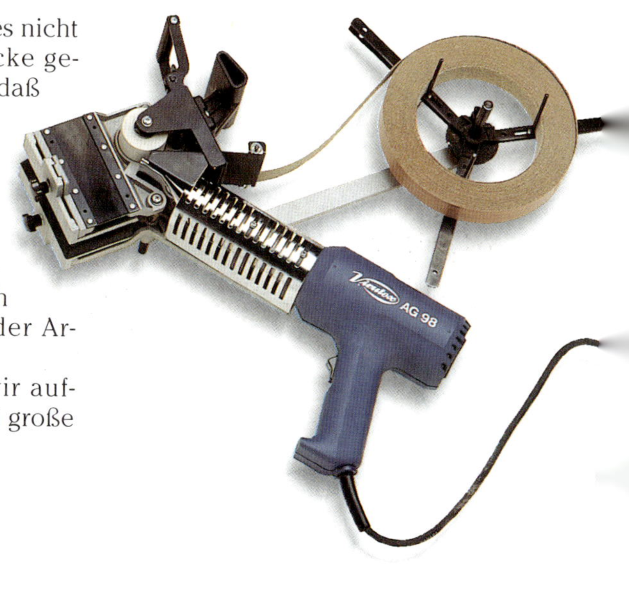

Handmaschinen

Man spricht auch von tragbaren Maschinen, da sie ein relativ leichtes Gewicht haben und nicht viel schwerer sind als die mechanischen Werkzeuge. Ihnen ist gemeinsam, daß ihre Schneidewerkzeuge durch einen Motor angetrieben werden; dieser wird durch ein Schutzgehäuse geschützt und mit Schaltern von Hand bedient. Sie sind alle aus leichtem Material hergestellt; viele Maschinenteile sind aus Kunststoff und aus Aluminium. Die Motorleistung der einphasigen Motoren beträgt bei ihnen zwischen 500 und 1.500 Watt, das bedeutet eine Kapazität von 3.500 bis 20.000 Umdrehungen pro Minute. Diese Leistungsfähigkeit und ihr geringes Gewicht machen diese Handmaschinen eigentlich zu typischen mechanischen Werkzeugen, und deshalb werden sie auch genauso verwendet wie mechanische Werkzeuge.

Einige Beispiele für diese Art tragbarer Maschinen sind: Kreissäge, Stichsäge, Hobel, Oberfräse, Bandschleifgerät, Klebepistole, Bohrmaschine (sowohl mit Akkus als auch mit Netzbetrieb und mitsamt den Bestandteilen des Bohrständers) und Akku-Schraubendreher.

▲ Kreissäge

▲ Stichsäge

▲ Hobelmaschine

▼ Schleifgerät

▼ Bohrmaschine im Bohrständer

▲ Akkubohrmaschine

▲ Bohrmaschine

▼ Oberfräse

▼ Akku-Schraubendreher

Stationäre Maschinen

◀ ganz links: Bandsägemaschine mit Arbeitstisch

◀ links: So schneidet man ein Kantholz an einer Bandsägemaschine.

In einer Tischlerei spielen die stationären Maschinen eine sehr wichtige Rolle. Sie sollen Zeit sparen und ein effizientes Arbeiten ermöglichen. Für einen sinnvollen Einsatz stationärer Maschinen müssen vor allem zwei Dinge gut geplant sein: Die Reihenfolge, in der sie benutzt werden, und eine dementsprechend sinnvolle Aufstellung dieser Maschinen, so daß der Platz in der Werkstatt möglichst optimal genutzt ist: Der Tischler muß genug Platz haben, um gut und sicher arbeiten zu können.

◀ Stemmaschine: Hier eine Kettenfräsmaschine zum Ausfräsen von Nuten für Holzverbindungen.

Bandsäge

Diese Sägemaschine besteht aus einer großen Tischfläche, zwei Schwungrädern und einem senkrecht stehenden Sägearm, an dem ein Sägeband entlangläuft. Sie wird durch einen Motor angetrieben, der ein Schwungrad in Bewegung setzt. Bei der Sägemaschine in der Abbildung sind das untere Schwungrad und der Motor hinter einer Verkleidung angebracht. Das Sägeband läuft über die beiden Schwungräder und wird durch den senkrecht stehenden Arm in seiner Position gehalten. Das Band besteht aus einem geschränkten, langen Sägeblatt, das unterschiedliche Breiten haben kann: Für Längsschnitte benutzt man Sägeblätter von 3 bis 4 cm Breite, für Rundschnitte 0,5 bis 1 cm Breite. Die beiden Enden sind zusammengeschweißt, so daß das Sägeband endlos laufen kann.

Der Tisch ist meist bis 45° neigbar und kann mit Führungsschienen versehen werden, an denen man das Holz exakt ausrichten kann.

Der Durchmesser der Schwungräder entspricht dem Abstand zwischen dem herab- und dem herauflaufenden Sägeblatt. Dieses Maß begrenzt auch die Größe der Werkstücke, die auf der Maschine bearbeitet werden können: Mißt das Schwungrad 70 cm im Durchmesser, können nur Hölzer von geringerer Breite gesägt werden.

Kreissäge

Die feststehende Kreissäge hat einen stabilen Unterbau und eine robuste Tischplatte aus Stahl. Unter der Tischfläche wird das Kreissägeblatt angetrieben: Es ist auf einer Achse befestigt, die über einen Riemen von einem Motor angetrieben wird.

Das Schneidwerkzeug besteht aus einer gezahnten, runden Scheibe, die in der Mitte ein Loch hat, damit man sie auf der Achse befestigen kann. Für unterschiedliche Achsgrößen gibt es daher auch unterschiedliche Scheibengrößen. Auch die Form und Schränkung der Sägezähne können, je nach geplanter Arbeit, vielfältige Formen annehmen. Für Massivholz wird man zum Beispiel Sägeblätter verwenden, die geschränkt sind. Für Span- und Sperrholzplatten dagegen nimmt man Sägeblätter, deren Zähne weiter auseinander stehen.

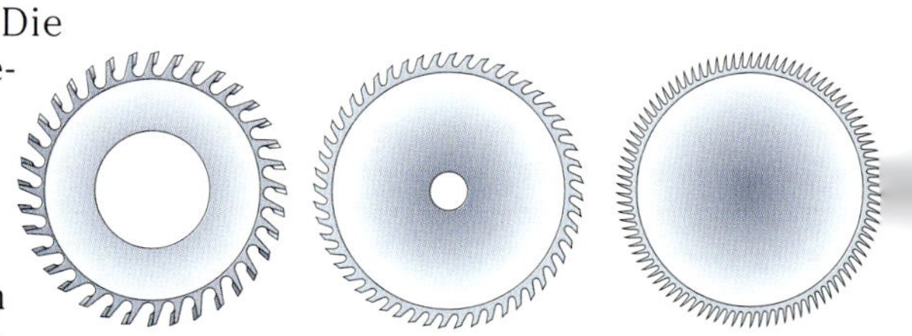

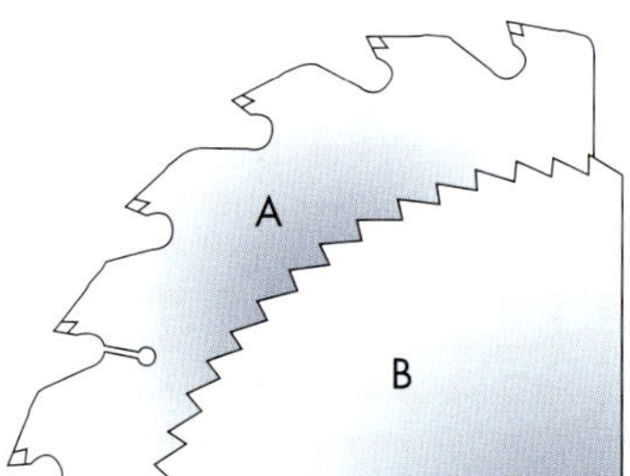

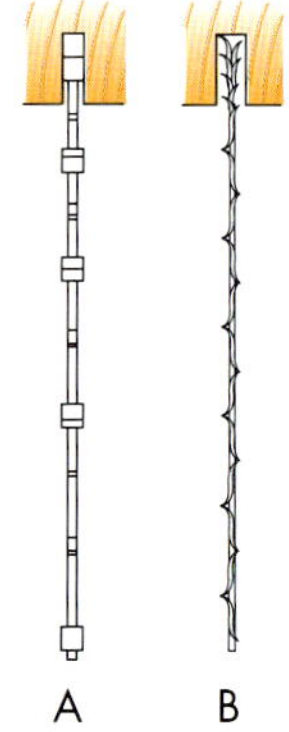

▶ Verschiedene Kreissägeblätter: geschränktes Sägeblatt für Span- und Sperrholz (a), und geschränktes Sägeblatt für Massivholz (b)

Hobelmaschine

Die Hobelmaschine sieht, wie der Name schon sagt, aus wie die riesige Unterseite eines Hobels. Auf dem massiven Unterbau sind zwei bewegliche Stahlplatten angebracht, die als Arbeitsfläche dienen. Da sie selbstverständlich ganz plan sein müssen, werden sie aus gehärtetem Stahl gefertigt. Zwischen den beiden Stahlplatten ist eine Lücke, in der ein Stahlzylinder rotiert. Auf diesem sind die Schneiden angebracht, die über die ganze Breite des Stahlzylinders gehen. Sie werden über einen Riemen durch einen Motor angetrieben. An einer Seite ist außerdem eine Führungsschiene angebracht, die ein richtiges Führen des Holzes erleichtert.

Die Schneideblätter sind scharfe Klingen aus gehärtetem Stahl, die an dem zylindrischen Messerkopf angebracht sind. Sie reichen etwa 5 mm über den Zylinder hinaus. Die roten Kurbeln, die Sie in der Abbildung an der Seite der Maschine sehen können, dienen dazu, die Höhe der Arbeitsplatten zu verstellen. Sie bewegen sich auch zur Seite, um nicht mit dem Schneidwerkzeug in Berührung zu kommen.

Rotationsmessermaschine

Sobald das Holz von einer Breit- und einer Kantseite gehobelt wurde, kann man es mit dem Rotationsmesser bearbeiten, um es über die ganze Länge hinweg auf eine bestimmte Dicke zu schneiden. Wie die Hobelmaschine ist auch diese Maschine vollständig aus Stahl. Der gesamte Schneidemechanismus ist in einem Kasten untergebracht: ein Messerkopf, zwei Führungsrädchen, davon eines mit glatter, das andere mit geriffelter Oberfläche, ein Mechanismus zum Einstellen und Synchronisieren der Geschwindigkeit von Rotationsmesser und Führungsrädchen und eine kleine Tischfläche zum Einführen des Holzes mit zwei Rollen. Und natürlich der Motor, der diesen Mechanismus antreibt.

Diese Maschine ist sehr einfach zu bedienen, und sie birgt auch eine geringere Unfallgefahr als die Hobelmaschine: Man legt das Holzstück einfach mit der gehobelten Seite nach unten auf die Tischfläche; mit den Rollen kann man es leicht in die Maschine einführen. Mit der Hand schiebt man es so lange, bis das

▲ Rotationsmessermaschine im Einsatz

▲ Unterfräsmaschine

► Hobelmaschine

geriffelte Rädchen das Holzstück zu packen kriegt und von selbst an den Messerkopf führt.

Fräsmaschine

Mit einer Fräsmaschine kann man fast alle Arten von Schnitten ausführen: Hohlkehlen, Stufen, Nuten oder Ausstemmungen. Dies ist möglich, weil man fast alle Arten von Schneideblättern einlegen kann: Fräsköpfe, Schneideblätter für sämtliche Leistenprofile und Sägeblätter. Die Maschine ist einfach aufgebaut: Auf einer breiten, robusten Arbeitsfläche befinden sich Führungsschienen, über die man die Holzstücke über den Fräskopf bewegen kann. Gerade wegen ihrer Vielseitigkeit ist diese Maschine jedoch nicht ganz leicht zu bedienen, denn schließlich macht die Maschine alles von alleine, wenn man das Holzstück einmal anlegt.

► In eine Fräsmaschine kann man praktisch alle Arten von Schneidewerkzeugen einbauen.

HOLZVERBINDUNGEN

Frisch geschnittenes Holz ist in seinen Längenmaßen immer begrenzt. Daher muß ein Tischler häufig Holzverbindungen herstellen, um Hölzer oder Bretter zu verlängern. Auch für das Herstellen vieler Werkstücke ist es wichtig, Holzstücke miteinander zu verbinden, ob im 90°-, 45°- oder in anderen Winkeln. Holzverbindungen werden meist dadurch hergestellt, daß man in ein Werkstück eine Nut, in das andere eine Feder stemmt oder fräst. Um diese Verbindungen zu verstärken, kann man sie mit Schrauben, Nägeln, Klemmen oder Bügeln fixieren.

Breitenverbindung

Es gibt unterschiedliche Systeme, zwei oder mehrere Holzstücke an ihrer Breit- oder Kantseite miteinander zu verbinden. Ziel all dieser Techniken ist es, die Holzoberflächen zu vergrößern, z.B. für Tischplatten oder Schrankwände.

Man kann zwei Gruppen unterscheiden: 1) Stumpfe Verbindungen, die nur abgehobelt und verleimt werden. Hier müssen vor allem die Eigenschaften der verwendeten Holzart beachtet werden. 2) Die Verbindung wird durch Nut und Feder, Zapfen oder Dübel verstärkt.

Breitenverbindung mit stumpfer Fuge

Diese Verbindung ist nicht besonders stabil. Ihre Haltbarkeit hängt vor allem von der Dicke der Holzstücke und von der Qualität des Leims ab, der ja die gesamte Verbindung zusammenhält. Leim kann sich nämlich unter Einwirkung von Luftfeuchtigkeit und Temperatur ausdehnen oder zusammenziehen.

Überblattung

Mit dieser Verbindungstechnik erhält man eine größere Oberfläche zum Ver-

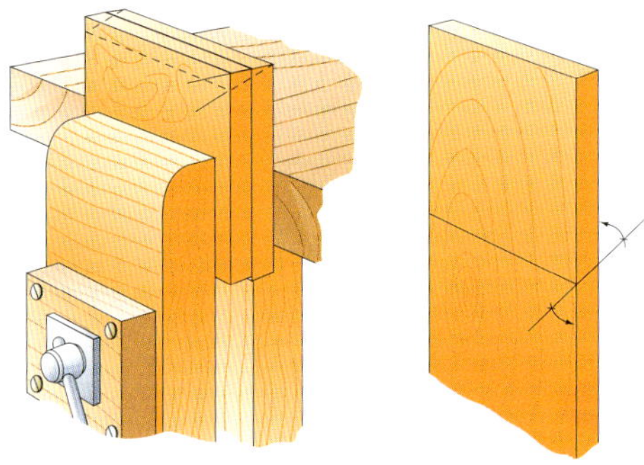

▲ Auf diese Weise kann man zwei Bretter gleichzeitig auf das gleiche Niveau hobeln.

leimen als bei der stumpfen Fuge. Sie kann mit Schrauben oder Nägeln verstärkt werden. Diese Verbindung wird vor allem für Bohlen und Paneele benutzt.

Gefederte Verbindung

Eine solche Verbindung schafft eine große Stabilität. Dazu fräst man mit dem Nutenhobel oder mit der Oberfräse eine Nut in die Kantseiten beider zu verbindender Holzstücke. Sie werden mit einer Feder verbunden, die aus Hartholz geschnitten ist. Deren Faserrichtung sollte der der Verbindungsstücke entgegenlaufen – so wird die Verbindung stabil, und das Holz bricht nicht so leicht.

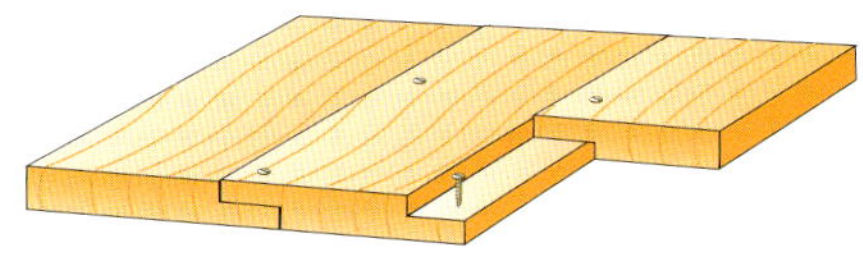

▲ Breitenverbindung mit Überblattung

Gefederte Verbindung mit Zapfenverstärkung

Mit dieser Verbindung kann man das Holz noch besser vor Bruch schützen. Auf der gesamten Längsseite des Holzes werden Schlitze gefräst, aber in gebührendem Abstand, da sonst das Holz bricht. In die entstandenen Hohlräume steckt man längliche Zapfen. Dank ihrer hält die entstandene Holzoberfläche auch stärkerer Krafteinwirkung von aussen stand. Deshalb ist diese Verbindung besonders geeignet für Tischplatten.

Verbindung mit zweifachem Schwalbenschwanz

Dies ist eigentlich eine der simpelsten Holzverbindungen, deshalb findet man sie vor allem noch in alten Möbeln. Ähnlich wie bei der Zapfenverbindung werden in beide zu verbindenden Holzteile Nuten gefräst, hier sind sie allerdings

► Federverbindungen und was man dabei falsch machen kann: so ist es richtig (a), die Feder ist zu groß, das Holz verzieht sich (b), korrekt verstärkte Federverbindung (c) Feder und zu verbindende Holzstücke haben keine geeigneten Proportionen (d).

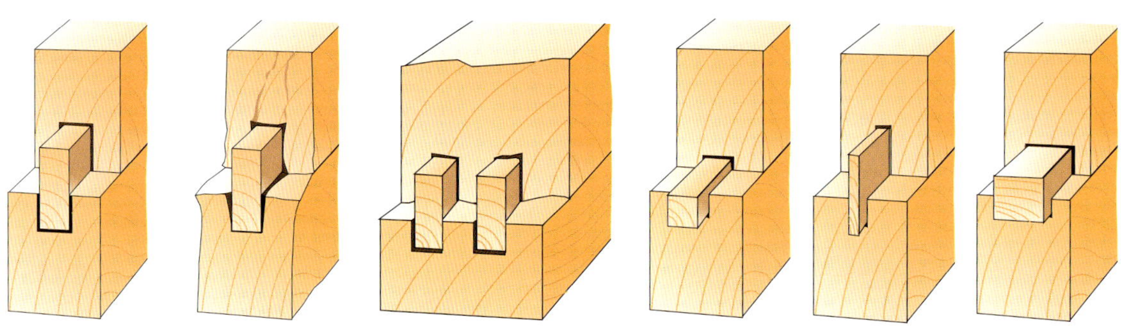

A B C D

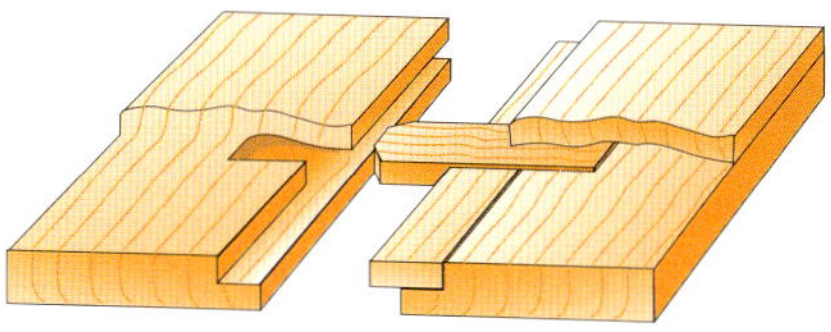

▲ Gefederte Verbindung mit Zapfenverstärkung

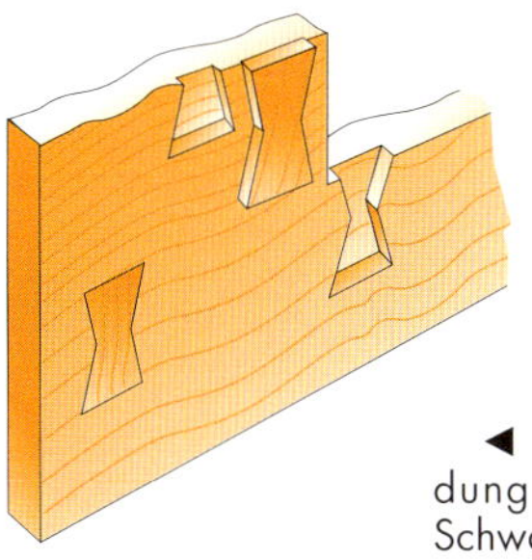

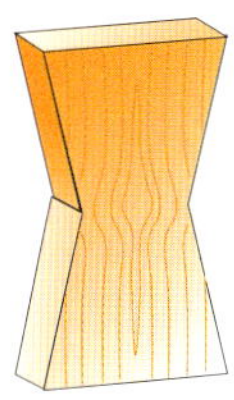

◄ Breitenverbindung mit doppeltem Schwalbenschwanz

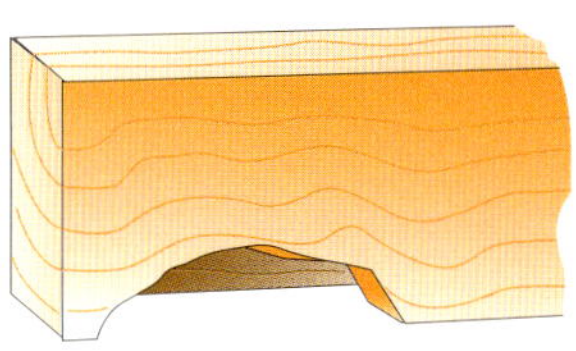

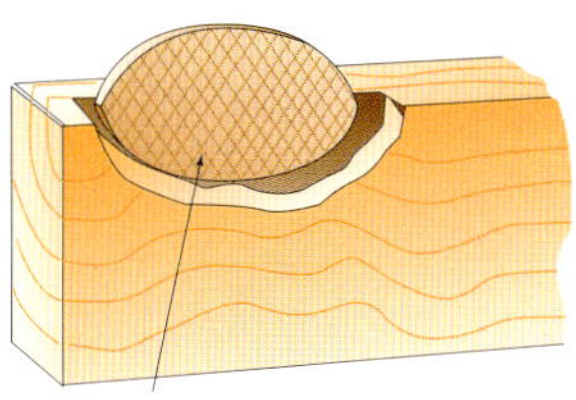

▲ Lamellobreitenverbindung

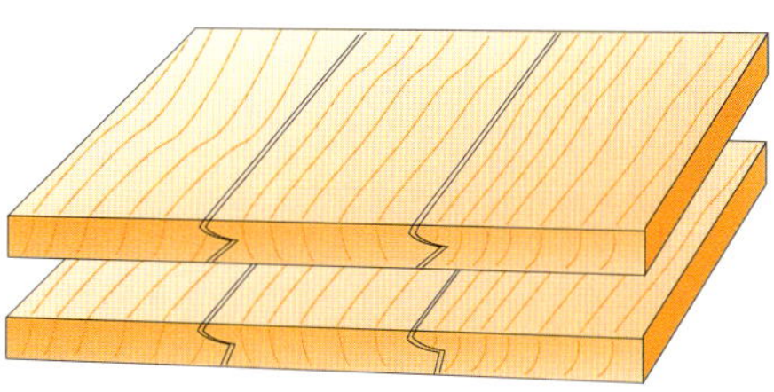

▲ Zickzackverbindung. Im Prinzip funktioniert sie wie die gespundete Fuge.

▼ Gezahnte Breitenverbindung

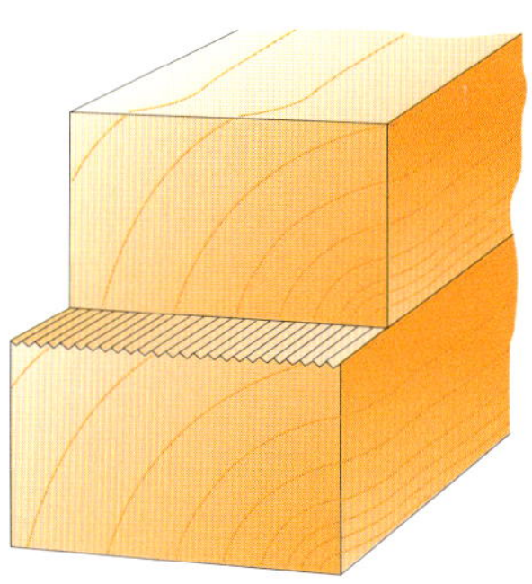

trapezförmig. Deren kurze Seite zeigt an die Außenkante. Ein auf die Nuten passender Schlüssel verbindet die Holzstücke.

Lamellobreitenverbindung

Ein beliebtes Verfahren, vor allem für Rahmenverbindungen. Sie sind recht leicht auch mit tragbaren Handfräsen herzustellen.

Zickzack-Verbindungen

Diese Verbindung schützt vor allen Dingen vor einem seitlichen Verrutschen der einzelnen Holzstücke. Sie wird mit einer stationären Fräse und einem entsprechenden Aufsatz hergestellt. Je tiefer der Einschnitt in das Holz ist, desto mehr Oberfläche ergibt sich zum Verleimen – und desto stabiler ist auch die Verbindung.

Gezahnte Breitenverbindung

Eine solche Verbindung steht und fällt mit der aufgerauhten, gezahnten Oberfläche, die man mit dem Zahnhobel herstellt. Auch hier gilt: Je tiefer die Zähne das Holz bearbeitet haben, desto mehr Oberfläche ergibt sich zum Leimen, und desto stabiler ist die Verbindung.

Gedübelte Verbindung

Hier wird die Verbindung noch durch Holzdübel verstärkt. Dazu werden Dübellöcher in die Kantseite der Holzstücke gebohrt. Holzdübel gibt es in verschiedener Ausführung (s. Abb.). Je stärker ihre Oberfläche bearbeitet ist, desto besser halten sie.

Gespundete Fugen

Dieses Prinzip besteht, wie auch bei der Zickzackverbindung, darin, eine Kantseite mit einer Nut, die andere mit einer Feder zu versehen. Diese Art Verbindung wird sehr häufig in der Holzbearbeitung angewandt, vor allem für Fußböden, Paneele usw.

Es gibt eine Vielzahl von möglichen Spundungen; darunter die abgebildeten. Um die Fugen zwischen den Holzbrettern ein wenig eleganter scheinen zu lassen, profiliert man sie häufig.

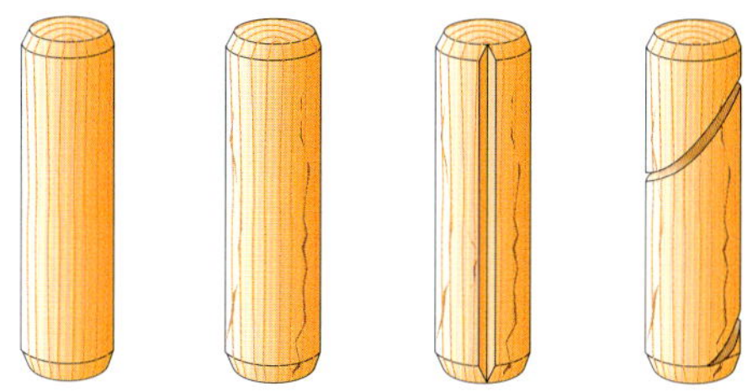

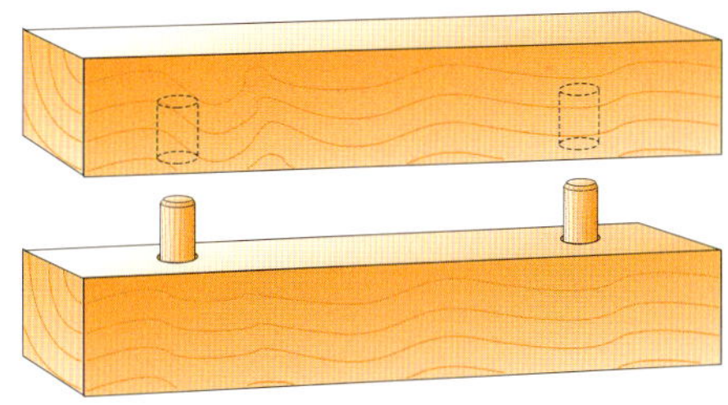

▲ Holzdübel (a) haben eine geriffelte Oberfläche. Ihr optimaler Abstand in einer Massivholzplatte beträgt 225–300 mm. (b).

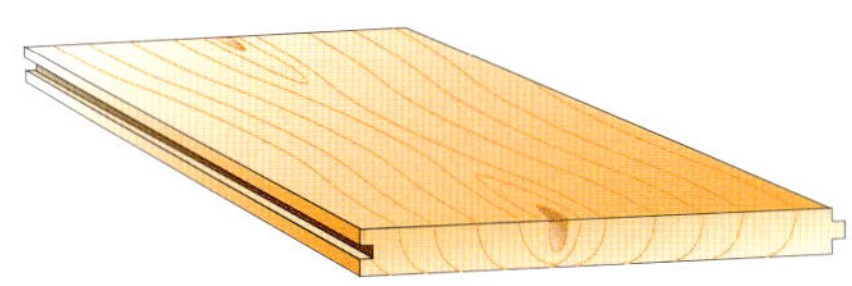

▲ Brett mit Nut und Feder

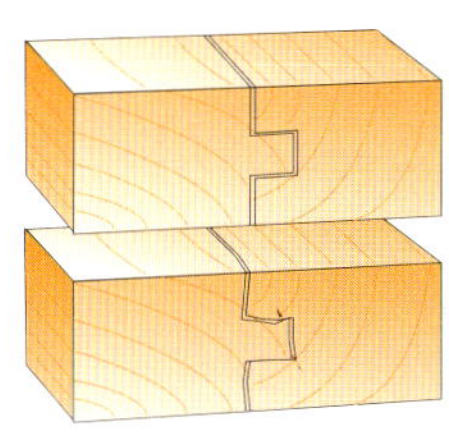

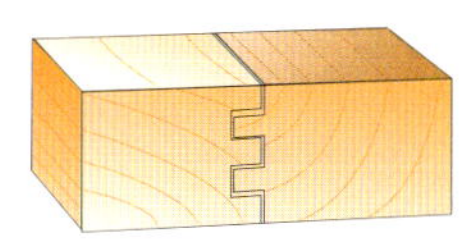

▲ Doppelt gespundete Fuge

▲ Einfach gespundete Fuge

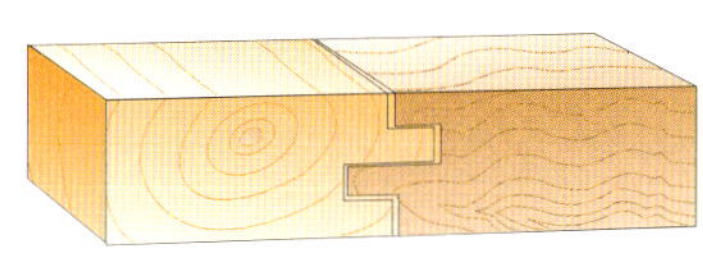

▲ Abwechselnd gespundete Fuge

▼ Gespundete Fuge mit Profil, auch gestäbte Fuge genannt.

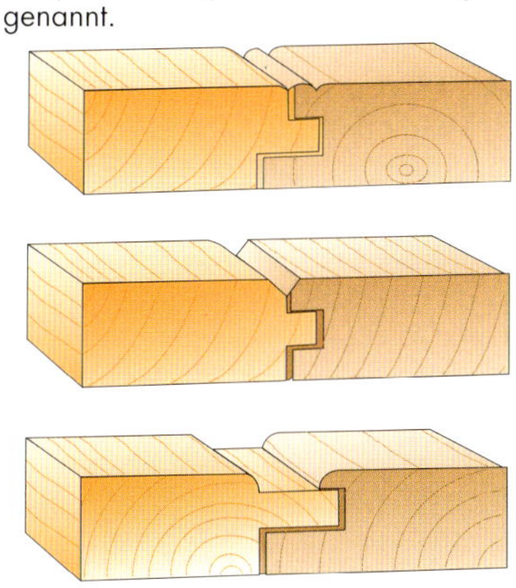

Eckverbindungen

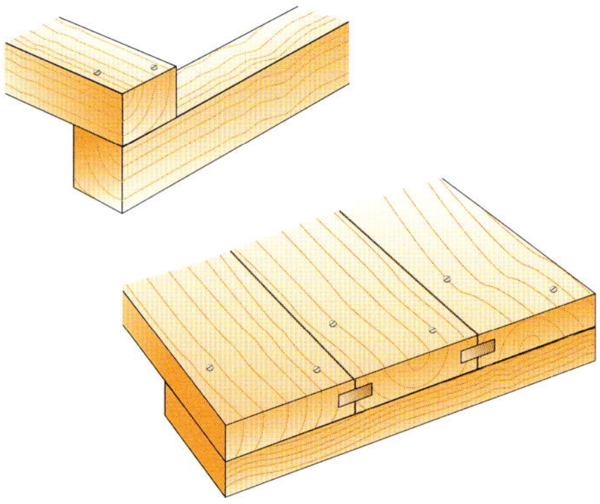

▲ Überlagerung: Die einfachste, aber auch instabilste Art der Eckverbindung.

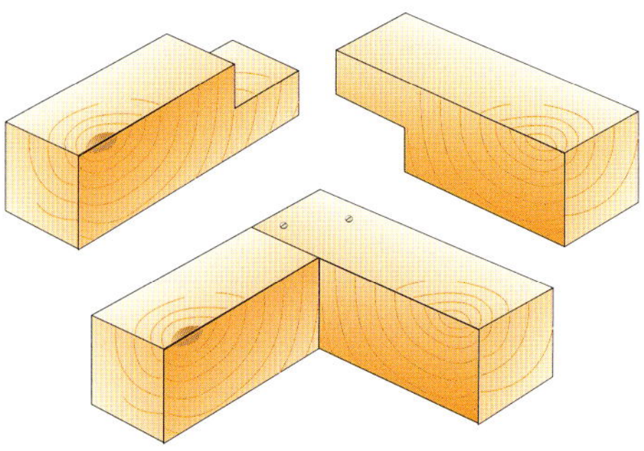

▲ Überblattung

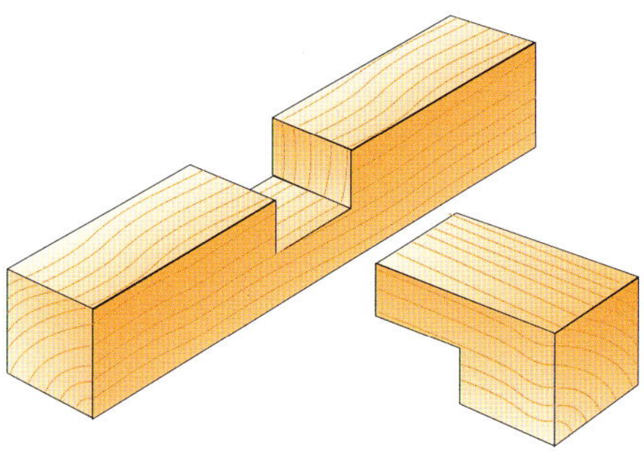

▲ T-Überblattung

▼ Halbe T-Überblattung

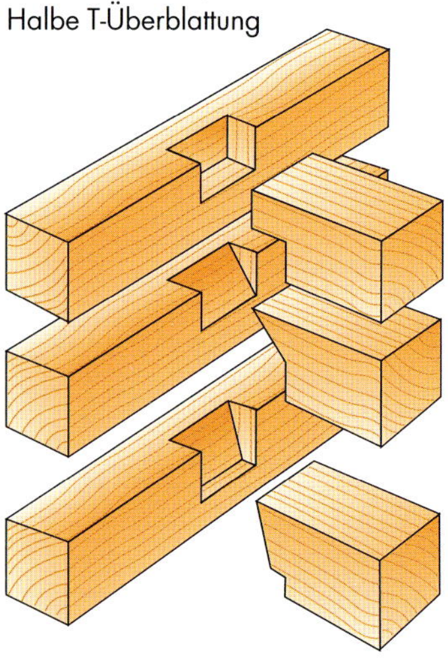

Zwei verschiedene Arten Eckverbindungen sind möglich: Entweder man verbindet die Stirnseite eines Holzstücks mit der Kantseite eines zweiten; so stellt man Rahmeneckverbindungen her. Oder man verbindet beide Stirnseiten miteinander: Dann hat man eine Flächeneckverbindung für Kästen, Schubladen etc.

Überlagerung

Strenggenommen ist dies keine Verbindung im eigentlichen Sinn, trotzdem werden in manchen Fällen Holzstücke verbunden: übereinander legen und Nägel einschlagen.

Überblattung

Es gibt mehrere Arten der Überblattung. Im Prinzip sind stets beide Holzstücke bis auf die halbe Dicke eingeschnitten und werden an diesen Stellen aneinandergeleimt und/oder -genagelt. Meist benutzt man T-Überblattungen, wenn man eine Verbindung in T-Form braucht.

Halbe T-Überblattung

Eine halbe T-Überblattung ist stabiler, weil das Holz nicht auf seiner ganzen Breite durch das Wegnehmen von Material geschwächt wird.

Die Ausstemmung im waagerechten Teil des Ts kann mehrere Formen annehmen (s. Abb.).

Kreuz-Verkämmung

Bei Verkämmungen liegen die Holzstücke am Ende nicht auf einer Ebene. Da die Einschnitte aber nicht so tief ins Holz gehen, wird seine Stabilität weniger beeinträchtigt.

Dübeleckverbindungen

Stumpfe Verbindungen werden für gewöhnlich mit materialfremden Stützelementen verstärkt. Diese Elemente können aus Metall sein (Bolzen, Schrauben, Nägel), dann sind sie von außen sichtbar. Will man eine Verbindung herstellen, die von außen nicht sichtbar ist, muß man meist auf Klebstoffe zurückgreifen. Da diese aber keine ausreichende Festigkeit gewährleisten, vor allem, wenn man Stirnholz verleimt, verstärkt man solche Verbindungen meist mit Holzdübeln.

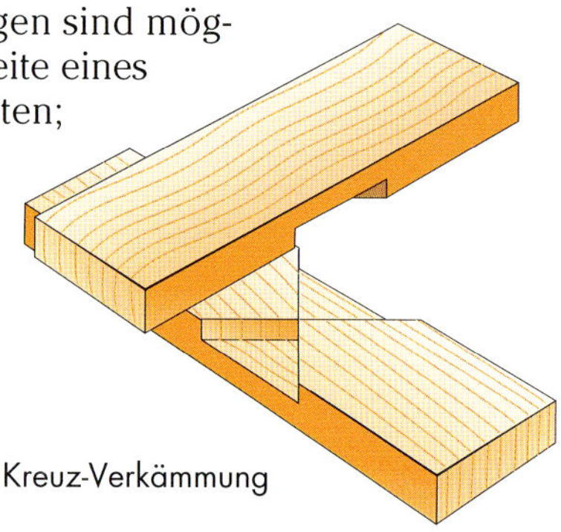

► Kreuz-Verkämmung

▼ Dübeleckverbindung, mit Schraube verstärkt

▼ Dübeleckverbindungen

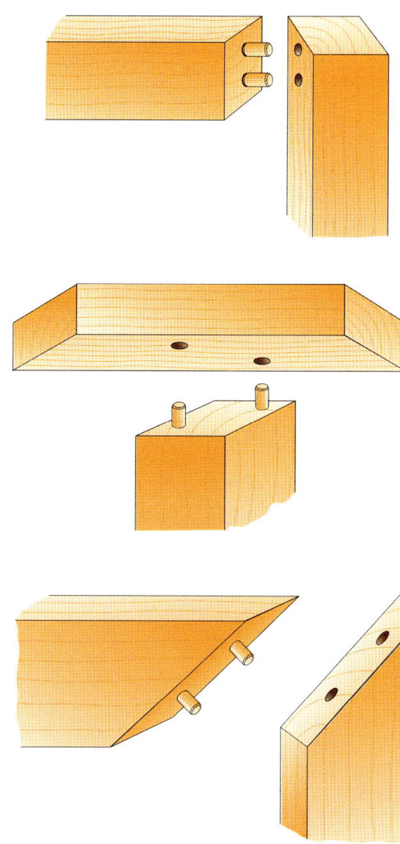

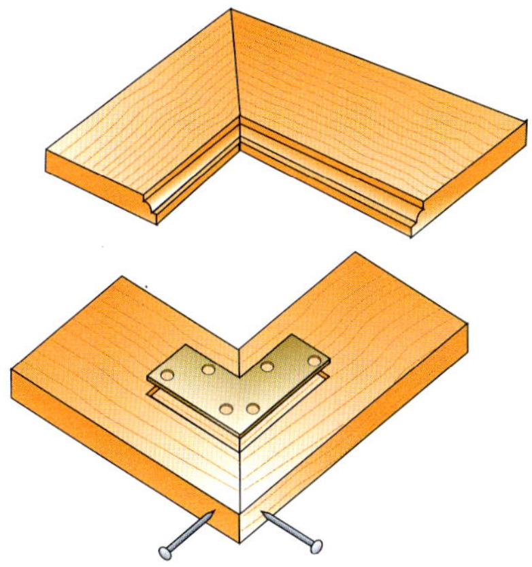

▲ Stumpfe Verbindung auf Gehrung, mit Winkeleisen verstärkt

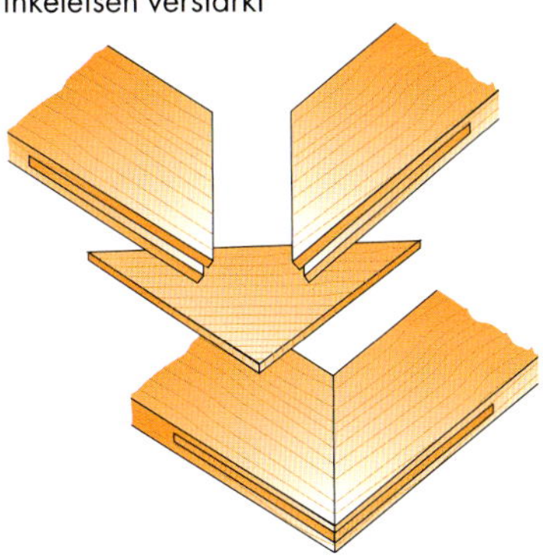

▲ Eckverbindung auf Gehrung mit Feder

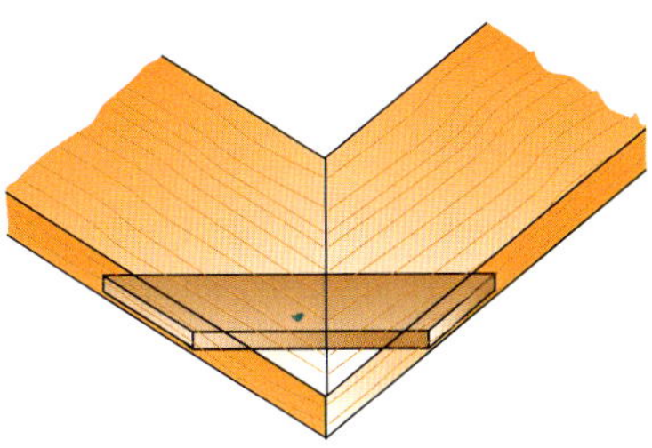

▲ Verstärkte Eckverbindung auf Gehrung

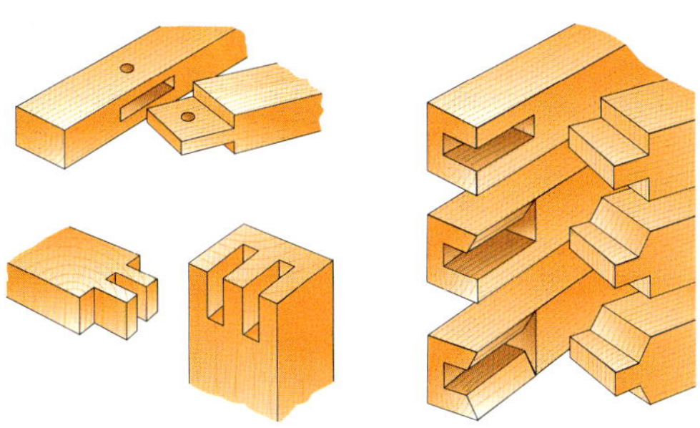

▲ Zapfen-Schlitz-Verbindungen

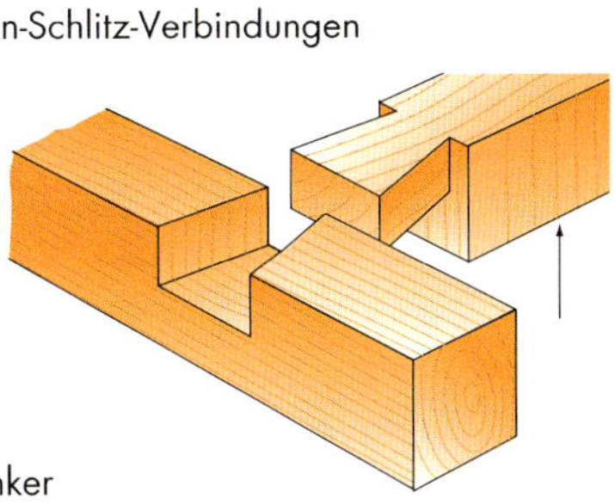

► Einzinker

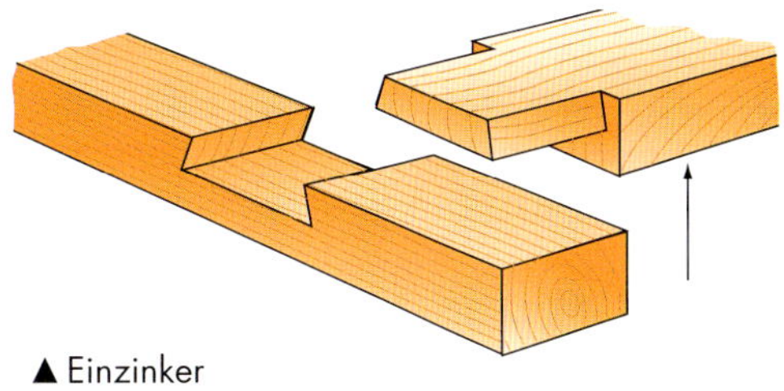

▲ Einzinker

◄ Schlitz- und Zapfenverbindung in Schwalbenschwanzform

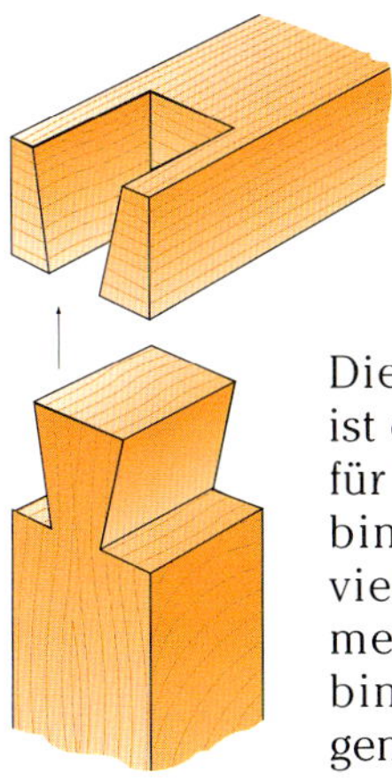

Dübeleckverbindung

Die Dübeleckverbindung ist ein schwächerer Ersatz für Schlitz- und Zapfen-Verbindungen. Sie verstärkt viele Verbindungen: Rahmen und Flächeneckverbindungen, T-Verbindungen, auf Gehrung usw.

Verbindung auf Gehrung mit Winkeleisen-Verstärkung

Eine stumpfe Gehrung erhält man, indem man die Enden der Holzstücke auf 45° schneidet. Diese Verbindung wird vor allem für Bilder- und Leinwandrahmen verwendet.

Eckverbindung auf Gehrung mit Feder

Man setzt die Säge an der Gehrfuge an und führt zwei parallele Schnitte aus, so daß genau in der Mitte eine Lücke entsteht. Das überflüssige Holz wird mit einem Beitel ausgeschabt. In die Lücke wird eine passende Feder gesetzt. Diese Verbindung ist sehr stabil, da sie viel Fläche zum Vernageln bietet.

Verstärkte Eckverbindung auf Gehrung

Die Stirnseiten beider Holzstücke werden auf Gehrung gesägt. Senkrecht zur Gehrungslinie wird ein Kanal für die Feder ausgestemmt. Die Feder sollte immer aus Hartholz sein, dann ist die Verbindung am stabilsten.

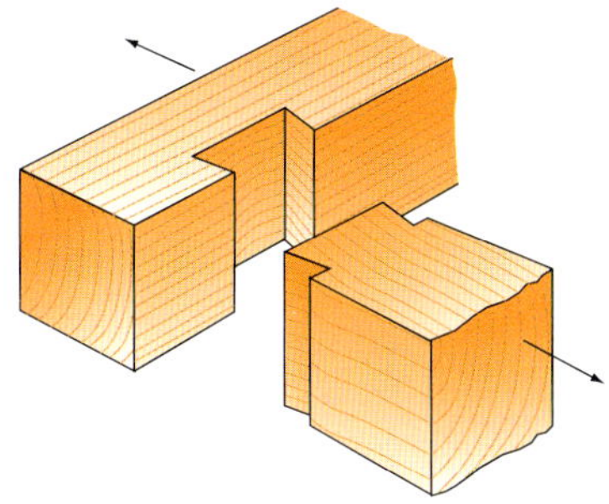

▲ Schwalbenschwanz mit Brüstung, verdeckt

▲▼ Halbverdeckter Schwalbenschwanz

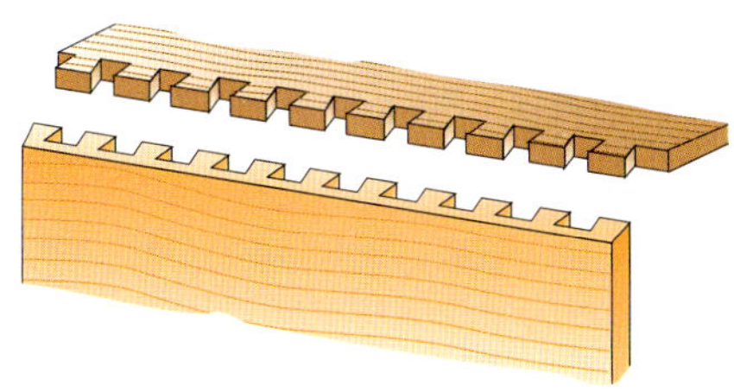

Zapfen-Schlitz-Verbindung

Eine der häufigsten Holzverbindungen überhaupt. Es gibt sehr viele Varianten, je nach Art und Eigenschaften des Werkstücks: Einfache, doppelte, mit oder ohne Keil, mit oder ohne Falz, kombiniert mit Nut oder ohne, mit oder ohne Profil. Zapfen sind meist rechtwinklig und gerade oder bei Stühlen z.B. abgewinkelt und schräg.

Schwalbenschwanz-Verbindung

Diese Verbindungen benutzt man vor allem für Werkstücke, die Zugkräften ausgesetzt sind: z.B. Schubladen. Sie sind eine besondere Form von Zapfen-Schlitzverbindungen, bei denen beide Teile trapezförmig geschnitten sind. Dadurch wird die Verbindung so gut verkeilt, daß sie nicht auseinandergeht, auch nicht unter Einwirkung von starken Zug- oder Druckkräften.

Auch Schwalbenschwanzverbindungen sind fast in jeder Variante einsetzbar: Als Überblattungen, T-Verbindungen, Gratnutverbindungen, für Flächeneckverbindungen auf Gehrung oder für Rahmeneckverbindungen, verdeckt oder unverdeckt und viele mehr.

Längsverbände

▼ Stumpfe Verlängerung mit Verstärkung

Längsverbände dienen dazu, Holzstücke zu verlängern. Vor allem im Zimmermannshandwerk setzt man diese Holzverbindungen ein, z.B. für Unterbauten oder waagerecht liegende Kanthölzer. Es ist sehr wichtig, sich vorher Gedanken darüber zu machen, in welcher Position man das fertige Werkstück anbringen wird. Wenn Kantseiten miteinander verbunden werden, wirken Druck- und Zugkräfte anders auf das Holz, als wenn die Stirnseiten miteinander verbunden werden. Ebenso ist es ein Unterschied, ob das Holz senkrecht oder waagerecht eingesetzt wird.

In der Möbeltischlerei werden Längsverbände nur selten gebaut, denn schließlich sind Möbelstücke relativ klein; in der Regel reichen die Ausmaße normalen Schnittholzes für sie aus. Und wenn man größere Möbel oder Dekorationselemente herstellen will, verbindet man sie mit Schrauben, dann kann man sie auch wieder auseinandernehmen.

Einige Längsverbände, wie sie auch in Tischlereiwerkstätten gebaut werden, sind z.B.:

Stumpfe Verlängerung mit Verstärkung

Eine der stabilsten stumpfen Verbindungen. An den Kantseiten werden zwei bis vier Verstärkungseisen angebracht. Diese Eisen haben Haken an ihren Enden, mit denen sie in vorgefertigte Schlitze greifen (s. Abb.). Sie werden mit langen Holzschrauben festgeschraubt. Die Stabilität der Verbindung hängt vor allen Dingen von der Qualität und der Dicke der Metallverstärkungen ab.

▼ Längsverband mit gerader Überblattung

Manschettenverbindung

Bei dieser Verbindung nutzt man die typische Eigenschaft von Metallen, sich bei Wärme auszudehnen und bei Kälte zusammenzuziehen. Man braucht dazu eine Metallmanschette, deren Innendurchmesser ein wenig kleiner als das Holz dick ist. Die Manschette wird erwärmt, damit sie sich ausdehnt, und dann über die geleimte Holzverbindung gezogen. Dann wird sie mit Wasser gekühlt, damit sie sich möglichst schnell wieder zusammenzieht: Die Manschette nimmt ihre ursprüngliche Größe wieder ein, und das Holz wird zusammengepreßt.

▼ Manschettenverbindung

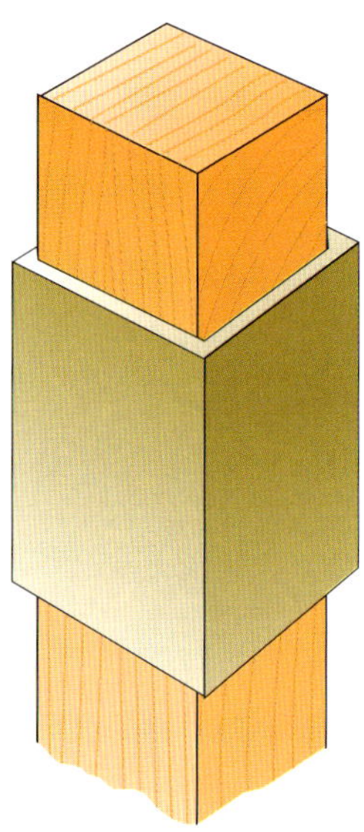

▼ Längsverband mit abgeschrägter Überblattung

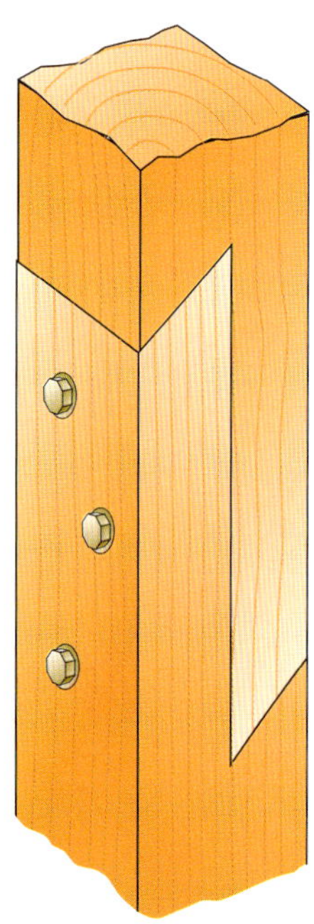

Gerade Überblattung

Bei stumpfen Verbindungen kann es schon mal passieren, daß die beiden miteinander verbundenen Oberflächen auseinandergehen. Dieses Risiko kann mit einer Überblattung vermieden werden. Wie bei den anderen Überblattungen auch, werden die Holzstücke zur Hälfte ausgesägt und aufeinandergeleimt. Mit Schrauben oder Bolzen fixiert man sie: So können sie nicht mehr verrutschen.

Diese Verbindung reagiert stabil auf Druckkräfte, ist aber instabil, wenn das Werkstück gebogen wird. Je länger die Überblattungszungen, desto stabiler ist auch die Verbindung.

Abgeschrägte Überblattung

Diese Art der Überblattung stellt noch eine Verbesserung gegenüber der einfachen Überblattung dar: Die Überblattungsfläche ist größer, so daß mehr Schrauben eingesetzt werden können. Die Stirnseiten werden außerdem abgeschrägt. Nun hält die Verbindung auch jeder Biegung zur Seite hin stand.

Dübelverbindung

Im Möbelbau oder für kleine Holzteile werden bei Dübelverbindungen für Längsverbände die zu verbindende Teile einfach zusammengesteckt. Ihre Stabilität hängt größtenteils von den Dübeln ab. Sie sollten deshalb aus Hartholz sein. Diese Verbindung ist allerdings nicht empfehlenswert, wenn das Werkstück gebogen wird oder durchhängt.

Zu dieser Art Längsverband zählen wir auch die Schlitz- und Zapfenverbindungen bei Rundstäben. Bei diesen wird meist einer der zu verbindenden Stäbe an seinem Ende schmal gefräst. Der andere Stab erhält dagegen ein passendes Zapfenloch. Einmal geleimt, hält diese Verbindung perfekt. Sie wird vor allem für Stühle und feine Möbel angewendet, bei denen die Verbindung möglichst unauffällig sein soll. Man kann natürlich auch eine Variante herstellen. Statt einen Zapfen zu fräsen, bohrt man in jeden Stab ein Loch und ersetzt den Dorn durch einen Dübel.

▶ Dübelverbindungen: z.B. für kleine Möbelteile (a); bei Rundstäben (b); Schlitz- und Zapfenverbindung mit ausgefrästem Dorn (c); Verbindung mit Gewindezapfen (d)

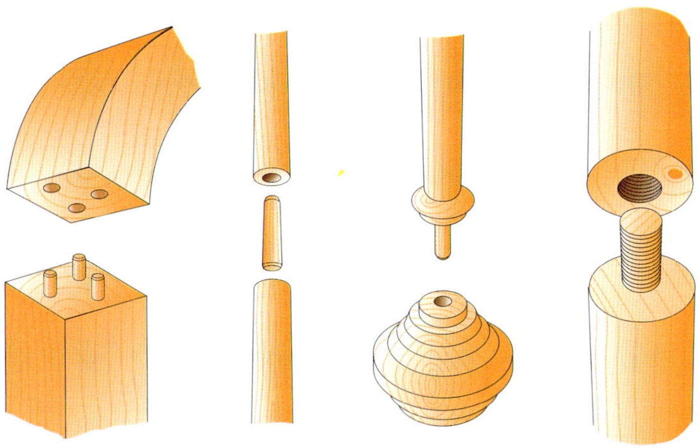

▼ Schlitz- und Zapfenverbindungen: Einfache Verbindung für kleine Werkstücke (a); für große Werkstücke: Zwei- oder mehrfach (b)

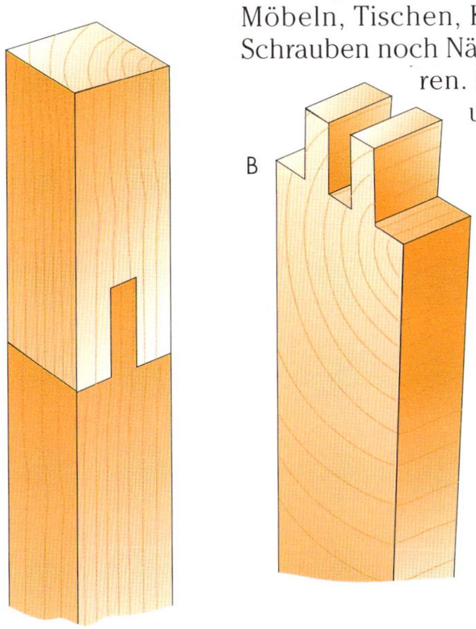

▼ Verbindung mit Rechteckzapfen

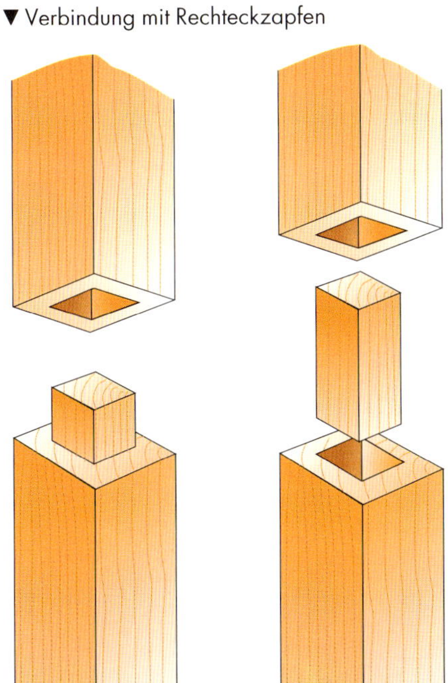

Verbindung mit Gewindezapfen

Eine solche Verbindung empfiehlt sich für Werkstücke, die oft auseinandergenommen werden müssen. Mit einem Gewindezapfen lassen sich vor allem runde Werkstücke leicht und schnell auseinandernehmen und wieder zusammenbauen. Dieses praktische System findet sich vor allem bei kleinen Möbeln, Tischen, Kleiderständern usw. Man braucht weder Schrauben noch Nägel, und auch den Leim kann man sich sparen. Sie funktioniert wie eine normale Schlitz- und Zapfenverbindung, nur mit dem Unterschied, daß man ein Gewinde in den Dorn schneidet und in das Zapfenloch ein passendes Innengewinde.

Schlitz- und Zapfenverbindung

Bei einer einfachen Schlitz- und Zapfenverbindung beträgt die Dicke des Zapfens ein Drittel der Stirnholzfläche. Dieser Längsverband ist stabiler als die Überblattung; umso mehr wenn er mit Leim, Schrauben oder Nägeln verstärkt wird.

Im Möbelbau wird diese Verbindung für die Verlängerung von kleinen Teilen verwendet. Wenn das Werkstück größer oder dicker ist, schneidet man einfach zwei oder mehr Zapfen in das Stirnholz.

Verbindung mit Rechteckzapfen

Wie beim Rundstab wird in das Stirnholz des einen Holzstücks ein Zapfenloch gestemmt, nur ist das Loch bei dieser Verbindung rechteckig. Im Stirnholz des zweiten Holzstücks fräst man dagegen einen passenden, rechteckigen Zapfen. Diese Verbindung wird für Werkstücke benutzt, die Druckkräften ausgesetzt werden. Sie lassen sich außerdem nicht drehen, was ein weiterer Vorteil ist. Je länger der Zapfen, desto stabiler wird die Verbindung auch bei Krafteinwirkung von der Seite. In der Abbildung zeigen wir eine Variante: Statt einen Zapfen auszufräsen, kann man auch einen rechteckigen Dübel einsetzen.

Keilzinkenverbindung

Wenn die Keilzinken exakt geschnitten sind und man geeignete Klebstoffe verwendet, erhält man eine Verbindung, die hervorragend auch Verbiegungen standhält.

Wenn die Verbindung Druckkräften ausgesetzt wird, muß sie mit Klammern, Manschetten oder Muffen verstärkt werden. Sonst können die Zinken leicht brechen. Keilzinkenverbindungen findet man vor allem in Fenstern, Türen oder bei Leisten aller Art.

Stumpfe Verbindung mit Schwalbenschwanzfeder

Bei dieser Längsverbindung muß die Feder verlängert werden, damit sie auch Zugkräften besser standhält. Sie sieht dann aus wie ein kleiner Knochen und wird in Faserrichtung in das Holz gesetzt. Zur zusätzlichen Verstärkung kann man, wie die Abbildung zeigt, auch Zapfen und Schlitze in das Stirnholz anbringen, dann allerdings der Feder gegenüber.

▼ Keilzinkenverbindung

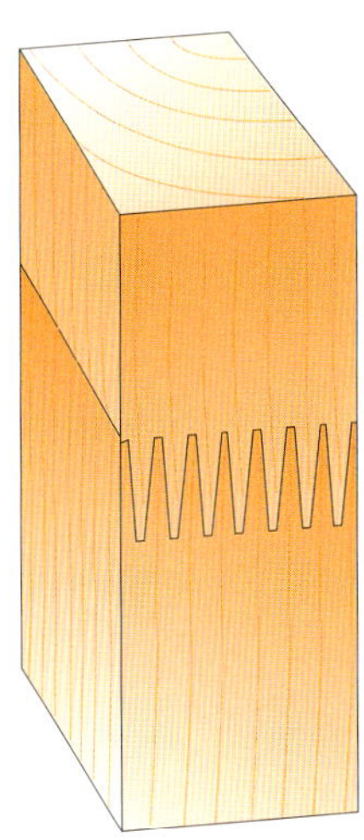

▼ Verbindung mit Schwalbenschwanzfeder, hier durch zwei Zapfen verstärkt.

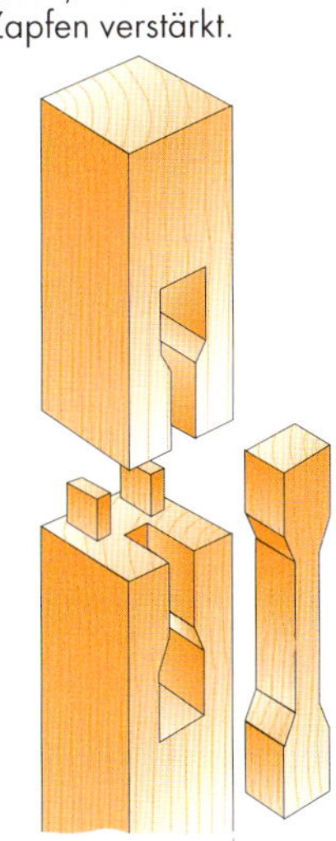

ARBEITSANLEITUNGEN

Nun können Sie endlich loslegen und Ihre Holzarbeiten selbst in die Hand nehmen! In diesem Kapitel geben wir Ihnen alle nötigen Anleitungen, wie Sie die Arbeit an Ihrem Werkstück angehen, wie Sie es gestalten und Ihre Ideen in die Tat umsetzen können. Dabei werden wir Schritt für Schritt vorgehen: Zuerst zeigen wir Ihnen, wie Sie einfache Arbeiten, wie sie täglich zuhause anfallen, richtig ausführen, z.B. Verleimungen und das Anbringen von Schlössern und Scharnieren. Auch die wichtigsten Holzverbindungstechniken können Sie anhand unserer Anleitungen üben.
Nach diesen ersten Schritten können Sie bereits einfache Werkstücke bauen, die aus wenigen Holzteilen bestehen und die recht einfach zusammengesetzt werden können. Wenn Sie weiter fortgeschritten sind, können Sie sich daran machen, Spielzeug zu bauen oder größere Möbel. Dafür müssen Sie schon kompliziertere Arbeitsschritte ausführen, und Sie brauchen auch mehr und teurere Werkzeuge. Natürlich wird dann alles etwas aufwendiger, auch die Verbindungstechniken und die Endbehandlung Ihrer fertigen Holzarbeiten.

Verleimen

Wir werden anhand von einigen Beispielen zeigen, wie man die verschiedenen Holzarten am besten leimt. Massivholzverleimungen werden wir mit Holzleim durchführen; für Span- und Sperrholzplatten nehmen wir Kontaktkleber.

Wie man Massivholz verleimt

Weißer Holzleim wird am häufigsten, gebraucht, um Massivhölzer zu verleimen. Erfahrene Tischler wie auch Heimwerker sind sich einig: Er ist dafür am besten geeignet. Um seine gute Haftkraft zu demonstrieren, stellen wir eine stumpfe Breitenverbindung her: Wir leimen zwei Kiefernholzbretter an den Kantseiten aneinander. Selbstverständlich müssen die Kantseiten gut abgehobelt und geschliffen sein.

▲ 1. Eines der beiden Bretter wird in einen Schraubstock gespannt oder mit einer Schraubzwinge an der Werkbank befestigt. Mit einem Pinsel streicht man die Kantseite mit Leim ein. Der Pinsel sollte etwas schmaler sein als die Kantseite. Es genügt, den Leim nur auf einer Seite aufzutragen.

▲ 2. Die Kantseite des anderen Brettes wird direkt von oben auf die frisch verleimte Fläche gesetzt. Überschüssiger Leim wird seitlich herausquellen. Das ist wichtig, weil dadurch auch Luftbläschen herausgedrückt werden, die ansonsten die Haftfähigkeit beeinträchtigen könnten. Dann werden die Bretter in dieser Position mit Schraubzwingen solange fixiert, bis der Leim getrocknet ist. Erst danach können de getrockneten Leimspuren an den Seitenflächen weggeschliffen werden.

Wie man Furniere aufklebt

Kontaktkleber wird in einer Tischlerei vor allem dafür eingesetzt, Furnierblätter auf Spanfaser- oder hochverdichtete Faserplatten zu kleben. Damit die Verkleidungen möglichst echt wirkt, ist es wichtig, daß der Kontaktkleber gut hält. Dieser Klebstoff wird auch verwendet, wenn man zum Beispiel Kunststoffolien auf die Kantseiten von melaminharzverklebten Platten kleben möchte. Für all diese Anwendungssbereiche ist Kontaktkleber der geeignete Klebstoff. Er wird jedoch nie bei Massivholz angewendet!

◀ 1. Hier wird ein Furnierblatt auf eine MDF-Platte geklebt. Am besten trägt man den Klebstoff mit einem Spachtel auf beide Flächen auf, damit er sich möglichst schnell und gleichmäßig verteilt. Dabei geht man von innen nach außen vor: Man streicht mit dem Spachtel von der Mitte hin zu den Außenkanten. So vermeidet man, daß sich zu viel Klebstoff an den Rändern sammelt.

▲ 2. Nach ca. 5–10 Minuten sind die Klebeflächen angetrocknet. Der Klebstoff ist dann noch flüssig, zieht aber keine Fäden mehr, wenn man ihn mit dem Finger andrückt. Dann preßt man die beiden Holzteile an ihrer Klebseite zusammen und streicht mit der flachen Seite eines Hammers über die Oberfläche des Furniers. Dadurch werden die Luftbläschen entfernt. Man kann, wie in der Abbildung, auch mit dem Hammer auf das Furnier klopfen. allerdings muß man die Holzoberfläche dann mit einem kleinen Klotz schützen.

Ein Türschloß einbauen

Hier sehen Sie, wie man ein Zylinderschloß einbaut. Ein Schloß wie hier ist eher für Innentüren geeignet Für Außentüren gilt jedoch das gleiche Prinzip.

Es handelt sich um Einsteckschlösser, d.h. man muß die Tür an der Vorder- und an der Kantseite ausstemmen.

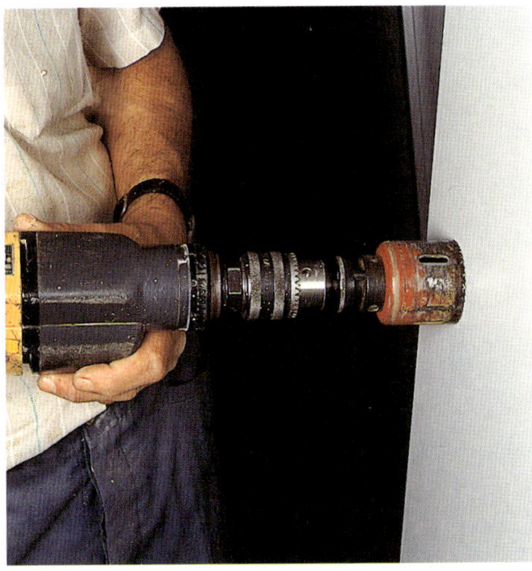

▲ 2. Zuerst müssen Sie die Stellen an der Vorder- und der Kantseite der Tür markieren, an denen das Türschloß sitzen wird. Dann bohren Sie mit einem Fräsaufsatz die runde Öffnung für den Türknauf aus. Es gibt dafür Spezialbohraufsätze. In unserem Beispiel beträgt der Durchmesser 5 cm. Der Bohrer muß genau senkrecht auf das Türblatt aufgesetzt werden. Am besten gelingt das, wenn man das Werkstück auf der Werkbank festspannt und den Bohrer in den Bohrständer einspannt.

▶ 1. Keine Angst vor den vielen Einzelteilen! Meist liegt eine Gebrauchsanweisung dabei, wenn Sie ein neues Türschloß kaufen. Von den vielen Einzelteilen eines solchen Schlosses sind nur wenige sichtbar; die meisten liegen im Inneren der Tür versteckt.

▲ 3. Danach bohren Sie ein Loch senkrecht zur Kantseite an der Stelle, an der der Abstand zum Kreis am schmalsten ist. Bei dem Türschloßtyp im Beispiel wird ein 2,5 mm-Bohrer verwendet. Durch dieses Loch werden Türknauf und -riegel miteinander verbunden.

▶ 4. Das Bohrloch markiert die Mitte des Türschlosses. Von diesem Punkt aus können Sie leicht sehen, in welcher Höhe die Ausstemmung für den Riegelmechanismus sitzen muß. Sie muß genauso tief sein wie der Riegel breit ist, damit er mit der Kantseite der Tür genau abschließt.

▼ 5. Wenn der Riegel an der Kantseite eingesteckt und festgeschraubt ist, kann man die Türgriffe anbringen. Die Gebrauchsanweisung wird näher beschreiben, wie es geht. Im Prinzip werden die Griffe einfach angebracht und mit der Zunge des Riegels verbunden.

◀ 6. Bei manchen Türschloßtypen, wie bei dem abgebildeten, ist es wichtig, zu beachten, welcher Knauf an welcher Türseite angebracht wird. Werden sie falsch herum angebracht, blockiert der Mechanismus. Bei anderen Türschlössern wiederum sieht man es sofort, weil die Griffe für die jeweils andere Seite spiegelverkehrt sind.

Ein Scharnier einbauen

Hier sehen Sie, daß es gar nicht so schwierig ist, ein Scharnier einzubauen. Ebenso wie Scharniere werden auch Bänder angebracht. Man muß nur darauf achten, ob diese Beschläge auf der Vorder- oder auf der Kantseite anzubringen sind.

▼ 1. Das Scharnier soll in den Rahmen eingelassen werden. Dazu zeichnen Sie die Umrisse eines Scharnierlappens auf die Kantseite des Rahmens und reißen sie dann am besten mit einem ggf. selbstgemachten Streichmaß an.

▲ 2. Wenn die Umrisse deutlich vorgegeben sind, kann man die Nut mit einem Stemmeisen ausstemmen. Dieses Werkzeug sollte mindestens so breit sein wie das Scharnier. Mit kurzen Hammerschlägen treibt man den Hohlmeißel durch das Holz und macht kleine, parallele Schnitte.

▲ 3. Danach wird das Stemmeisen auch an den Längsseiten der Nut angesetzt. Dabei wird es leicht gebeugt. Die Nut sollte genauso tief sein wie das Scharnier dick ist, damit es hinterher in der gleichen Ebene mit dem Rahmen liegt.

► 4. Zum Schluß wird das Scharnierblatt eingesetzt und mit den passenden Schrauben befestigt. Auch die Köpfe der Schrauben sollten hinterher auf einer Ebene mit Scharnier und Rahmen liegen.

Wir haben schon im vorangehenden Teil gesehen, daß es viele verschiedene Breitenverbindungen gibt. Die beliebteste unter ihnen ist die Nut-und-Feder-Verbindung, und deshalb stellen wir sie hier vor.

▼ 1. Ein bereits ordentlich gehobeltes und geschliffenes Brett wird auf der Werkbank eingespannt. Mit einem Nuthobel kann man die Kante so abschleifen, daß ein Federprofil entsteht. Der Hobel wird immer in Faserrichtung bewegt.

▲ 2. Genauso verfahren Sie mit dem zweiten Holzstück. Sie müssen den Nuthobel nur auf „Nut" einstellen. Dann verleiht er der Kantseite das zur Feder passende Nutprofil. Auch hier muß der Hobel natürlich in Faserrichtung bewegt werden.

▼ 3. Nach diesen beiden Arbeitsschritten fügt man die beiden Teile zusammen. Da beide Profile mit dem gleichen Werkzeug hergestellt wurden, passen sie perfekt ineinander. Sie können die Verbindung leimen, wenn sie starken Beanspruchungen ausgesetzt sein soll.

► 4. Ebenso einfach ist es, Verbindungen mit loser Feder herzustellen. Hier werden beide Holzbretter mit dem Nuthobel bearbeitet. Auch Dübelverbindungen sind leicht zu machen. Hier muß man nur sehr genau ausmessen, an welchen Stellen die Bohrlöcher angesetzt werden müssen. Dazu spannt man beide Bretter nebeneinander und reißt sie gleichzeitig mit einer Reißnadel an.

Kanten mit Schwalbenschwanzverbindung verzinken

Die oft bei Schubladen angewandte verdeckte Schwalbenschwanzverbindung soll uns hier als Beispiel für alle Flächeneckverbindungen dienen, denn im Prinzip funktionieren die meisten Eckverbindungen sehr ähnlich. Verzweifeln Sie nicht, wenn es nicht beim ersten Mal klappt: Schwalbenschwanzverbindungen sind sehr schwierig zu bauen!

► 1. Zeichnen Sie zuerst das typische Zahnmuster auf die Kant- und die Rückseite eines der beiden zu verbindenden Bretter. Dann reißen sie die Linien mit einer Reißnadel an und beginnen, das Muster auszusägen. Das machen Sie am besten mit einer Rückensäge, die Sie schräg ansetzen. Sägen Sie so exakt wie möglich!

▲ 2. Zum Ausstemmen der Schlitze benutzen Sie einen Stechbeitel. Mit einem Hammer schlagen Sie das Werkzeug senkrecht ins Holz.

▼ 3. Bei einer verdeckten Verbindung müssen Sie nicht nur senkrecht, sondern auch waagerecht ausstemmen. Die verdeckende Wand sollte nicht dünner als 5 mm sein.

◄ 4. Bei dem zweiten Brett gehen Sie ähnlich vor. Die Zähne müssen aber genau in die des ersten Brettes passen. Deshalb benutzen Sie das erste Brett als Schablone

▲ 5. Wenn Sie die Linien fertig gezeichnet und angerissen haben, können Sie die Schwalbenschwänze ausstemmen. In unserem Beispiel lassen wir die zweite Seite unverdeckt, also stemmen Sie bis zum Ende durch. Für diesen Arbeitsgang benutzen Sie die Rückensäge und den Stechbeitel.

Kanthölzer verlängern: Verbindungen zum Zusammenstecken oder Dübeln

Längsverbände sind im allgemeinen komplexer und stabiler als Breitenverbindungen, vor allem kann man sie besser gegen Verdrehungen absichern. Wir stellen Ihnen zwei überaus stabile Varianten eines Längsverbandes zum Zusammenstecken vor.

► 1. Ein gehobeltes und geschliffenes Kantholz wird in der Werkbank eingespannt. Mit dem Streichmaß teilen Sie das Stirnholz in vier Quadrate ein. Die Tiefe markieren Sie auf den Kantseiten. Dann schneiden Sie mit der Rückensäge diagonal zu den Markierungen und stemmen anschließend die Löcher mit dem Stemmeisen exakt aus.

▼ 2. Bei der zweiten Variante teilt man die Stirnseite nicht in vier, sondern in sechs Quadrate ein. Dementsprechend sieht das Muster zum Ausstemmen aus: Ein Kantholz hat nun einen Kopf in Kreuzform, das andere Kantholz hat das dazu passende Negativprofil. Diese Verbindung ist stabiler gegen Verdrehungen als die erste.

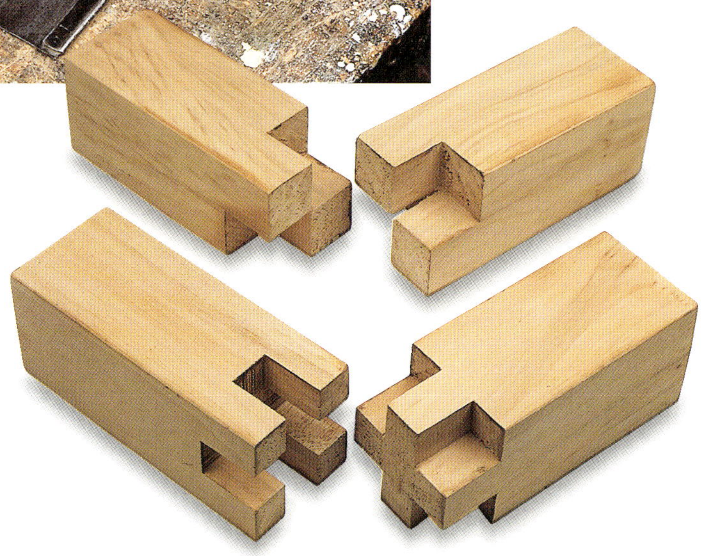

▲ 1. Dübelverbindung: Mit dem Streichmaß markieren Sie die Stellen, an denen Sie die Dübel plazieren werden. Die Bohrlöcher sollten immer ein bißchen tiefer sein als die Hälfte der Länge eines Dübels.

► 2. Das Werkstück wird vor dem Bohren in der Werkbank eingespannt. Es empfiehlt sich, die Bohrlöcher symmetrisch anzuordnen, so ist die Verbindung einfacher zusammenzustecken.

▼ 3. Erst leimen Sie die Dübel in einer Seite fest. Dann erst leimen Sie die zweite Hälfte der Dübel und die drei restlichen Bohrlöcher ein.

Schuhschränkchen

Mit relativ einfachen Mitteln kann man so ein Schuhschränkchen bauen. Das Schränkchen in unserem Beispiel ist klein, aber fein: Es bietet Platz für 6 Paar Schuhe. Außerdem kann man die Ablagefläche vielseitig nutzen. Für seine Herstellung benutzen wir furnierte Spanplatten.

► So sieht es hinterher aus.

SIE BRAUCHEN:

- 16 mm Spanplatte mit Nußbaumfurnier beidseitig
  2 Platten 44,2 x 29,7 cm,
  2 Platten 29,7 x 87,8 cm,
  1 Brett 8,5 x 44,2 cm,
  1 Platte 33,5 x 50 cm (mit abgerundeten Kanten),
- 4 mm MDF: 1 Platte 79 x 47,3 cm,
- 6 Rahmenhölzer aus Lindenholz 2,5 x 1 cm Querschnitt; 33,5 cm Länge
- 6 Rundstäbe aus Buchenholz; Durchmesser 16 mm Länge 44,2 cm
- 3 Rahmenhölzer aus Lindenholz 3,8 x 1 cm Querschnitt; 44,2 cm Länge
- 6,5 m Kantseitenschutz aus Kunststoff, farblich passend zum Nußbaumfurnier; 16 mm breit
- Kontaktkleber,
- Schleifpapier, 80er und 160er
- 12 Holzschrauben; Länge: 5 cm
- 6 Rundkopfschrauben; Länge: 20 mm Durchmesser: 1,7 mm
- 4 Rundkopfschrauben, Länge: 25 mm
- 12 Flachkopfschrauben; Länge: 20 mm; Durchmesser: 0,5 mm
- 20 Flachkopfschrauben; Länge: 25 mm Durchmesser: 1,6 mm
- 2 Topfscharniere 25 mm,
- 1 Griff

▼ Maße Vorderseite

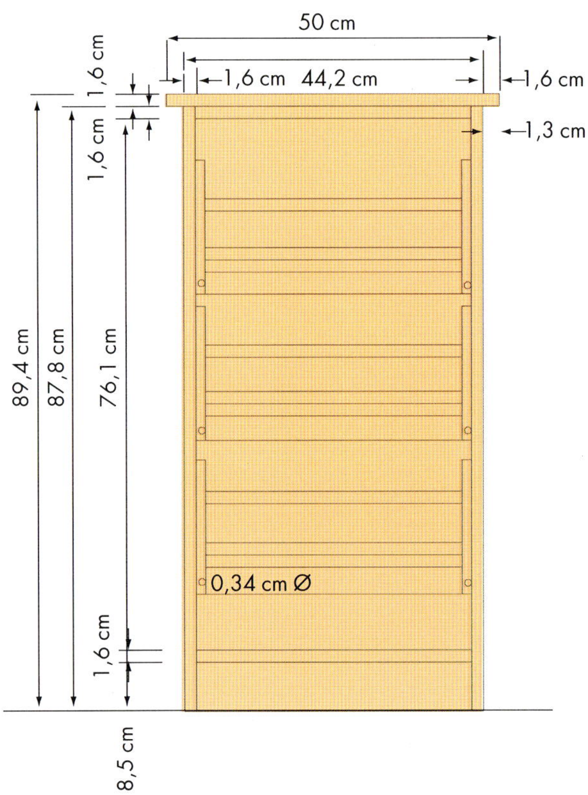

◄ Maße im Innenraum

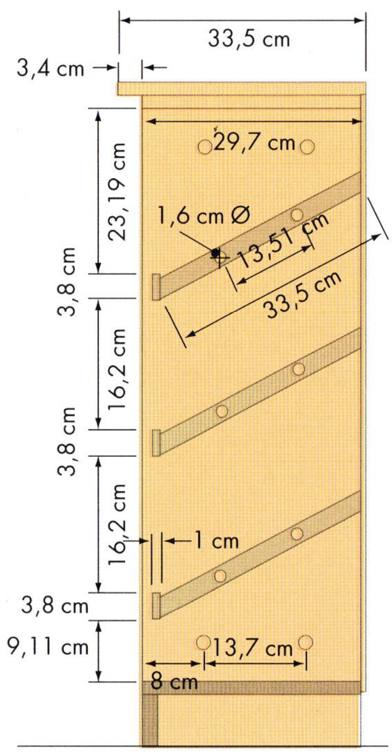

▼ Seitenmaße

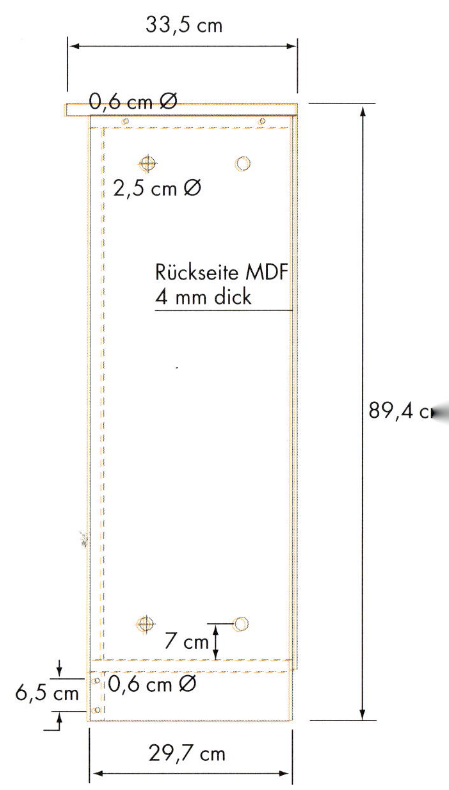

◄ 1. Die 16-mm-Platten können Sie sich im Baumarkt auf die angegebenen Maße zurechtschneiden lassen. Die wichtigsten Bauteile brauchen Sie also nicht zurechtzusägen. Dies sind: zwei Seitenwände, ein Oberteil, ein Unterteil, die Tür, der Sockel und der Deckel. Mit diesem Material können Sie loslegen.

▲ 2. In einem ersten Arbeitsgang verkleiden Sie die Kanten mit der Kunststoffolie. Sie schneiden vom 6,5-m-Band die passenden Längen für die Kantseiten ab und kleben sie mit dem Kontaktkleber auf. Diese Arbeit können Sie auch schneller machen, indem Sie, wie in obiger Abb., mehrere zugeschnittene Streifen nebeneinanderlegen und gleichzeitig den Kleber auftragen. Ebenso mit den Brettern: Spannen Sie einfach mehrere auf einmal ein und tragen Sie den Klebstoff gleichzeitig auf alle auf.

► 3. Nachdem der Kontaktkleber angetrocknet ist (und erst dann!) können Sie dieKunststoffolie auf die Kantseiten auftragen. Dazu spannen Sie die Bretter einzeln ein.

▼ 4. Wenn die Kantseiten getrocknet sind, müssen die Seiten noch angepaßt werden, damit das Brett ordentlich aussieht. Überstehende Ränder und daraus resultierende scharfe Kanten müssen entfernt werden. Dafür nimmt man einen Kantenschneider.

▼ 5. Schließlich gibt man den Kanten noch den letzten Schliff: Mit sehr feinem Schleifpapier bearbeitet man die Fugen. Am besten wie in der Abb. gezeigt im 45°-Winkel zum Holz und mit der Hilfe eines kleinen Klotzes.

▲ 6. Bevor Sie die Platten zusammenbauen, fräsen Sie erst noch einige Luftlöcher von etwa 20 mm Durchmesser in die Seitenwände; schließlich braucht ein Schuhschränkchen Luftaustausch. Damit der Fräskopf das Furnier nicht splittert, wenn er auf der anderen Seite austritt, spannen Sie am besten eine andere Holzplatte unter.

► 7. Um die Bohrlöcher für die Verbindungsschrauben richtig anzusetzen, kann man die Platten so zusammenlegen, wie sie hinterher befestigt werden und mit Schraubzwingen festspannen. Unser Tischler orientiert sich an der Breite des Sockels, um seine Bohrlöcher anzusetzen.

◄ 8. Da die Platten nun schon richtig zusammengespannt sind, können Sie die Schrauben eindrehen. Um die Platten zu verbinden, nehmen Sie lange Holzschrauben und natürlich den passenden Schraubendreher.

► 9. Diese Arbeitsschritte (Werkstücke zusammenspannen, Bohrlöcher setzen, Schrauben eindrehen) wiederholen Sie nun mit allen Platten. Für die richtigen Maße benutzen Sie das Schema auf Seite 66.

▲ 10. Nun schrauben Sie den Deckel mit den 25 mm langen Rundkopfschrauben an. Setzen Sie die Bohrlöcher mindestens 3 cm von den Rändern entfernt an. Der Deckel sieht schöner aus, wenn Sie die Kanten rund schleifen. Tun Sie dies, bevor Sie die Kante mit dem Kunststoffurnier verkleiden! Der Deckel ist etwas größer als die Grundfläche des Schuhschränkchens: Bringen Sie ihn mittig an, so daß er zu allen Seiten gleich weit übersteht.

► 11. Wenn das Schränkchen stehen kann, können Sie mit seinem Innenleben beginnen. Die Ablageflächen für die Schuhe bestehen aus 6 16 mm-Buchenholzrundstäben von 44,2 cm Länge, 3 Vorderleisten aus Lindenholz und 6 Seitenstreben, auch aus Lindenholz, mit 2,5 x 1 cm im Querschnitt. Die Seitenstreben werden an den Enden in einem 60°-Winkel abgeschrägt. Sie sollten zum Schluß 33,5 cm lang sein.

◄ 12. Nachdem Sie die 60°-Winkel auf den Seitenstreben angerissen haben, sägen Sie sie mit der Rückensäge aus. Sie können das Anschlagsklötzchen der Werkbank zur Unterstützung hernehmen. Legen Sie noch ein Holzstück unter die Leiste, damit Sie nicht in die Werkbank sägen.

► 13. Für die Bohrlöcher an den Seitenstreben legen Sie am besten ein Abfallstück Spanplatte unter. So können Sie feststellen, wann die Bohrlöcher durchgebohrt sind. An ihnen werden nun die Rundstäbe mit 16 mm Durchmesser befestigt. Dann spannen Sie die Bohrmaschine in einem Bohrständer fest und bohren Sie mit einem 16 mm-Sternaufsatz.

◄ 14. Pro Seitenstrebe bohren Sie zwei Bohrlöcher, jeweils 10 cm von den Stirnseiten entfernt und zentriert. In diese Löcher können Sie nun die Rundstäbe einsetzen. Die Bohrlöcher sollten so groß sein, daß Sie die Stäbe mit leichten Hammerschlägen festkeilen können. Jetzt können Sie die Bohrlöcher für die Befestigung der Ablage an die Schrankwand bohren, mit einem 3mm-Bohrer, je 5 cm von der Stirnseite der Seitenstreben entfernt.

▲ 15. An einem Ende der Seitenstreben befestigen Sie die Vorderleisten. Diese sind wichtig, damit die Schuhe nicht aus dem Schränkchen herausrutschen können. Die Vorderleisten sind 44,2 cm lang und haben einen Querschnitt von 3,8 x 1 cm. Sie werden an den Stirnseiten der Seitenstreben mit 1,7 mm-Rundkopfschrauben von 25 mm Länge angeschraubt. Unterlegscheiben aus Messing verschönern diese Schraubverbindung optisch.

◄ 16. Die drei Ablagen werden in das Schuhschränkchen geschraubt. Bei dieser Arbeit helfen Ihnen die Maßangaben auf Seite 66. Dort haben wir Ihnen angegeben, wo Sie die Bohrlöcher setzen müssen.

► 17. Schrauben Sie die Rückwand an (eine 4 mm-MDF-Platte mit einer Fläche von 79 x 47,3 cm). Bevor Sie sie festschrauben, markieren Sie mit dem Streichmaß, wo die Kanten des Schränkchens enden, damit Sie die Bohrlöcher korrekt setzen können. Dann drehen Sie die Schrauben ein.

◀ 18. Die Tür wird mit zwei Topfscharnieren angebracht, für die Sie zwei Ausfräsungen von 25 mm Durchmesser vornehmen müssen. Am besten benutzen Sie dazu einen Forstnerbohrer. Die Ausfräsung sollte mindestens 5 mm von der Türkante entfernt sein und mindestens 8 cm von der Ober- bzw. Unterseite der Tür.

▼ 19. Nachdem Sie das Scharnier an der Tür angebracht haben, markieren Sie im Inneren des Schränkchens die Stellen, an denen Sie das Scharnier festmachen müssen. Markieren Sie die Stellen für die Schrauben am besten mit einer Reißnadel; dann haben Sie schon einen guten Ansatz, und das Furnier splittert nicht, wenn Sie die Schrauben eindrehen.

► 20. Jetzt ist Ihr Schränkchen so gut wie fertig. Sie brauchen nur noch einen Griff anzubringen, damit Sie es bequem auf- und zumachen können.

Gardinenverkleidung

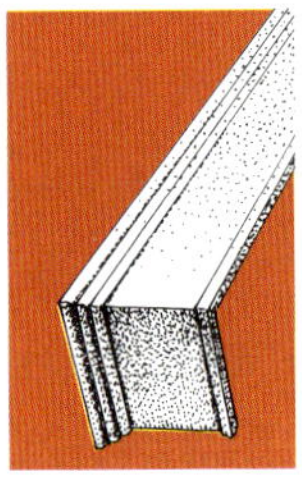

Hinter einer Gardinenverkleidung kann man die Aufhängung der Gardine verstecken – ob Gardinenstange oder -leiste, meist sind diese Vorrichtungen nicht besonders dekorativ. In diesem Beispiel bauen wir eine Gardinenverkleidung von 1,40 m Länge, für große Fenster oder Türeingänge. Selbstverständlich ist die Länge variabel; für kleinere Fenster oder Türen müssen Sie nur die Maße anpassen.

◄ Gardinen-verkleidung

SIE BRAUCHEN:

- Qualitäts-Kiefernholzleiste Querschnitt: 11,5 x 2 cm; Länge mindestens 170 cm; Sie brauchen nämlich eine Leiste von 140 cm und zwei zu je 12 cm Länge; bedenken Sie, daß diese Leisten noch gehobelt und geschliffen werden müssen!
- Zierleiste aus Kiefernholz 3,5 cm Breite: Länge: 1 zu 140 cm, 2 zu 12 cm,
- Zierleiste aus Kiefernholz Breite: 1,5 cm Länge: 1 zu 140 cm, 2 zu 12 cm,
- Geeignete Beschläge: Zwei Winkel; Gardinenstange mit Befestigung
- Nägel von 3, 2 und 1,5 cm Länge,
- Grobes, mittelfeines und feines Schleifpapier
- Weißer Holzleim
- 10 x 10 cm Sperrholzplatte, 4 mm dick, für zwei Winkel
- Holzkitt
- Lack zum Streichen
- weicher Baumwollappen
- Alufolie
- Wachs

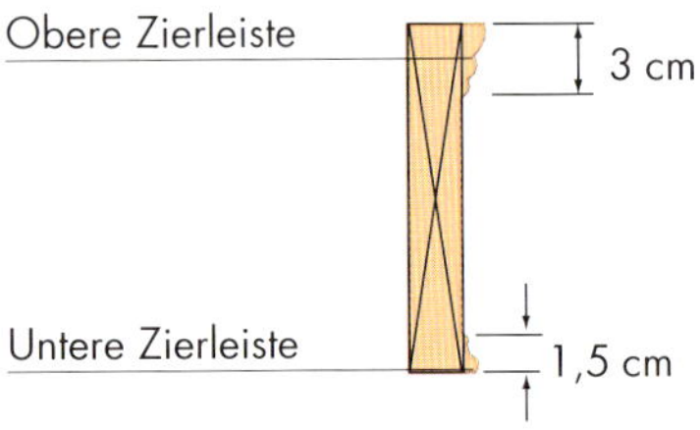

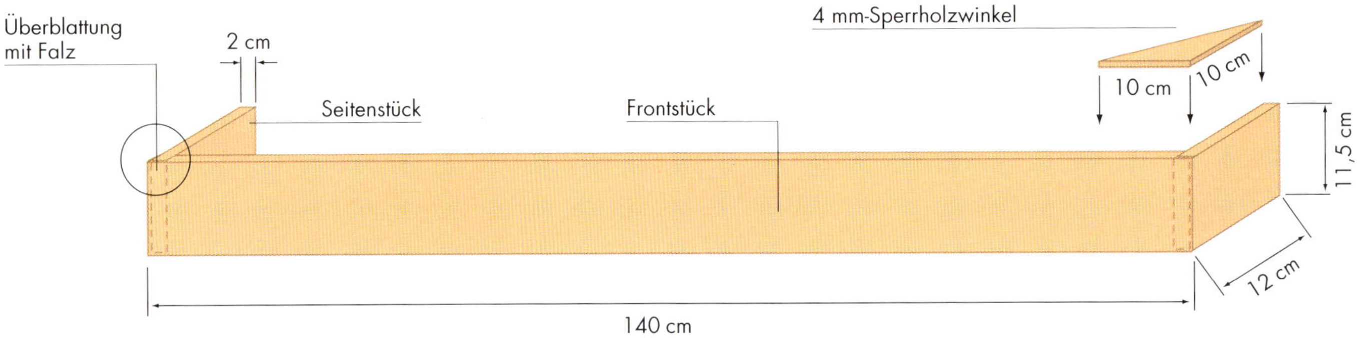

▼ 1. Als Maß für die Länge der Gardinenverkleidung gilt die Breite des Fensters oder der Tür. An jeder Seite rechnet man 10 cm dazu; dann erhält man die notwendige Breite des Frontstücks. Die Gardinenverkleidung besteht hauptsächlich aus dem Frontstück und den beiden Seitenstücken aus Qualitäts-Kiefernholz. Sie werden durch eine gefälzte Überblattung miteinander verbunden. Die erforderlichen Schnitte führen Sie mit einer tragbaren Kreissäge durch, am besten mit einer Gehrungskreissäge, weil diese beim Zuschneiden der Zierleisten erneut zum Einsatz kommt.

► 2. Leimen Sie die Seitenstücke an das Frontstück. Nachdem der Leim getrocknet ist, schlagen Sie zusätzlich vier Stifte von je 3 cm Länge ein. Achten Sie darauf, wo Sie die Stifte einschlagen, denn auf der Frontseite werden Sie später auch die Zierleisten annageln.

► 3. Um die Eckverbindung zu stärken, nageln Sie die Sperrholzwinkel auf die Kantseiten. Die Sperrholzwinkel sollten die Form eines gleichschenkligen Dreiecks haben. Benutzen Sie dafür 5 Nägel von je 2 cm Länge.

▼ 4. Mit der Gehrungskreissäge schneiden Sie die Zierleisten auf Gehrung. So kann die Leiste ohne Unterbrechung rundumlaufen. An der Gardinenverkleidung werden zwei Zierleisten angebracht: eine breitere am oberen Rand, eine schmalere am unteren Rand des Frontstücks.

◄ 5. Wenn die Zierleisten zurechtgeschnitten sind, werden sie aufgeleimt und mit 1,5 mm langen Nägeln festgenagelt. Schlagen Sie die Nägel am besten in die schmalen Rillen der Zierleisten ein; dann wird die Verbindung unauffällig.

► 6. Schlagen Sie die Nägel im Abstand von 10 cm zueinander ein, immer abwechselnd in die obere und in die untere Rille der Leiste. Schlagen Sie sie aber noch nicht vollständig ein, sondern zwicken Sie erst mit der Kneifzange die Nagelköpfe ab. Wenn Sie den Leim auftragen, lassen sie ein bißchen Abstand zum Rand. Spätestens jetzt, wenn Sie die Nägel einschlagen, kann der Leim sonst seitlich herausquillen.

◀ 7. Wenn die Nagelköpfe alle abgezwickt sind, werden sie mit einem Nagelversenker versenkt. Machen sie dies erst, wenn der Leim schon gut angetrocknet ist.

▼ 9. Die schmalere Leiste, die am unteren Rand angebracht wird, wird mit Nägeln von nur 1 cm Länge befestigt. Ansonsten gehen Sie vor wie bei der oberen Leiste auch. Welche Kopfform die Nägel haben, spielt keine Rolle, da die Köpfe ja abgezwickt werden.

▲ 8. Bringen Sie zuerst die Zierleisten am Frontstück an und gehen Sie dann zu den Seitenstücken über. Sollte sich das Holz verziehen, können Sie es so besser ausgleichen.

◀ 10. Die kleinen Löcher, die vom Versenken der Nägel zurückbleiben, werden mit Holzkitt verschlossen. Tragen Sie die Masse mit einem kleinen Spachtel auf, damit können Sie diese Feinarbeit am genauesten durchführen.

► 11. Wenn der Holzkitt getrocknet ist, schleifen Sie die Zierleisten glatt. Dazu nehmen Sie Schleifpapier, erst grobes, dann mittelfeines, dann feines, und schleifen damit die konkav und konvex gebogenen Teile der Zierleiste ab. Knicken Sie das Schleifpapier wie auf dem Bild zu sehen.

▲ 12. Die Holzteile der Gardinenverkleidung sind nun vollständig zusammengesetzt. Jetzt bringen Sie die Beschläge an, zuerst die Winkeleisen, mit denen das fertige Stück hinterher an der Wand befestigt wird. Sie werden am oberen Ende der Seitenstücke angeschraubt, mit 5 mm Abstand zur Kantseite. Sie werden nämlich an Wandhaken eingehängt, und diese ragen immer ein Stück weit aus der Wand heraus.

▼ 13. Der nächste Beschlag ist die Halterung für die Gardinenstange. Sie wird im Abstand von 6 cm zur Kantseite und möglichst in der Mitte des Seitenstücks angebracht. Kaufen Sie eine Gardinenstange in der geeigneten Länge oder schneiden Sie sie mit der Metallsäge zurecht.

► 14. Für die Schlußlackierung sind mehrere Anstriche erforderlich. Erst machen Sie zwei Voranstriche und schleifen nach jedem Streichen mit sehr feinem Schleifpapier ab. Dann kommt der erste Lackanstrich. Nachdem diese Schicht auch getrocknet und angeschliffen ist, kommt der endgültige Lackanstrich. Wenn dieser trocken ist, poliert man den Anstrich mit einer Kugel aus zusammengeknüllter Aluminiumfolie. Zum Schluß verleihen Sie dem Lack etwas Glanz, indem sie ihn wachsen: Tragen Sie das Wachs mit einem weichen Baumwollappen auf.

Kleines Regal

Dieses kleine Regal ist einfach herzustellen und sieht trotzdem sehr ansprechend aus. Das kleine Möbelstück besteht aus nur zwei miteinander verleimten und verdübelten Holzstücken. Man kann dieses Regal natürlich auch in größeren Ausmaßen bauen. Es müssen nur die Proportionen gewahrt werden

◀ 1. Für diese kleine Ablage nehmen wir eine 28 mm dicke Buchenholzplatte von 20 cm x 45 cm. Daraus schneiden Sie beide Holzteile aus. Die halbrunde Platte erhalten Sie, indem Sie mit dem Zirkel einen Radius von 14 cm anreissen. Setzen Sie den Zirkel aber 3 cm vom Rand entfernt an! Für den Stützfuß fertigen Sie erst eine Schablone aus Sperrholz an. In einer Ecke beginnend können Sie die Form übertragen.

SIE BRAUCHEN:

- Eine Buchenholzplatte von 20 x 45 cm und 28 mm Dicke
- Ein Stück Sperrholzplatte 3 mm dick für die Schablone
- Zwei profilierte Holzdübel, Durchmesser: 10 mm; Länge: 4 cm
- Zwei Wandhaken 3 mm
- Weißer Holzleim
- Mittelfeines und feines Schleifpapier
- Farblose Beize

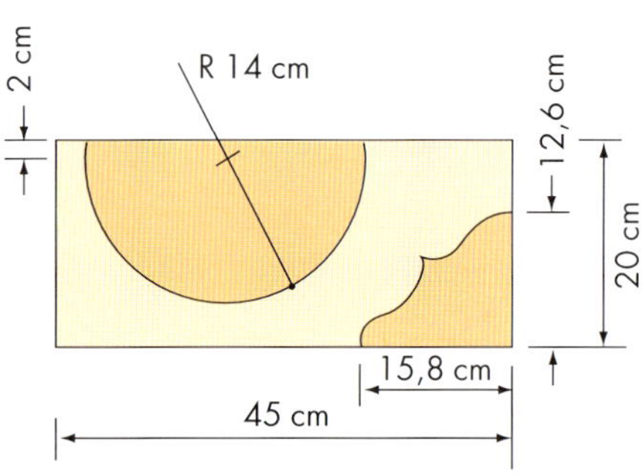

▲ So schneiden Sie die Holzteile aus der Buchenholzplatte.

▲ 2. Wenn die Formen angerissen sind, kann man sie mit einer Stichsäge aussägen. Das Brett sollte dazu vor dem Sägen mit einer Schraubzwinge an der Werkbank befestigt werden! So kann man exakt und sicher sägen. Die Säge sollte noch etwas außerhalb der angerissenen Linie angesetzt werden, da das Werkstück ja hinterher noch abgeschleift wird.

◀ 3. Die Ränder der runden Kantseiten beider Holzteile werden zuerst mit einer Raspel abgerundet; natürlich erst, nachdem die Holzstücke in die Werkbank eingespannt worden sind. Um kurvige Flächen abzuraspeln, muß das Werkzeug schräg zur Faserrichtung angesetzt werden.

► 4. Auf den grob vorgefeilten Kantseiten können Sie mit einer tragbaren Oberfräse ein hübsches Profil schneiden. In diesem Fall befestigen Sie die Fräse an der Werkbank und bewegen das Holzstück mit der Hand. Es gibt viele verschiedene Arten von Fräsaufsätzen. Wählen Sie selbst, welches Profil Sie mit Ihrer Fräse schneiden möchten.

▼ 5. Im nächsten Schritt bohren Sie die Löcher für die Dübel. Die Dübel sind 4 cm lang und haben einen Durchmesser von 10 mm. Die Löcher müssen also 2 cm tief gebohrt werden. Sie werden genau in der Mitte der Ablagefläche, mindestens 2 cm von der geraden Kantseite entfernt, gebohrt. Die Dübel werden verleimt und eingesetzt.

▲ 6. Um das fertige Regal an der Wand anbringen zu können, bohren Sie zwei 3 mm tiefe Löcher auf die Unterseite der Ablagefläche. Dort können die Wandhaken dann greifen.

◄ 7. So sieht das kleine Regal aus, wenn es seinen Schutzanstrich erhalten hat. Vor allem die Ablagefläche wird üblicherweise sehr beansprucht, daher ist ein Anstrich wichtig.

Bilderrahmen

Hier lernen Sie, einen einfachen Bilderrahmen zusammenzubauen. Von der Bauanleitung her ist er leicht herzustellen. Die Schwierigkeit dieser Arbeit besteht in ihrer Endbehandlung. Wir zeigen Ihnen mehrere dekorative Techniken, darunter eine einfache Einlegearbeit, bei der dunkle Holzstreifen in helles Holz eingearbeitet werden. In unserem Beispiel ist das dunkle Nußbaumholz, das helle ist Lindenholz. Wer eine noch raffiniertere Endbehandlung möchte, dem beschreiben wir die Technik der Brandmalerei. Mit dieser Technik können Sie Ihrer Arbeit eine persönliche Note geben und die sichtbaren Teile des Rahmens bemalen.

◀ So sieht der fertige Bilderrahmen aus.

SIE BRAUCHEN:

- 4 Rahmenhölzer aus glattgehobeltem Linden- oder anderem hellen und fehlerfreien Holz, Querschnitt: 17 x 50 mm; Länge: 65 cm
- 1 Leiste aus Nußbaum- oder anderem dunklen Hartholz; Dicke: 2 mm
- Weißer Holzleim
- Mittelfeines und feines Schleifpapier
- Transparentpapier
- Einen Entwurf für ein Muster, auf Transparentpapier gemalt
- Farbloses Wachs
- Versiegelungslack
- Eine 3 mm-Sperrholzplatte 60 x 60 cm;
- Stifte oder Tacker, um die Rückwand an den Rahmenfalz zu heften

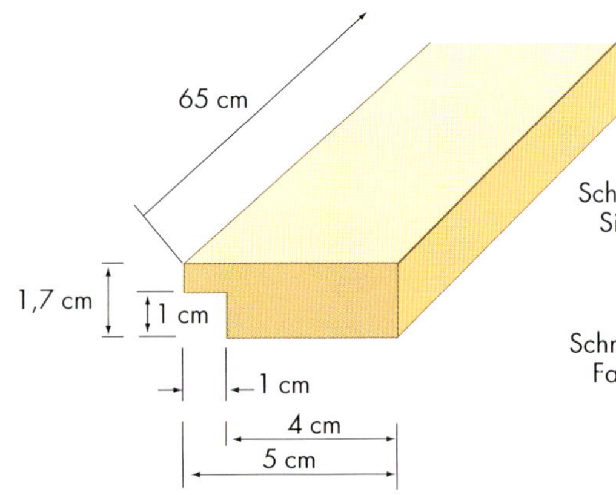

▲ Profilansicht des Rahmens

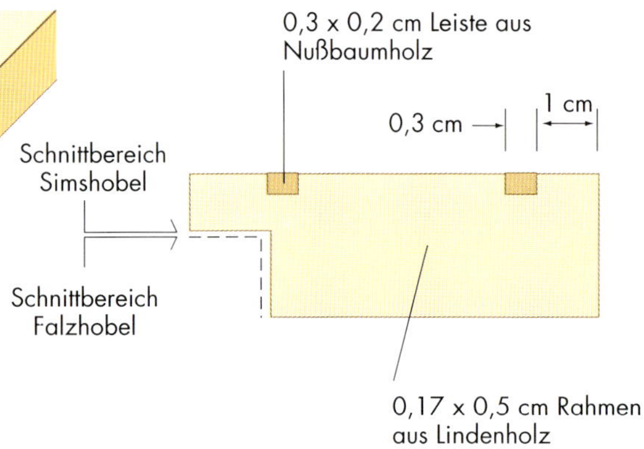

▲ Profilansicht des Rahmens mit Einlegearbeit

◀ 1. Ausgangsbasis für den Bilderrahmen sind vier gehobelte und geschliffene Rahmenhölzer mit den Maßen 50 x 17 mm und 65 cm Länge. In unserem Beispiel nehmen wir Lindenholz.

Auf einer Breitfläche werden die Nuten ausgefräst, in die die dunklen Holzstreifen eingelassen werden. Für diesen Vorgang gibt es einen speziellen Nuthobel, den man so einstellt, daß er Nuten von 3 mm Breite und 2 mm Tiefe hobelt.

▲ 2. Für die Füllungsleisten der Nuten brauchen Sie eine dunkle Hartholzleiste, die etwa 2 mm dick ist, eher ein wenig dicker. Im Beispiel nehmen wir Nußbaumholz. Auf dieser Leiste reißt man im Abstand von 3 mm Linien an, die man dann mit der Rückensäge aussägt. So erhalten Sie die passenden Teile.

▼ 3. Die passend zurechtgesägten Holzleisten werden von drei Seiten mit Leim bestrichen und in die Nuten auf dem Rahmen eingelegt. Verstreichen Sie den Leim mit einem sehr feinen Pinsel, der auch die Nut vollständig verleimen kann. Nur so haben die Leisten einen genügend starken Halt, wenn der Leim antrocknet.

▲ 4. Nachdem die dunklen Leisten eingepaßt wurden, werden sie mit dem Gummihammer in die Nuten geklopft. Die dunklen Füllstücke sollen so fest wie möglich in ihren Nuten liegen und mit dem Rahmenholz abschließen. Entfernen Sie die Leimspuren nach diesem Arbeitsgang noch nicht. Das geschieht von selbst, wenn Sie die Oberfläche nach dem Trocknen glattschleifen.

► 5. Wenn der Leim nach ca. 30 bis 45 Minuten getrocknet ist, schneiden Sie mit dem Falzhobel den Falz in jedes der vier Rahmenhölzer. Der Falz hält in dem fertigen Bilderrahmen das Glas. Um den Falz anzureißen, markieren Sie mit einem Streichmaß jeweils 1 cm auf jeder Seite der Kante.

▼ 6. Nachdem Sie die Rahmen mit dem Falzhobel bearbeitet haben, glätten Sie die Kanten mit dem Simshobel. Mit diesem Werkzeug können Sie exakt 1-cm-Fälze ausschneiden. Der Simshobel gleicht die mit dem Falzhobel gemachten Schnitte aus und poliert die Kanten sauber.

◄ 7. Jetzt dürfte der Leim getrocknet sein, und Sie können die Unregelmäßigkeiten abhobeln, die beim Verleimen auf der Vorderseite des Rahmens entstanden sind. Legen Sie das Rahmenholz an das Anschlagsklötzchen an und hobeln Sie in Faserrichtung.

► 8. Für den nächsten Schritt brauchen Sie eine Gehrungsschneidlade. Diese kann man sich auch selbst bauen. Auf eine 15 cm breite Grundplatte nageln Sie zwei parallele Latten. Auf die Rückseite nageln Sie eine Latte. Diese hält die Schneidlade in Position.

◄ 9. Mit einem Winkel und einem Bleistift zeichnen Sie 45°-Winkel auf die parallelen Latten. Das beste Instrument dazu ist der Anschlagwinkel, den Sie so auf die Latte ansetzen wie in der Abbildung. Markieren Sie in beide Richtungen 45°-Winkel. So können Sie in beide Richtungen sägen, ohne das Werkstück umdrehen zu müssen.

▼ 10. Wenn die Markierungen fertig sind, sägen Sie die Sägeführungen mit der Rückensäge aus. Sägen Sie bis ganz auf den Grund; er dient als Anschlagspunkt, wenn Sie hinterher Gehrungen aussägen.

▼ 11. Wenn Sie Gehrungen aussägen, fixieren Sie die Schneidlade auf der Werkbank, halten Sie mit einer Hand das Werkstück fest und bewegen Sie die Säge mit der anderen Hand durch die Führung.

◀ 12. Schneiden Sie alle Rahmenhölzer auf Gehrung und leimen Sie sie als stumpfe Verbindung aneinander. Zum Pressen benutzen Sie eine Parallel-Schraubzwinge

▼ 13. Wenn der Leim getrocknet ist, schleifen Sie die Oberfläche noch einmal ab. Insbesondere die Eckverbindungen müssen sorgfältig abgeschliffen werden, damit es keine Unebenheiten mehr gibt. Fangen Sie immer mit dem groberen Schleifpapier an und machen Sie den letzten Schliff mit sehr feinem Schleifpapier. Wickeln Sie es um ein griffiges Stück Holz oder Kork.

▼ 14. Nun ein Schnellkurs in Brandmalerei: Zeichnen Sie zuerst mit einem weichen Bleistift ein Motiv Ihrer Wahl auf Transparentpapier, z.B. ein Blumenmotiv wie in der Abbildung. Dann legen Sie das Papier umgekehrt auf den Holzrahmen, an die Stelle, an der das Motiv hinterher erscheinen soll. Kleben Sie es am besten mit Klebstreifen fest, damit es nicht verrutscht! Zeichnen Sie das Motiv auf der Rückseite des Papiers mit dem Bleistift noch einmal nach. Das Motiv paust sich auf das Holz durch.

▼ 15. Der erste Schritt ist getan: Das Motiv hat sich mit deutlichen Umrissen auf das Holz durchgedrückt – allerdings seitenverkehrt. Das müssen Sie bedenken, wenn Sie sich ein Motiv ausdenken.

◀ 16. Für die Brandmalerei brauchen Sie einen Brennstab. Er brennt das Holz gezielt und kontrolliert an. Man kann mit ihm wie mit einem Stift auf das Holz malen. Zeichnen Sie mit dem Brenner einfach die durchgepausten Linien nach.

▶ 17. Hat der Rahmen das gewünschte Muster, versiegeln Sie die sichtbaren Flächen mit zwei Anstrichen. Es gibt speziellen Versiegelungslack.

Tragen Sie ihn mit einem weichen Baumwollappen in Faserrichtung wischend auf. Gummihandschuhe schützen Ihre Hände!

◀ 18. Nachdem der erste Anstrich mit Versiegelungslack getrocknet ist, schleifen Sie die Fläche mit sehr feinem Schleifpapier an. Dabei immer in Faserrichtung schleifen. Danach tragen Sie den zweiten Lackanstrich auf und wiederholen die ganze Prozedur, wenn der Lack trocken ist. Durch das Schleifen gleichen Sie kleine Unregelmäßigkeiten wieder aus und erhalten eine glatte Oberfläche.

▲ 19. Nach der Versiegelung wird mit Aluminiumfolie oder -wolle poliert. Auch hier gilt wieder: Die Bewegung wird immer in Faserrichtung ausgeführt.

► 20. Mit einem weichen Baumwolllappen wachsen Sie den fertigen Bilderrahmen schließlich ein. Damit entfernen Sie den sehr feinen, weißen Staub, der durch das Polieren entstanden ist, außerdem bringen Sie den Rahmen damit zum Glänzen. Es reicht, eine Wachsschicht aufzutragen. Wenn der Rahmen nicht glänzen soll, nehmen Sie für diesen Arbeitsgang Terpentin an Stelle von Wachs.

▲ 21. Jetzt müssen Sie nur noch einmal nachwienern, am besten mit einem sauberen und trockenen Baumwollschwämmchen. Die langwierige Endbehandlung lohnt sich: Der Rahmen ist nun vollkommen glatt, glänzend und auch gut geschützt: Ein schöner Blickfang!

► 22. In einen schönen Rahmen gehört auch ein schönes Bild: Vorne kommt eine passende Glasscheibe in den Rahmen; dahinter setzen Sie Ihr Bild, und zum Schluß bringen Sie an der Rückseite eine Sperrholzplatte an. Diese wird mit Nägeln oder Tackern am Falz befestigt und hält das Bild im Rahmen.

Zeitungsständer

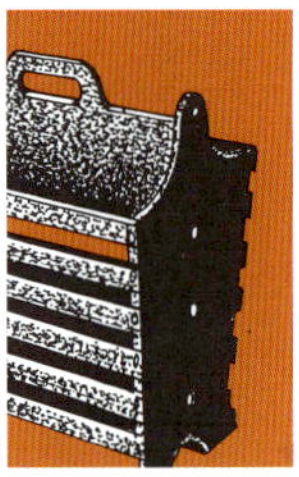

Schritt für Schritt erfahren Sie hier, wie Sie einen praktischen und originellen Zeitungsständer bauen können. Er ist sehr einfach zusammenzusetzen, robust und leicht, da wir Lindenholz als Material verwenden. Diesmal brauchen wir keinen Holzleim, sondern die einzelnen Teile werden ausschließlich mit Schrauben verbunden. Zur Verschönerung verwenden wir die Schrauben mit messingfarbenen Unterlegscheiben.

▲ 1. Fast alle Bauteile für den Zeitungsständer werden mit Hilfe von Sperrholzschablonen zurechtgeschnitten. Die Umrisse werden auf das Holz aufgezeichnet. Sie können dazu die nebenstehenden Maßangaben verwenden. Dann schneiden Sie die Schablonen mit einer elektrischen Stichsäge aus. Sie legen sie auf die Massivholzplatten und schneiden die Bauteile aus dem Lindenholz aus. Auf der Abbildung oben sehen Sie, daß Sie aus zwei Sperrholzschablonen drei verschiedene Bauteile herstellen! Denken Sie daran, daß Sie zwei Seitenplatten brauchen!

▼ Vorder- und Seitenansicht des Zeitungsständers

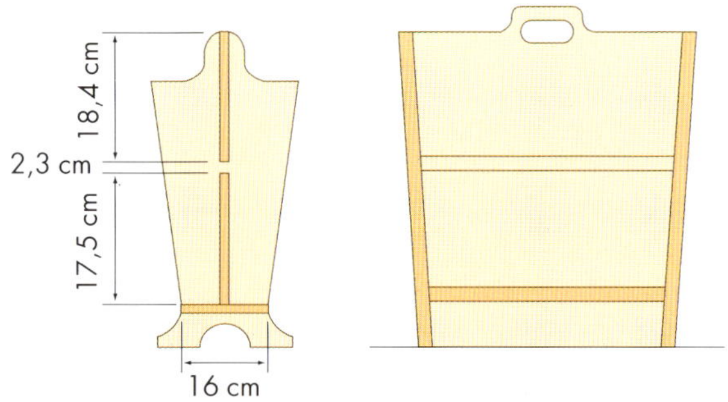

SIE BRAUCHEN:

- 3 mm Sperrholzplatte, für das Anfertigen von 2 Schablonen (ca. 43 x 36 cm und 37 x 23 cm)
- 13 mm Lindenholz, für die Seitenplatten sowie 1 rechteckige Platte 16 x 36,6 cm
- 12 Leisten aus Lindenholz 0,7 x 2,5 cm Querschnitt; Länge: mindestens 45 cm
- 39 Flachkopfschrauben 35 mm lang; 1,7 mm Durchmesser, mit passenden messingfarbenen Unterlegscheiben
- Grüne Anstreichfarbe
- Holzversiegler
- Wachs

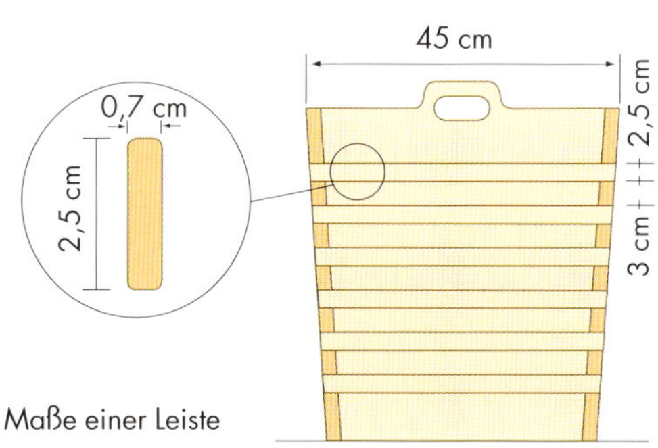

▲ Maße einer Leiste

◀ Ansicht des fertigen Zeitungsständers

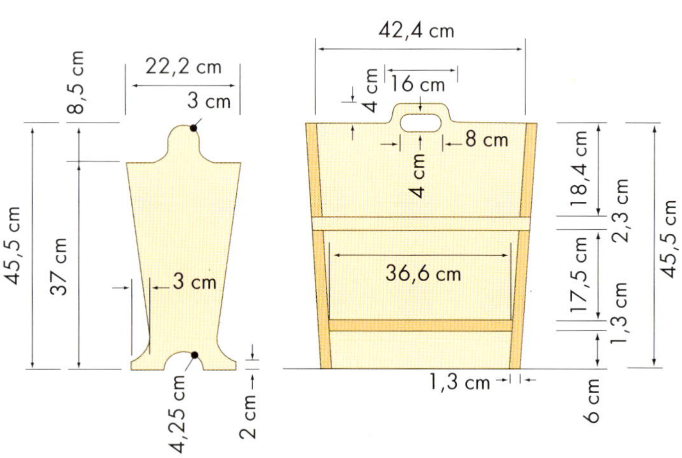

▲ Vorder- und Seitenansicht ohne Verstrebungen

▲ 3. Nun schrauben Sie die Seitenplatten mit vier Schrauben an. Die Schrauben für den Boden sollten mind. 2 cm von den Kanten entfernt sein; die Schrauben für die Mittelplatte sollten mind. 5 cm von den Kanten der Mittelplatte entfernt sein. Führen Sie diese Arbeitsschritte an der Werkbank aus, dort können Sie in der richtigen Höhe arbeiten und haben genug Kraft, die Schrauben festzuziehen.

◀ 4. Aus der größeren Sperrholzschablone stellen Sie die zwei Bauteile für den Mittelteil her. Dieser besteht aus zwei Teilen, weil es schwierig ist, eine Massivholzplatte in diesen Ausmaßen zu bekommen. Bringen Sie die beiden Platten in einem Abstand von 3 cm an. Der obere Teil der Mittelplatte wird mit zwei Schrauben angebracht. Für den Abstand der Schrauben zu den Kanten gilt das gleiche wie unter 3.

▲ 5. Wenn die großen Bauteile alle miteinander verbunden sind, können Sie die Leisten für die Verkleidung der Vorderseite ausmessen, sägen und anschrauben. Die Leisten sind ebenfalls aus Lindenholz, 2,5 cm breit und 7 cm dick. Ihre Länge hängt von der Position am Zeitungsständer ab, weil der eine leichte Trapezform hat.

◀ 6. Wenn Sie alle Teile zusammengeschraubt haben, numerieren Sie sie. Für die Endbehandlung müssen Sie die Teile nämlich noch einmal auseinandernehmen. Bevor Sie die Farbe auftragen, müssen die Holzteile natürlich gut abgeschliffen sein; schleifen Sie ggf. mit sehr feinem Sandpapier noch einmal nach. Bei Anilinfarbe empfiehlt es sich, sie mit einem Schwämmchen aufzutragen. Ist die Farbe trocken, versiegeln Sie den Anstrich mit Versiegelungslack. Wenn dieser getrocknet ist, schleifen Sie mit sehr feinem Schleifpapier an und wachsen den fertigen Zeitungsständer ein.

Blumenständer

Auf diesen eleganten Blumenständer können Sie selbstverständlich auch andere Gegenstände stellen, die Sie besonders hervorheben möchten. Besonders gut eignet sich der Blumenständer jedoch für Hängepflanzen. Hauptsache, der Blumentopf oder die Vase brauchen keine größere Stellfläche als einen Kreis von 20 cm Durchmesser. Auch die untere Scheibe kann man als Abstellfläche für kleinere Gegenstände benutzen. Die nach außen gebogenen Füße geben dem kleinen Möbelstück genügend Stabilität. Trotzdem sollte man keine zu schweren Gegenstände auf die Tischplatte legen.

SIE BRAUCHEN:

- 3 mm Sperrholzplatte für Schablonen
- 1 A-Qualitätskiefernholz, gehobelt; 2,5 cm dick, als Basismaterial für den Blumenständer
- 3 Flachkopfschrauben, 3 cm lang
- Kordel und kleines Holzstück zum Zusammenhalten der Füße
- Weißer Holzleim

▼ 1. Die Schablonen sind ein gutes Hilfsmittel, wenn man Bauteile aus Holz aussägen möchte. Sie ermöglichen eine größtmögliche Nutzung des Materials. Im Prinzip können die Schablonen aus allen möglichen Materialien hergestellt werden. Sperrholz von 3 mm Durchmesser ist leicht, stabil und einfach zu handhaben, daher hat sich dieses Material im allgemeinen durchgesetzt.

Wenn Sie die Umrisse für den Blumenständer auf die Sperrholzplatte gezeichnet haben, schneiden Sie die Schablonen mit einer Stichsäge aus. Diese Schablonen legen Sie dann auf die Massivholzplatten und zeichnen die Umrisse mit einem weichen Bleistift nach. Bei Bauteilen mit einfachem Profil können Sie die Umrisse auch ohne Schablone auf das Holz zeichnen, z.B. bei der Tischfläche. Genauer als mit dem Zirkel können Sie auch mit einer Schablone nicht arbeiten.

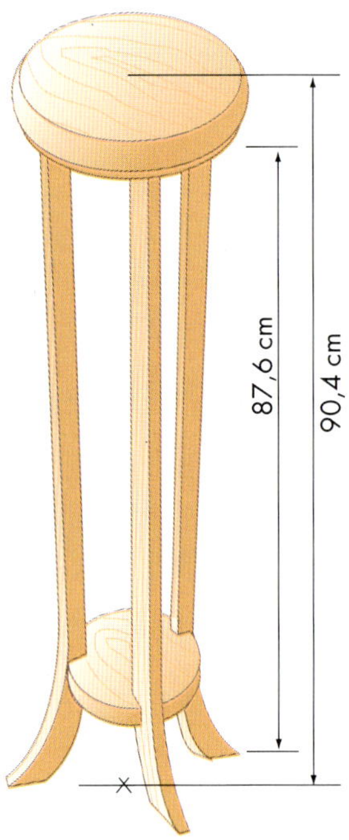

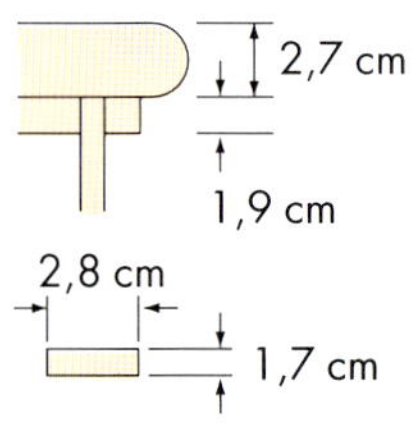

▲ Maße des Fußes

◀ Schema

▶ Der fertige Blumenständer

▼ Tischfläche

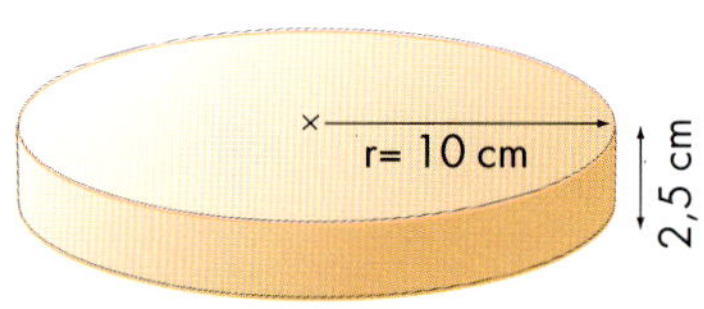

▼ Füße (x3).

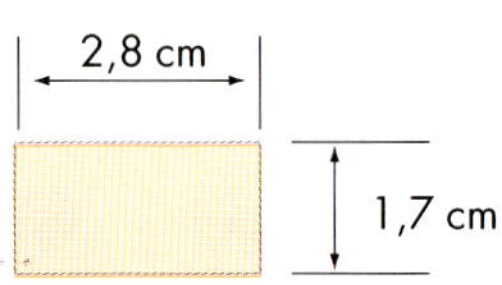

▲ Maße des Fußes

▼ Verbindungsteile für die Füße (x2).

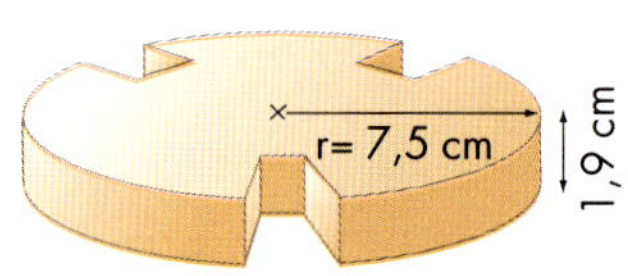

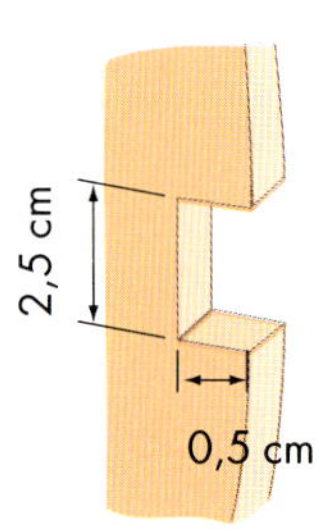

▲ Detailansicht des Verbindungsteils

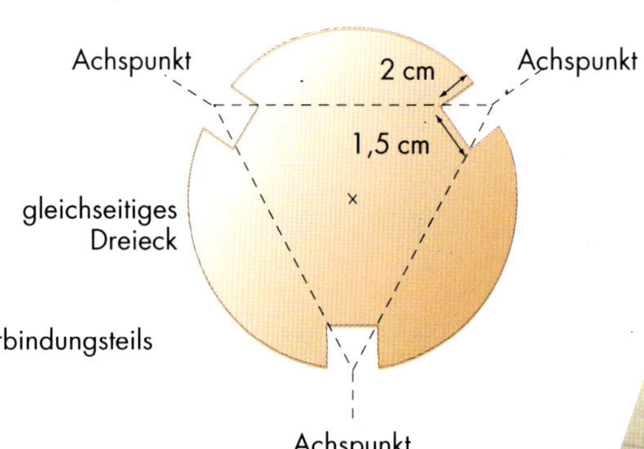

▲ 2. Bei Bauteilen mit komplizierteren Umrissen, wie z.B. bei den Verbindungsscheiben, sind Schablonen jedoch unerläßlich.

▲ 3. Wie bereits gesagt, sollte das Material optimal genutzt werden. Deshalb legen Sie die Schablonen so auf das Holz, daß Sie möglichst viele Stücke herausschneiden können.

◀ 4. Kurvige Linien sägt man mit einer Stichsäge aus: Am besten geht dies mit einer elektrischen. Wir arbeiten mit einer elektrischen Stichsäge und schneiden die Füße aus; natürlich erst nach dem Einspannen der Holzplatte in die Werkbank.

◀ 5. Auch für die kreisförmigen Bauteile (Tischfläche und Verbindungsscheiben) verwenden wir die Stichsäge. Das Holz sollte mit mindestens einer Schraubzwinge an der Werkbank festgespannt werden, in jedem Fall so, daß es nicht verrutschen kann. Nur so können Sie sichere und präzise Schnitte ausführen.

Zu einem präzisen Schnitt gehört auch, daß Sie nicht exakt auf der Linie sägen, sondern ein bißchen außerhalb. Dann erhält das Bauteil nach dem Schleifen genau die richtige Größe.

▲ 6. Im nächsten Schritt werden die Verbindungsstellen zwischen den Füßen und den Verbindungsscheiben hergestellt. Mit der Stichsäge sägen Sie Schlitze in das Holz: An den Füßen sollen die Schlitze 5 mm, an den Verbindungsscheiben 2 cm tief sein. Diese Arbeit kann man auch mit einem scharfen Stechbeitel durchführen.

▲ 7. Wenn Sie die Schablonen für die Verbindungsscheiben herstellen, zeichnen Sie auch schon die Schlitze ein.

Auf beiden Holzflächen sollen die Schlitze in gleichem Abstand voneinander eingekerbt werden. Wenn Sie sich also eine Linie denken, die die drei Schlitze miteinander verbindet, erhalten Sie ein gleichseitiges Dreieck. Sie müssen daher ein gleichseitiges Dreieck in den Kreis zeichen (s. S. 86). Dafür brauchen Sie nur einen Zirkel, den Sie auf den Radius des Kreises einstellen. Diesen Radius tragen Sie sechsmal auf dem Kreisumfang ab. So erhalten Sie sechs Punkte. Verbinden Sie jeden zweiten Punkt miteinander, so erhalten Sie ein gleichseitiges Dreieck.

▼ 8. Nach dem Sägen helfen Sie mit einer Raspel nach und entfernen die noch überstehenden Reste. Dann schleifen Sie den Schlitz sauber.

▲ 9. Alle sechs Bestandteile des zukünftigen Blumenständers (Tischfläche, drei Füße, zwei Verbindungsteile) werden in die Werkbank eingespannt und abgehobelt.

▲ 10. Auch die kurvigen Flächen tragen noch Sägespuren und müssen glattgefeilt werden. Man kann sie nicht hobeln, sondern man bearbeitet sie mit einer Raspel, am besten mit einer Halbrundraspel. Feilen Sie erst mit der groben, runden Seite und dann mit der feineren, flachen.

► 11. Um die kurvigen Flächen genauso glätten zu können wie die gehobelten, benutzen Sie ein Hobelmesser wie in der Abbildung. Das Hobelmesser ist eine einfache Stahlklinge. Eine Seite ist scharf und dient zum Hobeln, die andere Seite ist stumpf, da sonst die Verletzungsgefahr zu groß wäre.

► 12. Der nächste Arbeitsgang unterscheidet sich eigentlich nicht groß von den eben beschriebenen. Wir führen ihn trotzdem einzeln auf, denn hier geht es darum, die Kanten stumpf zu hobeln.

Für die Kanten der Füße reicht eine weniger grobe Feile. Schließlich sollen diese Kanten nur vor Stößen und Abnutzung geschützt werden. Die Tischfläche wird dagegen gründlicher bearbeitet: Spannen Sie sie in die Werkbank ein und raspeln Sie die gesamte Kantseite, immer in Faserrichtung, ab, bis Sie eine glatte Oberfläche erhalten.

▲ 13. In 5 mm Abstand von den beiden Tischflächenkanten markieren Sie zu beiden Seiten mit dem Bleistift eine Linie. Bis hierhin werden Sie die Kanten abfeilen.

▲ 14. Mit der Raspel feilen Sie eine Schrägkante. Feilen Sie dabei nicht über die Markierung hinaus!

► 15. Zum Schluß schleifen Sie die Kanten mit grobem Sandpapier (40er oder 60er) ab. Dazu benutzen Sie diesmal keinen Klotz, sondern ziehen das Schleifpapier mit der Hand. So paßt es sich der Form der Kante an und schleift sie gleichmäßig rund.

► 16. Beginnen Sie die Montage des Blumenständers damit, eine Verbindungsscheibe auf die Tischfläche zu schrauben. Nehmen Sie dafür drei 3 mm-Schrauben von ca. 3 cm Länge.

▲ 17. Jetzt leimen Sie die Füße an die Verbindungsscheiben. Dafür tragen Sie den Holzleim mit einem Pinsel auf beide zu verleimende Flächen auf.

► 18. Um die verleimten Teile während des Trocknens zu pressen, empfiehlt sich ein sehr einfaches Verfahren. Sie brauchen dazu nur ein Stück Kordel, das Sie mehrmals um die drei Füße wickeln, und ein kleines Holzstück. Dieses stecken Sie zwischen die Kordelstränge und drehen es so lange, bis die Kordel spannt. Sie können es dann, wie in der Abbildung, an den Verbindungsscheiben einhaken.

► 19. Wählen Sie selbst eine Endbehandlung für Ihren Blumenständer. In jedem Fall werden Sie Ihre Freude an ihm haben!

Kleiderständer

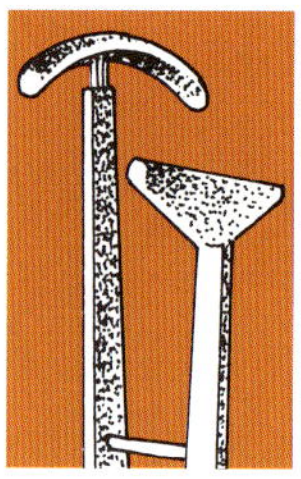

Bei diesem Werkstück können Sie eine neue Technik lernen: die Überblattung bei kurvigen Flächen. Dieses kleine Möbelstück ist nicht besonders auffällig. Sie können es aber sehr schön in Szene setzen, je nachdem, wie Sie es dekorieren. Der Kleiderständer sollte schmale Eleganz und eine hohe Stabilität miteinander verbinden.

SIE BRAUCHEN:

- Qualitätskiefernholz-Brett mit Kantseitenlänge 40 x 40 cm oder zwei Bretter 20 x 40 cm; Dicke je 4 cm
- Vier Qualitätskiefernholz-Kanthölzer mit den Maßen:
  11,8 x 100 cm, Dicke: 2,2 cm;
  8 x 82,5 cm, Dicke: 2,2 cm;
  35 x 9,2 cm; Dicke: 2,5 cm;
  42 x 9,5 cm, Dicke: 4,5 cm;
- Zwei Rundstäbe, Durchmesser: 16 mm; Länge: 18 cm
- Zwei Rundstäbe, Durchmesser: 10 mm; Länge: 7 cm
- Vier Rundstäbe, Durchmesser: 10 mm; Länge: 3,5 cm
- Weißer Holzleim
- 2 oder 3 mm-Sperrholzplatte, Maße etwa 1,20 x 0,60 m, für die Schablonen der Bauteile (außer dem runden Fuß)
- Genügend Abfallholz aller Größen zum Stützen der Bauteile beim Hobeln und Bohren

▲ So sieht der Kleiderständer aus.

▼ Bestandteile des Kleiderständers und ihre Maße

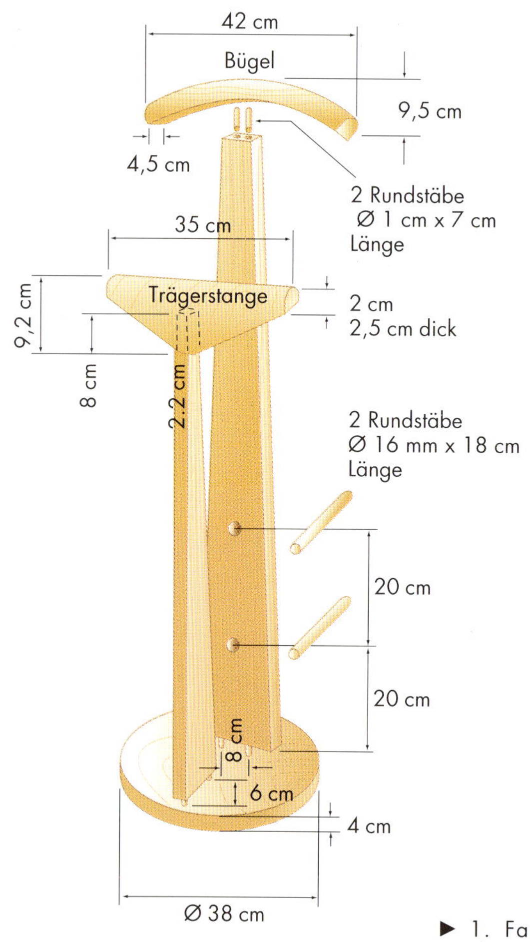

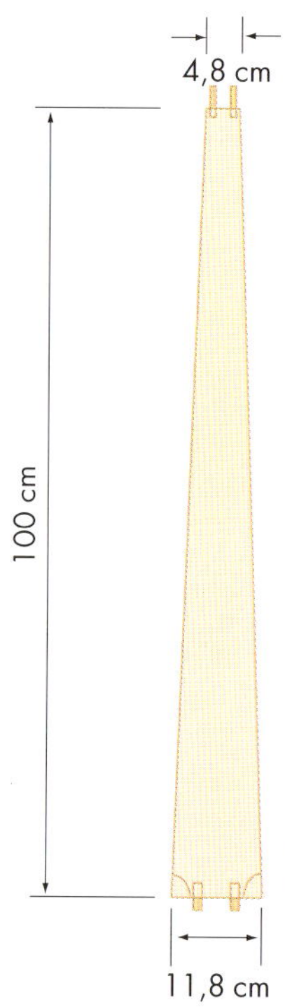

◄ Großer Ständer

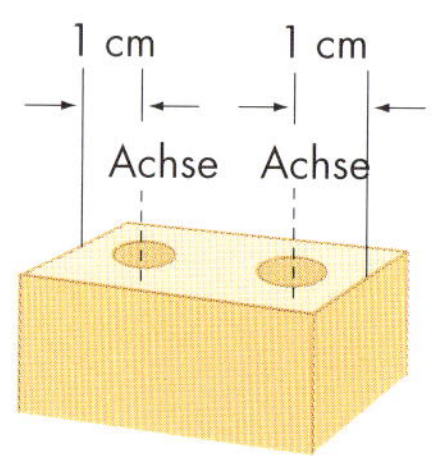

▲ Detailansicht oberes Ende des großen Ständers

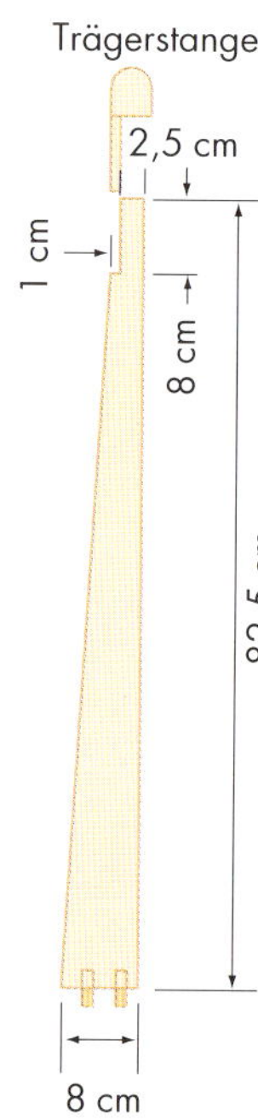

◄ Kleiner Ständer

▼ Fußteil

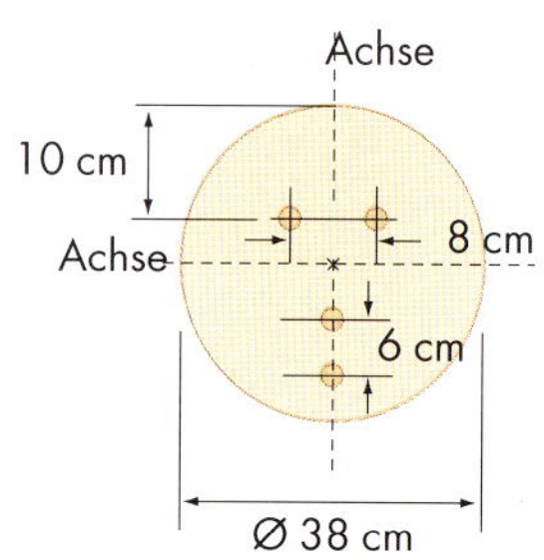

► 1. Fangen wir mit dem Basiselement an: dem Fuß, auf dem der Kleiderständer ruht. Seine Grundfläche ist ein Kreis von 38 cm Durchmesser. Es ist nicht ganz einfach, ein Brett von 40 x 40 cm zu bekommen. In diesem Fall leimen Sie zwei Bretter von 20 x 40 cm und der Dicke 4 cm aneinander. Sobald die Flächen verleimt sind, pressen Sie sie mit Schraubzwingen zusammen, bis der Leim trocken ist.

▲ 2. Sobald die Bretter aneinandergeleimt sind, zeichnen sie den Grundschnitt für den Fuß auf die Holzfläche. Stellen Sie den Zirkel auf 19 cm Radius ein und setzen Sie ihn in der Mitte des Holzstücks an. Diesen Punkt finden Sie sehr leicht am Schnittpunkt der beiden Diagonalen. Es ist sehr wichtig, daß der Fuß weder Astlöcher noch Risse oder sonstige Unregelmäßigkeiten aufweist.

▶ 3. Zum Ausschneiden der Grundplatte nehmen Sie eine elektrische Stichsäge. Vorher fixieren Sie das Bauteil mit einer oder mehreren Schraubzwingen auf der Werkbank. Achten Sie bitte darauf, daß das Brett zur Hälfte über die Werkbank hinausragen muß, damit Sie leicht sägen können und nicht Gefahr laufen, in die Werkbank zu sägen.

◀ 4. Wenn Sie den Fuß fertig ausgesägt haben, schleifen Sie die Kanten ab. Dafür befestigen Sie die Scheibe senkrecht an der Klemmvorrichtung, die an der Werkbank angebracht ist. Feilen Sie die Kanten erst mit einer Raspel und dann mit einer Feile bis zu den Markierungen, die Sie mit dem Zirkel gemacht haben.

▶ 5. Ohne das Werkstück aus der Klemmvorrichtung herauszunehmen, hobeln Sie die Kanten rund. Dabei drehen Sie die Scheibe ständig. Sie können mit dem Streichmaß Führungslinien markieren, jeweils 1 cm auf jeder Seite von der Kante entfernt.

◄ 6. Jetzt bereiten Sie die Schablonen vor. Die Maße für die Bauteile finden Sie auf Seite 92. Sie müssen nur noch auf die Sperrholzplatte übertragen werden. Dabei helfen Ihnen Lineal, Winkel und Anschlagswinkel. Zeichnen Sie die Linien mit einem weichen Bleistift. Für die kurvigen Linien des Bügelteils können Sie eine schmale Leiste (0,5 x 0,5 cm) als Zirkel zu Hilfe nehmen. Ihr eines Ende nageln Sie an den Kreismittelpunkt. Dann markieren Sie die Endpunkte des Bügels. Schneiden Sie zwei Kerben in die Leiste als Ansatzpunkte für den Bleistift. So wird er nicht verrutschen.

▼ 7. Um die Oberfläche der Sperrholzplatte möglichst gut auszunutzen, zeichnen Sie die Bauteile am besten in der Reihenfolge auf, in der Sie sie verbauen. Wenn Sie sich immer vor Augen halten, welches Bauteil Sie als nächstes brauchen, ist es auch leichter, die kurvigen Flächen vorzuzeichnen.
Sind alle Bauteile aufgezeichnet, sägen Sie sie mit einer feinen Stichsäge aus. Sägen Sie vorsichtig, damit Sie nicht in die anderen Schablonen hereinsägen.

▼ 8. Auch wenn Sie die Schablonen auf das Holz auflegen, sollten Sie darauf achten, daß Sie die Holzmenge gut ausnutzen. Um möglichst exakt zu sägen, klemmen Sie das Holz mit Schraubzwingen an der Werkbank fest.

▼ 9. Wenn Sie die mit Hilfe der Schablonen gezeichneten Linien aussägen: Sägen Sie von außen an den Linien entlang. Denken Sie daran, daß Sie die Kanten noch abschleifen werden. Danach haben die Bauteile genau die richtigen Maße.

◀ 10. Das Bügelteil soll an den Enden abgerundet werden. Dafür kann man alle möglichen runden Vorlagen benutzen, die den Durchmesser von 9 cm haben. Wir benutzen auf dem Bild einen gewöhnlichen Deckel. Die Rundung wird erst mit einer Raspel ausgefeilt, dann mit einer feinen Feile.

▲ 11. Der Bügel erfährt mehrere unterschiedliche Schleifbehandlungen. Für die Unterseite reicht es, sie erst mit einer Raspel, danach mit einer Feile abzufeilen.

◀ 12. Die Oberseite des Bügels wird mit einem Hobel abgehobelt. Bewegen Sie ihn mit kurzen, schnellen Strichen immer in Faserrichtungen über das Holz. Dabei soll der Hobel das Holz nur tangieren! Auch für diesen Arbeitsgang muß das Werkstück fest in der Werkbank eingespannt sein.

▼ 14. Mit der flachen Seite der Raspel runden Sie die Bügelenden ab, bis Sie an die vorgezeichneten Markierungen stoßen. Nehmen Sie die Raspel in beide Hände, wenn Sie mit ihr arbeiten. Führen Sie sie in kreisförmigen Bewegungen über die Kanten, bis die Oberfläche gleichmäßig kurvig abgeschliffen ist.

► 13. Außer daß die Ecken abgerundet werden, sollen auch die Kanten der Oberseiten an Schärfe verlieren. Wenn Sie ein Kleidungsstück auf den Bügel hängen, wollen Sie schließlich nicht, daß der Stoff an scharfen Kanten hängenbleibt. Dazu zeichnen Sie jeweils im Abstand von 1 cm zur Kante zu ihren beiden Seiten eine Linie mit weichem Bleistift. Führen Sie diese Linien einmal um den ganzen Bügel herum.

◄ 15. Wenn die Oberseite abgeschliffen ist, müssen Sie genau die Mitte des Bügels finden. Dort werden die beiden schmalen Rundstäbe eingesetzt. Sie messen aus, wo die Längsachse entlangführt und suchen dann die Senkrechte dazu in der Mitte des Bügels. Sie setzen die Bohrlöcher jeweils 1,4 cm rechts und links von dieser Linie.

▲ 16. Für den Träger, auf den Sie hinterher Hosen hängen können, legen Sie die Schablone auf ein Kantholz mit den Maßen 35 x 9,5 cm. Sie tragen die Umrisse auf und sägen das Bauteil aus.

Beide waagerechten Träger werden mit Schablonen gefertigt.

► 17. Das Trägerbrett wird durch eine Überblattungsverbindung mit seinem Ständer verbunden. Reißen Sie erst mit einem Streichmaß einen Falz von 1 cm an der Kantseite an. An der Rückseite des Trägers zeichnen Sie die Umrisse der Vertiefung ein: Sie wird 8 cm lang und 1 cm breit. Hier wird das Verbindungsteil hineingelegt, das den Träger mit seinem Ständer verbindet.

▲ 18.Um die Vertiefung auszustemmen, sägen Sie erst – so weit es geht – mit der Rückensäge. Sägen Sie dabei nicht über die Markierungen hinaus! Natürlich müssen Sie das Werkstück vorher mit Schraubzwingen an der Werkbank befestigen.

◄ 19. In einem zweiten Arbeitsschritt stemmen Sie mit einem Stechbeitel das Material aus, das Sie mit der Rückensäge nicht erreichen konnten. Sie müssen zum Ausstemmen nicht Ihre ganze Körperkraft einsetzen, sondern Sie können den Beitel auch mit einem Hammer in das Holz treiben. Damit die Schraubzwinge keine Druckstellen auf dem Holz hinterläßt, legen Sie ein Stück Abfallholz unter.

▶ 20. Um bis auf die richtige Tiefe auszustemmen, müssen Sie den Stechbeitel in einem geeigneten Winkel halten. Je steiler Sie den Beitel ansetzen, desto tiefer stemmen Sie aus. Beachten Sie die Markierungen und gehen Sie nicht darüber hinaus! Das Verbindungsteil am Ständer muss ebenso passgenau sein!

Wenn Sie einen gut geschärften Beitel richtig anwenden, können Sie die Vertiefung sehr schön ausarbeiten. Falls Sie es aber für nötig halten, arbeiten Sie mit einem kleineren Beitel nach.

▼ 21. Nun muß die passende Verbindung am oberen Ende des Ständers hergestellt werden. Die Maße sind die gleichen wie bei der Vertiefung, nur stellen Sie diesmal einen Falz her. Reißen Sie die Linien mit einem Streichmaß an und schneiden Sie den Falz tief genug. Die beiden Teile sollen hinterher bündig abschließen!

▼ 22. Wenn Sie die Umrisse mit dem Bleistift deutlich markiert haben, schneiden Sie das restliche Holz mit einer Rückensäge weg. Dazu spannen Sie das Holz senkrecht in die Werkbank ein, so daß Sie in das Hirnholz sägen. Die Leiste sollte allerdings nicht zu weit herausragen, ohne abgestützt zu sein. Beim Sägen entstehen Vibrationen im Holz, die dazu führen können, daß das Holz bricht oder splittert.

▶ 23. Die Verbindung muß mit dem Trägerteil zusammenpassen; deshalb muß die Vertiefung am Ständer auch an die dreieckige Zuspitzung des Trägerteils angepaßt werden. Dazu benutzen Sie dieses Teil einfach als Vorlage – wie auf der Abbildung zu sehen.

▲ 24. Wie die Vertiefung im Trägerteil stemmen Sie die Vertiefung im Ständer auch mit dem gut geschärften Beitel aus. Seien Sie sehr sorgfältig, wenn Sie das kleine Dreiecksprofil ausstemmen. Die beiden Teile müssen hinterher genau zusammenpassen!

▲ 25. Wenn die Verbindung perfekt ist, dann ergeben Träger- und Ständerteil eine Einheit mit fließenden Übergängen, vor allem auf der Vorderseite, wo die Verbindung zusätzlich ein Dreiecksprofil hat. Zu guter Letzt wird die Verbindung an allen Stellen, die übereinander liegen, mit weißem Holzleim verleimt.

Auch auf der Rückseite sollten die beiden überblattenden Teile bündig abschließen. Ist dies nicht der Fall, feilen Sie die Unregelmäßigkeiten mit einer Feile sauber.

◀ 26. Der Bügel muß ebenfalls mit seinem Ständer verbunden werden, und diese Verbindung stellen wir jetzt her. Diesmal wählen wir eine Dübelverbindung. Die Dübel haben einen Durchmesser von 1 cm und sind 7 cm lang. Zuerst markieren wir mit dem Streichmaß die Längsachse auf dem Hirnholz. Sie dient zur Orientierung, damit die Bohrlöcher genau mittig liegen.

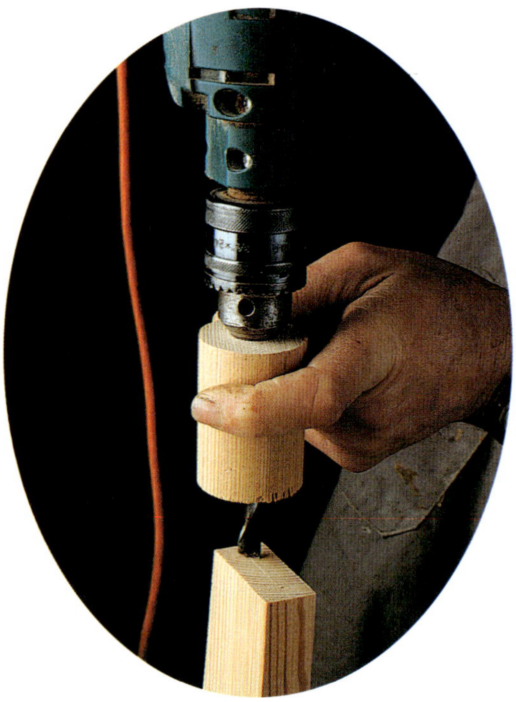

▲ 27. Auf der markierten Längsachse zeichnen Sie die Abmessungen ein, die die Bohrlöcher auf dem Bügel haben: von der Mitte aus jeweils 1,4 cm zu jeder Seite. Bohren Sie mit einem elektrischen Handbohrer mit 10 mm-Aufsatz 15 mm tief. Um die Bohrtiefe genau bestimmen zu können, setzen Sie einen Stopper auf. Notfalls können Sie sich auch selbst einen Stopper machen, z.B. so wie der aus Holz im Bild.

◀ 28. Die beiden senkrecht stehenden Teile, die Ständer, werden durch zwei Rundstäbe verbunden. Diese haben einen 16 mm-Durchmesser und sind 18 cm lang. Sie ragen 10–15 mm in jeden Ständer hinein. Wenn Sie die Markierungen für die Löcher angesetzt haben, bohren Sie diese aus, zuerst im Ständer, in dem die Löcher an der Kantseite sitzen.

▲ 29. Nun erhält auch der Bügelständer seine Bohrlöcher. Hier werden sie an der Vorderseite angesetzt. Sie gehen genau so vor wie bei dem anderen Ständer. Passen Sie nur auf, daß Sie nicht durch die gesamte Breite des Ständers durchbohren!

▼ 31. Sind Träger, Bügel und Ständer miteinander verbunden, wird die Konstruktion auf der runden Fußplatte angebracht. Jeder Ständer wird mit 2 10 mm-Dübeln von 3,5 cm Länge an die Fußplatte geleimt.

◄ 30. Verbinden Sie die beiden Ständer miteinander. Dazu pinseln Sie Leim auf die Enden der Rundstäbe und ihre entsprechenden Löcher und pressen Sie die vier Teile aneinander.

► 32. Wenn alle Leimverbindungen getrocknet sind, ist der Kleiderständer schon fertig. Nun können Sie abends Jacketts, Hosen und Hemden diesem schönen und eleganten Ständer anvertrauen.

Wohnzimmerschrank

Dieser Wohnzimmerschrank ist das größte Möbelstück, das wir Ihnen in diesem Buch vorstellen. Er ist aber nicht so schwierig zu bauen wie andere Möbel. Er setzt sich aus 16 mm-MDF-Modulen zusammen, die miteinander verschraubt werden. Türen und Schubladen sind aus dem gleichen Material. Eine Variante der MDF-Platten findet sich als Rückwand sowie als Boden für die Schubladen (5 mm). Der Wohnzimmerschrank ist ein Möbelstück von beträchtlicher Größe, er kostet wenig und sieht ansprechend aus, außerdem paßt er sich jedem Ambiente an.

▲ fertiger Schrank

▼ Schrägperspektive des Schranks (Maße in Metern)

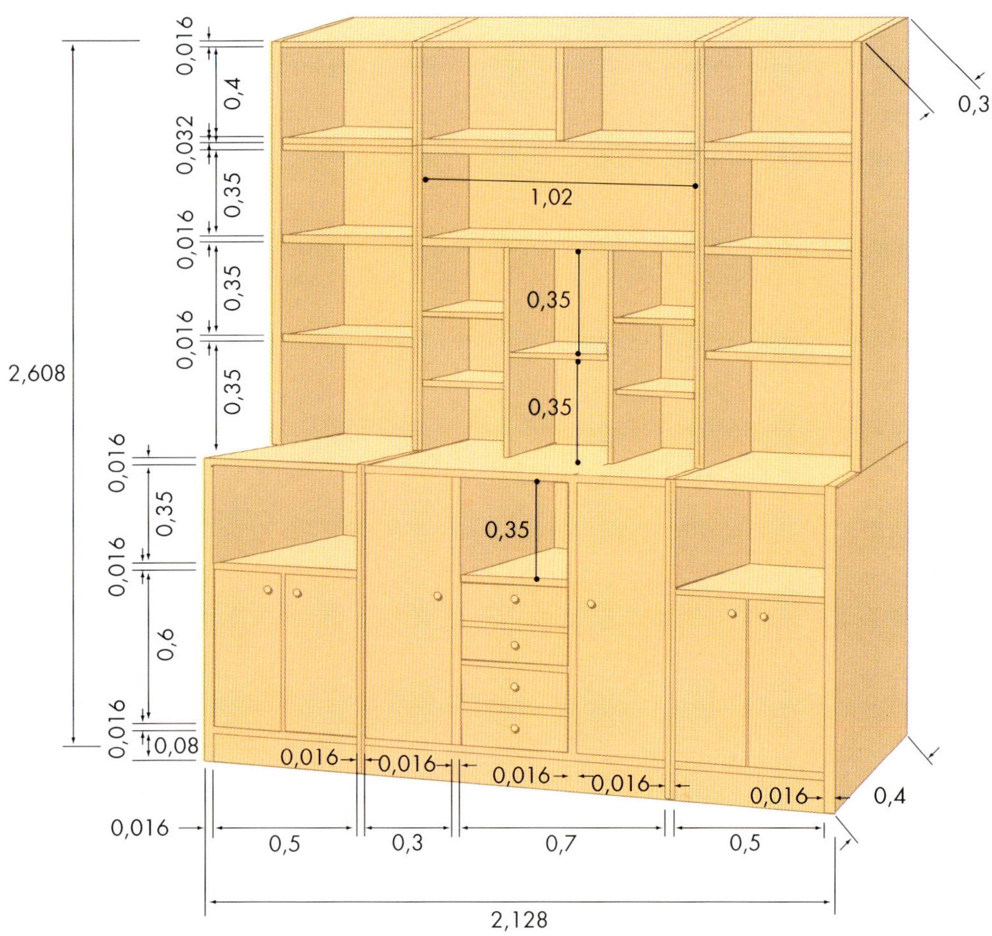

SIE BRAUCHEN:

- 16 mm-MDF-Platten (wenn nicht anders angegeben)
  <u>obere Module:</u>
  Seitenwände = 8 zu 44 x 30 cm
  Ober- und Unterplatten = 8 zu 50 x 30 cm
  Rückwand = 4 zu 47,2 x 53,2 cm
  (5 mm-MDF-Platte)
  <u>mittlere Module:</u>
  Seitenwände = 6 zu 112 x 30 cm
  2 zu 72 X 30 cm
  Ober- und Unterplatten = 4 zu 50 x 30 cm
  3 zu 103,2 x 30 cm
  Regalböden = 4 zu 50 x 30 cm
  4 zu 30 x 30 cm
  1 zu 40 x 30 cm
  Rückwände = 2 zu 112 x 53,2 cm
  (5 mm MDF)
  1 zu 112 x 106,4 cm (5 mm MDF)
  <u>untere Module:</u>
  Seitenwände = 6 zu 108 x 40 cm
  2 zu 96,4 x 40 cm
  Oberplatten = 2 zu 50 x 40 cm
  1 zu 103,2 x 40 cm
  Unterplatten = 2 zu 50 x 40 cm
  1 zu 103,2 x 40 cm
  Regalböden = 2 zu 50 x 40 cm
  1 zu 40 x 40 cm
  2 zu 50 x 37,5 cm
  4 zu 30 x 37,5 cm
  Türen = 4 zu 59,9 x 24,9 cm
  2 zu 96,3 x 29,9 cm
  <u>Schubladen:</u>
  Vorderplatten = 4 zu 39,9 x 14,8 cm
  Rückplatten = 4 zu 38,7 x 12 cm
  Seitenwände = 8 zu 39 x 13,3 cm
  Böden = 4 zu 38,7 x 38 cm (5 mm-MDF)
  Sockel = 2 zu 50 x 8,4 cm
  1 zu 103,2 x 8,4 cm
  Führungsleisten = 8 Kiefernholzleisten zu 1,5 x 1,5 cm ; Länge: 38 cm
  Rückwände = 2 zu 99,6 x 53,2 cm
  (5 mm-MDF)
  1 zu 99,6 x 106,4 cm (5 mm-MDF)
  Schubladenböden = 4 zu 38,5 x 38 cm
  (5 mm-MDF),
- 3 mm-Sperrholzplatte für Schablonen
- Metallstifte als Auflageflächen für die Regalböden,
- Grobes, mittelfeines und feines Schleifpapier
- Holzversiegler
- Baumwollschwämmchen
- Feine Aluminiumwolle zum Polieren
- Wachs
- 14 25 mm-Topfscharniere für bündige Türen
- 6 Stopper für die Türen zum Einnageln
- 6 Türgriffe
- Weißer Holzleim
- Nägel für Schubladen und Führungsleisten

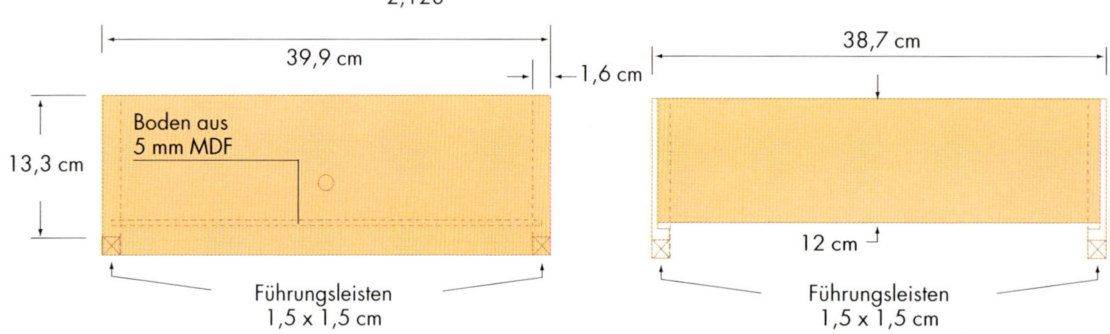

◀ Vorder- und Rückansicht einer Schublade (in cm).

◄ 1. Wir gehen davon aus, daß alle Bauteile bereits zugeschnitten sind, und zwar in den Größen, die wir auf der vorhergehenden Seite in der Liste der Bauteile und auf der Zeichnung angegeben haben. Der erste Arbeitsschritt ist wie folgt: Schleifen Sie alle sichtbaren Kanten ein wenig ab, so daß sie keine Verletzungsgefahr darstellen, wenn man das fertige Möbelstück benutzt. Selbstverständlich spannen Sie dafür die Platten in der Werkbank fest.

▲ 2. Ebenso schrägen Sie auch die Schmalkanten bei allen sichtbaren Platten ab. Nehmen Sie dafür eine mittelstarke Raspel. Feilen Sie an den Ecken etwa 3 bis 4 mm ab.

◄ 3. Alle Kanten, abgeschrägt oder nicht, werden nun abgeschliffen: erst mit grobem, dann mit mittelfeinem und dann mit feinem Schleifpapier. Dieses aufwendige Schleifverfahren ist bei Holzfaserplatten sehr wichtig. Wenn die Oberfläche unregelmäßig und damit porös bleibt, saugen Holzfaserplatten bei der Endbehandlung sehr viel Flüssigkeit.

▼ 4. Sobald die Platten geschliffen sind, sollten Sie sie behandeln. Tragen Sie erst drei Schichten Versiegelungslack auf, am besten mit einem Baumwollappen oder -schwämmchen.

▲ 5. Nach jeder Versiegelung schleifen Sie die Platte – sobald die Oberfläche trocken ist – erst mit mittelfeinem, dann mit feinem Schleifpapier ab. Das können Sie auch mit einem elektrischen Schleifgerät.

◀ 6. Wenn Sie mit der Hand schleifen wollen, können Sie dies mit einem Schleifschwamm tun. Oder Sie suchen ein handliches Stück Holz und wickeln einen Streifen Schleifpapier darum.

▲ 7. Nach dem letzten Schleifgang mit feinem Schleifpapier polieren Sie die Oberflächen mit Metallwolle. Diese können Sie extra für diesen Zweck im Baumarkt kaufen.

► 8. Zum Schluß der Endbehandlung wird das Holz gewachst. Alle sichtbaren Stellen werden mit Hilfe eines Baumwolllappens eingeschmiert, vor allem die Kanten. Achten Sie darauf, daß Sie das Wachs gleichmäßig auf dem Holz verteilen, so daß keine Flecken oder unbeabsichtigte Tonabstufungen entstehen.

▼ 9. Wenn alle Platten oberflächenbehandelt sind, stellen Sie eine Schablone her, die Ihnen die Bohrlöcher anzeigt, die Sie für die Metallstifte bohren müssen. An diesen Metallstiften werden die Regalbretter angebracht. Den Abstand zwischen den Bohrlöchern können Sie selbst wählen, je nachdem, wie weit die Regalbretter hinterher auseinanderliegen sollen. Die Schablone können Sie aus Sperrholz herstellen. Befestigen Sie sie mit Schraubzwingen auf dem Werkstück. Auf den Bohrer setzen Sie sich am besten einen Stopper, damit Sie die Bohrlöcher nicht zu tief machen.

► 10. Wenn Sie die vier Teile fertig haben, die ein Modul ergeben, spannen Sie sie im 90°-Winkel zusammen. Mit Parallel-Schraubzwingen ist dies kein Problem. Dann bohren Sie die Bohrlöcher für die Holzschrauben. Benutzen Sie dazu am besten eine Bohrmaschine mit einem geeigneten Aufsatz. Die Bohrlöcher sollten mindestens 5 cm vom Rand entfernt gesetzt werden und genau die Längsachse des Stirnholzes treffen.

◀ 11. Die Bohrlöcher sollten möglichst an beiden Seiten symmetrisch sein. Jetzt können Sie die Schrauben (5 mm; Länge 5 cm) eindrehen, am besten mit einem Akku-Schraubendreher oder mit einem Spezialschraubendreher: Er paßt genau auf den Schraubkopf.

▼ 12. Wenn Sie ein Modul aus vier Seiten – wie beschrieben – fertiggestellt haben, können Sie die Rückwand anbringen. Sie besteht aus einer 5 mm-MDF-Platte, die bereits mit einer Rückensäge zugeschnitten und oberflächenbehandelt wurde. Zum Anschrauben empfiehlt es sich, die Umrisse der 16 mm-Ränder der Wände auf die Rückseite zu zeichnen. Wenn Sie die Rückwand anschrauben, gehen Sie sicher, daß Sie die Schrauben (Spanholzschrauben 2,5 mm; Länge 17 mm) an der richtigen Stelle anbringen: 5 cm von den Rändern entfernt; alle 10 cm eine Schraube.

◀ 13. Zwei Module werden durch Bolzenschrauben miteinander verbunden. Sie bestehen aus einer Schraube mit Außen- und einer mit Innengewinde. Ein Aluminiumröhrchen wird zwischen sie in das Bohrloch gesetzt. Bohren Sie mit einem 8 mm-Aufsatz. Damit die Bohrlöcher in beiden Seitenwänden exakt gesetzt werden, spannen Sie die beiden Module mit Schraubzwingen zusammen – aber schützen Sie das Holz mit alten Holzstücken vor Druckstellen. Die Bohrlöcher für die Bolzen sollten mittig liegen, mindestens 5 cm von Unter- und Oberkante entfernt.

▼ 14. Wenn das Bohrloch fertig ist, schrauben Sie die Bolzenschrauben ein. Das Aluminiumröhrchen ist nur wenig kürzer als die Gesamtdicke der beiden Wände: 32 cm. Lassen Sie die Schraubzwingen am besten da, wo sie sind, bis die Bolzenschraubenmit dem geeigneten Instrument festgeschraubt wurden.

▲ 15. Sie wissen jetzt, wie Sie bei den anderen Modulen vorgehen müssen. Der nächste Arbeitsschritt betrifft die Türen. Sie werden mit 25 mm-Topfscharnieren an den Modulen befestigt. Für diese Art Scharnier muß man auf der Innenseite der Tür eine kreisförmige Vertiefung ausfräsen. Dazu befestigt man den Bohrer mit Forstnerbohreraufsatz auf der Werkbank in einem Bohrständer. Die Vertiefung sollte 5 mm von der Seitenkante entfernt sein und in Tiefe und Umfang den Ausmaßen des Scharniertopfs entsprechen.

▲ 16. Das Topfscharnier kann nun in die ausgefräste Vertiefung eingelassen werden. Sie sollten auch jeweils in mindestens 5 cm Abstand von der Ober- und Unterkante der Tür angebracht werden. Schrauben Sie das Scharnier mit den beiliegenden Schrauben in die Tür!

► 17. Um die richtige Position des Scharniers in der Innenwand zu finden, muß die Tür in der richtigen Höhe angesetzt werden. Die Türen sollten immer 1 mm kleiner sein als der Abstand zwischen Ober- und Unterplatte eines Moduls, damit die Tür nicht schleift. Deswegen kann ein 1 mm-Furnierblatt helfen, die Tür zu stützen und auf der richtigen Position zu halten. Dann können Sie mit einem Bleistift die Position des Scharniers in der Innenwand markieren.

▲ 18. Ziehen Sie die Bleistiftmarkierungen noch einmal mit Hilfe eines Winkels nach. So können Sie sicher sein, daß die Scharniere gerade sitzen und die Tür gerade in ihre Position zurückfällt.

► 19. Die Topfscharniere halten die Türen so in Position, daß sie bündig mit der Kantseite des Moduls abschließen. Um die richtige Tiefe für das Anbringen der Halterungen zu finden, halten Sie die Tür in der Position an die Kante, die sie einnehmen wird, wenn sie offen steht. Das Scharnier zeigt in geöffneter Position die notwendige Tiefe an: Es sind ungefähr 3 cm.

► 20. Topfscharniere haben außerdem einen eigenen Regulierungsmechanismus. Mit ein paar Schrauben können Sie den Abstand zwischen Tür und Kantseite des Moduls noch mit einem gewissen Spielraum einstellen.

► 21. Wenn die Tür zu ist, schließt sie bündig mit der Kantseite ab. Das heißt, daß sie in geschlossenem Zustand nicht abgestützt wird. Deswegen ist es ratsam, Stopper anzubringen, die die Tür auch in geschlossenem Zustand in Position halten. Unsere Plastikstopper haben zwei Nägel und werden an der Innenseite des Moduls gegenüber der Seitenwand mit den Scharnieren angebracht.

◄ 22. Wenn Sie die Türgriffe anbringen, achten Sie darauf, daß Sie einen Mindestabstand von 3 cm zur senkrechten Kantseite einhalten. Die Höhe der Griffe wählen Sie so aus, daß sie bequem zu erreichen sind. Sie sollten aber darauf achten, daß die Griffe im ganzen Schrank in einheitlicher Höhe angebracht werden.

► 23. Setzen Sie nun die Regalböden ein. Sie können die Höhe anhand der Bohrlöcher wählen, die Sie an den Seiten gebohrt haben. Setzen Sie die Metallstifte an die gewünschte Position und legen Sie die Regalböden darauf. Wichtig ist, daß die 16 mm-MDF-Regalböden etwa 1 mm schmaler sind als die Ober- und Unterplatte des Moduls, sonst schleifen sie.

▲ 24. Auch für die Schubladen nehmen Sie 16 mm-MDF-Platten. Vier Platten werden an ihren Stirnseiten durch eine Falzverbindung miteinander verbunden. Dazu kommt ein Boden aus einer 5 mm-MDF-Platte. Wenn all diese Bauteile in den angegebenen Größen zurechtgeschnitten sind, sägen Sie mit einer Kreissäge die Stirnseiten der Vorderplatte auf 16 mm ein.

▲ 25. Dann drehen Sie die Platte um 90° und sägen von der Vorderseite 11 mm tief mit der Kreissäge. Der entstehende Falz muß breit genug für die Seitenteile sein, die hineingeleimt und -genagelt werden. Die beiden Seitenteile werden ebenfalls mit der Kreissäge bearbeitet: Sie erhalten jeweils an einem ihrer beiden Enden Falze in der gleichen Größe.

▲ 26. Wenn die Falze gesägt sind, wird mit der Kreissäge die Nut für den Boden gesägt. Sie wird 8 mm tief und 5 mm breit. Das Vorderteil und die beiden Seitenteile erhalten diese Nut. Da die Seitenteile schmaler sind als das Vorderteil, sägen Sie hier in 8 mm Abstand von der Kantseite. Beim Vorderteil sägen Sie die Nut in 23 mm Abstand von der Kantseite.

▲ 27. Nun verleimen und vernageln Sie die Schubladenteile auf der Werkbank. Schlagen Sie die 25 mm langen Nägel auf den Seitenteilen erst zur Hälfte ein – in einem Mindestabstand von 5 mm zum Rand. Damit Sie sichergehen können, daß die Nägel korrekt in die Stirnseite des Vorderteils eindringen, ziehen Sie sich mit dem Streichmaß eine Hilfslinie.

► 28. Sind die Nägel zur Hälfte eingeschlagen, streichen Sie mit Hilfe eines Pinsels die beiden zu verklebenden Oberflächen mit Holzleim ein – sowohl den Falz auf der Vorderseite als auch die Enden der beiden Seitenteile.

▶ 29. Beim Verleimen müssen Sie darauf achten, daß die Nut an allen drei Teilen gleichmäßig ineinander übergeht. Sollte es eine Unregelmäßigkeit geben, können Sie den Boden nicht einsetzen. Daher müssen Sie beim Verleimen mit äußerster Sorgfalt vorgehen!

▲ 30. Mit der Rückseite werden die Seitenteile anders verbunden als mit der Vorderseite. Das liegt daran, daß auf die Vorderseite mehr Zugkräfte wirken. Die Rückseite wird in die Falze geleimt und genagelt, die sich an den Enden der Seitenteile befinden. Klemmen Sie dabei die Rückwand mit einer Schraubzwinge fest, bis der Leim getrocknet ist. So können Sie auch sicherer nageln.

▶ 31. Wenn die Verleimungen an der Schublade getrocknet sind, können Sie den Boden, die 5 mm-MDF-Platte, von der Rückseite her einschieben. Das geht sehr leicht, weil die Rückseite schmaler ist als die Seitenteile und die Vorderseite, und weil sie keine Nut hat.

◀ 32. Der Boden wird mit vier 2 cm langen Stiften an die Rückseite angenagelt. Dies ist die einzige Seite, an der der Boden auf der Kante einer Schubladenseite liegt. Dabei halten Sie einen Abstand von ca. 10 cm zwischen den Nägeln. Vergessen SIe nicht, an der Vorderseite einen Griff für die Schublade anzubringen.

▼ 33. Sägen Sie nun die Führungsleisten für die Schubladen (Querschnitt: 1,5 x 1,5 cm) auf eine Länge von 38 cm zurecht. Das erste Paar Führungsleisten wird direkt am Boden des Moduls angebracht. Dann setzen Sie die erste Schublade ein, markieren mit 1 mm-Furnierblättern einen kleinen Abstand und setzen das zweite Paar Führungsleisten darauf. So finden Sie die richtige Position für die Führungsleisten.

Die Führungsleisten werden mit jeweils vier 2,5 cm langen Schrauben angebracht. Bohren Sie die geeigneten Bohrlöcher und bringen Sie die Leisten an!

▼ 34. Nun können Sie alle fertigen Module mit Bolzenschrauben zusammensetzen, wie wir es bereits beschrieben haben. Sie erhalten ein sehr großes Möbelstück, in das Sie sehr viel Arbeit investiert haben! Dafür stellt Ihnen dieser Schrank viel Platz zur Verfügung: sowohl Regalflächen als auch verschließbaren Raum hinter Türen und in Schubladen.

◄ 35. Nach dem gleichen Modulprinzip können Sie auch andere Möbel bauen. Sie haben viele Möglichkeiten, diese Bauanleitung nach Ihren Wünschen und Bedürfnissen zu verändern. Wir gingen hier davon aus, daß ein solches Möbelstück die ganze Wand eines Raumes ausfüllen kann.

Futonbett

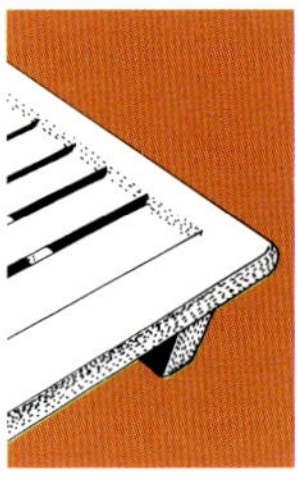

Für dieses Bett brauchen Sie sehr große Bauteile. Deshalb lassen Sie sich die Holzleisten und Kanthölzer am besten vom Baumarkt zurechtschneiden und glatthobeln. Dort hat man dafür die geeigneten Maschinen. Wenn man ein solch großes Werkstück plant, muß man bedenken, welche Ausmaße Rohholz zuläßt, so, wie es aus dem Sägewerk geliefert wird. Wir verwenden für das Futonbett rotes Kiefernholz, das in allen erdenklichen Schnittholzgrößen erhältlich ist.

▲ Fertiges Futonbett

▼ Ansicht der Stirnseite mit Verbindungselementen

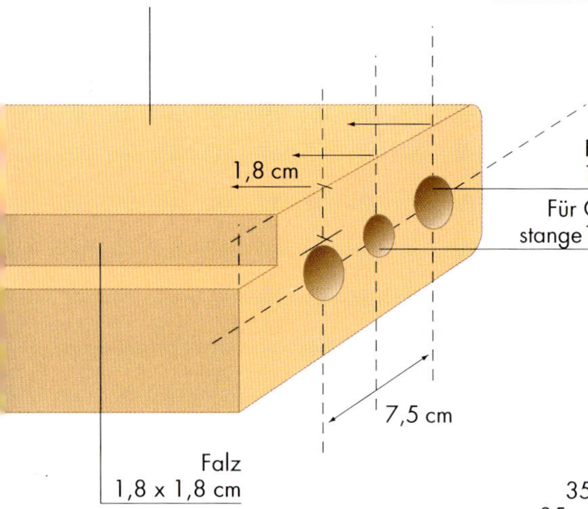

▼ Fuß

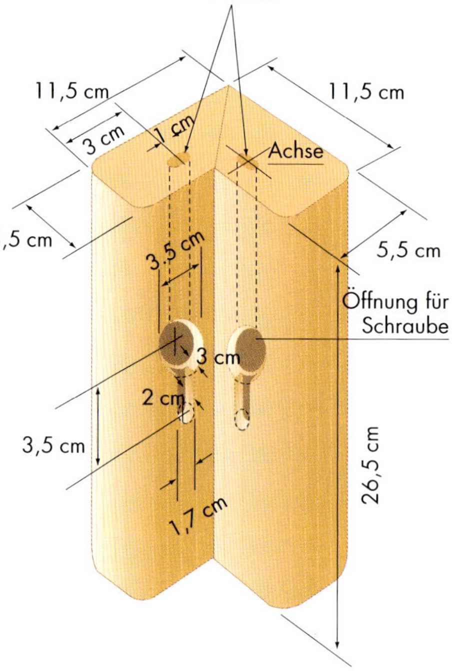

▶ Detailansicht: Verbindung von Längs- und Querstrebe auf Gehrung

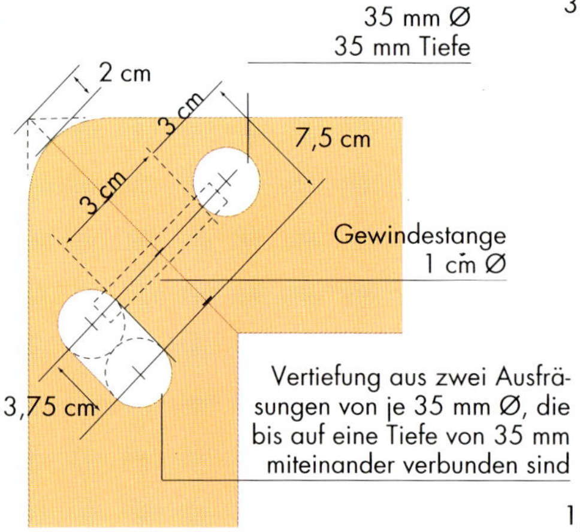

▶ Verbindung zwischen Fuß und Bettgestell

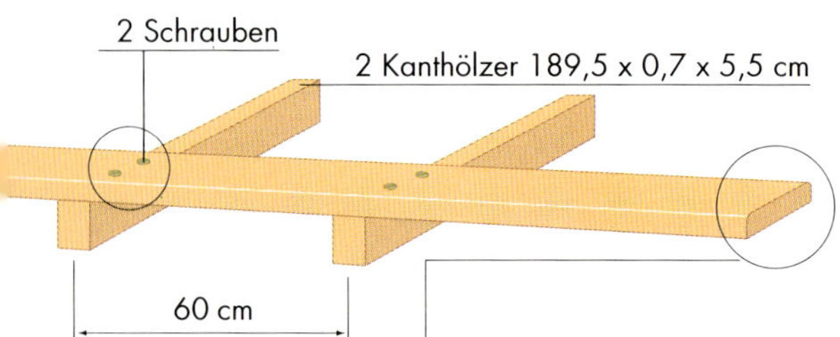

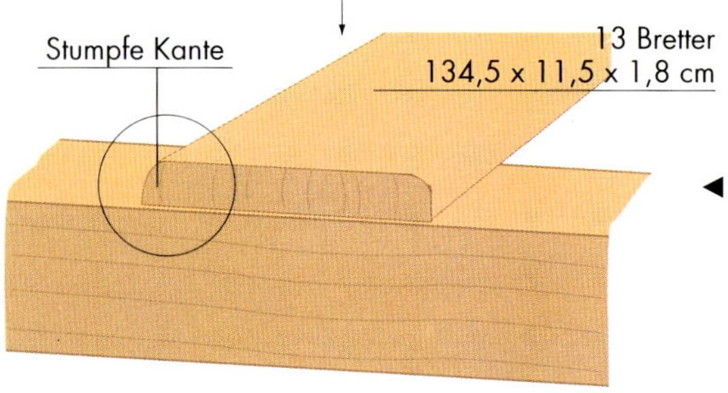

◀ Lattenrost

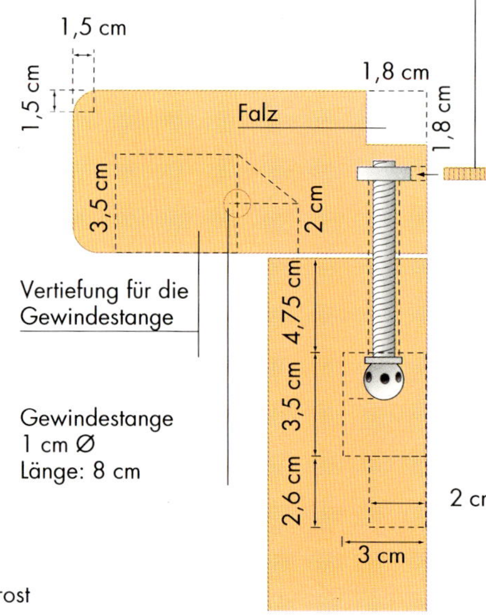

SIE BRAUCHEN:

- Rotes Kiefernholz, zurechtgeschnitten und glattgehobelt auf folgende Größen:
  2 Kanthölzer 214 x 11,8 x 5,7 cm
  2 Kanthölzer 154 x 11,8 x 5,7 cm
  8 Kanthölzer 26,5 x 5,5 x 11,5 cm
  13 Bretter 134,5 x 11,5 x 1,8 cm
  2 Kanthölzer 189,5 x 7 x 5,5 cm
- 2 Stahlverstärkungen von 0,5 cm Dicke als Halterungen für Kanthölzer (s. Abb.)
- 12 Rundkopfschrauben; Länge: 3 cm; Durchmesser: 0,5 cm
- 8 Zylinderschrauben; Länge: 9 cm; Durchmesser: 1 cm ; mit passenden rechteckigen Muttern
- 4 Gewindestangen; Länge: 8 cm; Durchmesser: 1 cm ; mit 2 Muttern und 2 Unterlegscheiben,
- 8 Hartholzdübel (Buche); Länge: ca. 3 cm ; Durchmesser: ca. 1 cm
- 52 Senkschrauben; Länge: 3 cm; Durchmesser: 0,8 cm
- Abfallholz aus Leisten und Platten als Stützen für die Füße
- Weißer Holzleim
- Baumwollappen
- Aluminiumwolle zum Polieren
- Feines Schleifpapier für elektrische Schleifmaschine
- Wasserlösliche Lasur Ihrer Wahl
- Klarlack
- Wachs

▼ Stahlverstärkung für die Kanthölzer, die den Lattenrost halten

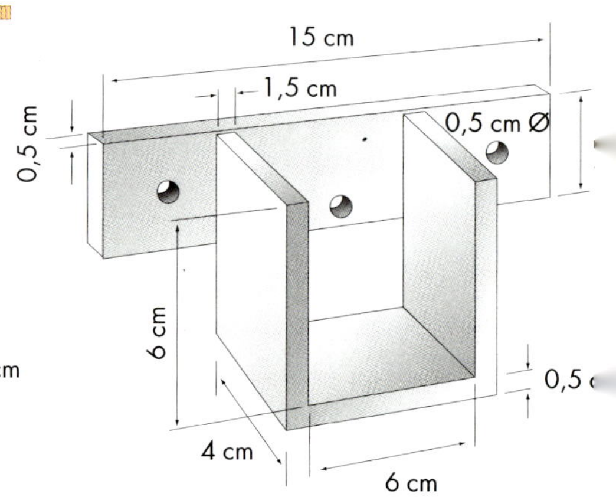

► 1. Zuerst bauen Sie das Bettgestell. Dieses setzt sich aus zwei Längsstreben (11,8 cm x 5,7 cm; Länge: 2,14 m) und zwei Querstreben (11,8 cm x 5,7 cm; Länge: 1,54 m) zusammen. Die Bauteile sollten schon fertig gehobelt und zurechtgeschnitten sein.

Die vier Streben bilden das Bettgestell. Sie müssen an der Seite einen 1,8 cm breiten Falz haben, damit der Lattenrost aufliegen kann.

▼ 3. Nachdem Sie alle Fälze ausgesägt haben, gleichen Sie die Stirnseiten der Längs- und Querstreben an. Sie müssen im rechten Winkel liegen, und die Längen der Streben müssen exakt stimmen. Sollten die Kanthölzer unregelmäßig sein, sägen Sie sie mit der Kreissäge auf die richtige Länge, dann haben Sie auch keine Probleme, wenn Sie hinterher die Gehrungen aussägen.

◄ 2. Mit einer Gehrungskreissäge sägen Sie einen Falz von 18 x 18 mm in beide Längs- und Querstreben. Mit Hilfe der Führungsleiste an der Kreissäge können Sie den Falz sehr exakt aussägen. Nachdem Sie eine Seite gesägt haben, drehen Sie das Werkstück um.

◀ 4. Für die Arbeit mit der Gehrungskreissäge benutzen Sie am besten ein Sägeblatt aus Widia-Stahl mit einem Zahnlückenabstand von 5 mm. Diese Sägeblätter erzeugen einen sehr sauberen und glatten Schnitt auf dem Hirnholz. Die Geschwindigkeit, mit der Sie die Säge durch das Holz ziehen, hat übrigens einen großen Einfluß auf das Sägeergebnis: Je langsamer Sie das Sägeblatt durch das Holz ziehen, desto sauberer wird der Schnitt. Allerdings ist die Reibung dann größer, und das Holz kann ansengen.

▶ 5. Wenn Sie mehrere 90°-Schnitte in gleichem Abstand voneinander mit der Gehrungskreissäge machen müssen, können Sie den Stopper benutzen, der Bestandteil der Maschine ist. In unserem Beispiel ist das sinnvoll, wenn Sie die Füße aussägen. Diese haben den gleichen Holzquerschnitt wie die Streben des Gestells, sind aber alle nur 26,5 cm lang. Der Stopper garantiert, daß Sie alle Teile auf die gleiche Länge sägen.

▼ 6. Bevor Sie die Füße mit dem Gestell verbinden, müssen ihre Kanten abgerundet werden. Runden Sie alle Kanten ab, an denen Sie sich verletzen könnten, wenn das Möbelstück fertig ist.

Erst markieren Sie mit einem Bleistift auf jeder Seite der scharfen Kante, bis wohin Sie abrunden wollen. In unserem Beispiel sind das 1,5 cm. Am sichersten ziehen Sie die Linien mit einem Steichmaß. Mit ein bißchen Übung funktioniert das aber auch mit einer sicheren Fingerführung.

▶ 7. Schrägen Sie die Kanten jetzt mit einem Hobel ab. Hobeln Sie die Kanten auf einen Winkel von 45°, aber gehen Sie dabei nicht über die Markierungen hinaus! Um diese Arbeit so präzise wie möglich ausführen zu können, muß das Werkstück an der Werkbank festgespannt werden!

▲ 8. Jetzt runden Sie die Schrägkante mit dem Hobel ab. Dazu müssen Sie das Werkzeug sehr gut unter Kontrolle haben. Hobeln Sie immer in Faserrichtung , immer rund um die Schrägkante herum. Sie wird mit der Zeit immer runder. Die Feinarbeiten können Sie zum Schluß mit dem Hobelmesser machen, dann gestalten Sie die Rundung perfekt.

▲ 9. Wenden Sie sich nun wieder dem Bettgestell zu: Um Längs- und Querstreben miteinander im 90°-Winkel zu verbinden, müssen Sie die noch rechtwinklig geschnittenen Stirnseiten der Holzstücke auf Gehrung schneiden. Dazu nehmen Sie die Gehrungskreissäge.

▲ 10. Bevor Sie die Gehrungen aussägen: Markieren Sie die Linie mit einem Bleistift! Dann wissen Sie, an welcher Stelle Sie die Säge ansetzen müssen. Außerdem haben Sie besser im Blick, ob die Gehrung exakt wird.

► 11. Auch die Füße müssen auf Gehrung geschnitten werden. Das ist im Prinzip einfach; aber hier können Sie die Kreissäge nicht benutzen. Spannen Sie den Fuß in die Werkbank ein und markieren Sie mit einem Bleistift den 45°-Winkel auf der Stirnseite. Sägen Sie mit einem Fuchsschwanz; er erlaubt bei diesem Arbeitsgang die größtmögliche Präzision.Wichtig ist, daß der 45°-Winkel an der äußeren Ecke eine exakte Spitze hat.

◀ 12. Nun hobeln Sie die entstandene Schrägkante ab. Dann können Sie sicher sein, daß die Oberfläche glatt ist. Und nur in diesem Fall können Sie – vorausgesetzt, das andere Teil ist ebenso glattgehobelt – eine perfekte 90°-Verbindung auf Gehrung herstellen.

▼ 14. Die Streben für das Bettgestell werden mit Metallelementen verbunden. Deshalb müssen für die Schrauben und Bolzen Bohrlöcher gebohrt werden.

Suchen Sie erst die Längsachse auf jeder der Schrägkanten. Ein Streichmaß hilft dabei, genau die Mitte zu finden und die Stirnseiten der Streben zu markieren. Alle vier Längs- und Querstreben müssen an ihrer Stirnseite markiert werden!

◀ 13. Jeder der vier Füße besteht aus zwei Kanthölzern. Um diese, die ja schon korrekt auf Gehrung zurechtgeschnitten sind, aneinanderzuleimen, müssen wir uns eine Hilfskonstruktion bauen, da es für diese Holzstärke keine Parallelschraubzwingen gibt. Spannen Sie die Holzstücke nach dem Leimen mit zwei Schraubzwingen wie in der Abbildung zusammen. Schützen Sie dabei die Füße mit alten Holzlatten.

► 15. Mit einem Winkel markieren Sie die Mitte der Schrägkante. 3,75 cm von jeder Seite der Mittellinie entfernt zeichnen Sie zwei Hilfslinien ein. Der Abstand zwischen den Hilfslinien beträgt also 7,5 cm. Die nun insgesamt drei Hilfslinien zeigen die Punkte, an denen die Löcher für die Dübel (äußere Markierungen) und die Schraube (Mittelpunkt) gebohrt werden.

▼ 17. Auf den Querstreben bringen Sie zusätzlich noch ein zweites Loch an. Orientieren Sie sich dabei an der inneren Hilfslinie. In 3 cm Abstand bohren Sie ein Loch wie das erste, aber nur 2 cm tief. Verbinden Sie die beiden Löcher, indem Sie mit einem Stechbeitel die Zwischenräume ausstemmen. Sie sollten zum Schluß nur noch eine ovale Öffnung haben. Das vergrößerte Loch ermöglicht eine bessere Handhabung der Werkzeuge, mit denen Sie die Mutter festdrehen.

► 16. Legen Sie Längs- und Querstrebe an ihren Ecken aneinander und übertragen Sie die Markierungen, die Sie an einer Strebe gemacht haben, auf die andere. Dies geschieht jeweils an der Unterseite, also dort, wo der Falz nicht verläuft! Messen Sie von der Schrägkante 3 cm der Mittellinie ab. Dort setzen Sie den 35 mm-Forstnerbohrer an. Am besten benutzen Sie eine Bohrwinde für diesen Arbeitsgang. Bohren Sie auch 35 mm tief. So verfahren Sie mit allen Längs- und Querstreben.

▲ 18. Auf allen Schrägkanten bohren Sie nun die Löcher für die Dübel und und die Gewindeschrauben. Für die Dübellöcher brauchen Sie einen 16 mm-Bohrer und für die Schraubenlöcher einen 10 mm-Bohrer. Setzen Sie ihn jeweils an den Kreuzungen zwischen Hilfslinien und Längsachse an! Ob Sie mit dem Handbohrer oder mit der Maschine bohren: Achten Sie darauf, daß Sie immer im rechten Winkel zur Schrägkante bohren!

► 19. Fassen wir noch einmal zusammen: Die Verbindungen des Bettgestells bestehen aus einem runden Loch in jeder Längsstrebe und einem ovalen Loch in jeder Querstrebe. Zwei 10-mm-Hartholzdübel aus Buche sind in ihren Löchern verleimt und ragen jeweils 1,5 cm aus der Stirnseite heraus. Außerdem haben wir noch eine Gewindestange von 10 mm Durchmesser und 8 cm Länge mit zwei Muttern und Unterlegscheiben.

▼ 20. Jetzt können Sie das Bettgestell zusammensetzen. Setzen Sie die Gewindeschraube und die Dübel in ihre entsprechenden Löcher ein und ziehen Sie die Mutter mit dem Schraubenschlüssel in dem ovalen Loch fest. Die gegenüberliegende Mutter in dem kleinen Loch müssen Sie dabei gegenhalten. Haben Sie alle Streben zusammengeschraubt, runden Sie noch die Kanten ab, damit Sie sich später nicht an den Beinen verletzen.

▼ 21. Die Beine werden auf eine ähnliche Art mit dem Gestell verbunden. Markieren Sie die Längsachse des inneren Fußteils. In 6,5 cm Höhe der Mittellinie bohren Sie ein Loch von 35 mm Durchmesser und 30 mm Tiefe. 35 mm weiter oben auf der Mittellinie – also 10 cm von der Stirnseite entfernt – setzen Sie noch einmal den Forstnerbohrer an, dieses Mal mit einem 17 mm-Aufsatz. Mit ihm bohren Sie 2 cm tief. Verbinden Sie die beiden Bohrlöcher mit einem Stechbeitel. In diese Vertiefung setzen Sie eine Zylinderschraube von 9 cm Länge und 1 cm Durchmesser. Sie verbindet die Füße mit dem Bettgestell. Wiederholen Sie diesen Arbeitsgang an allen vier Füßen. Sie setzen also 8 Zylinderschrauben ein; zwei an jedem Fuß.

▼ 22. Vorher müssen Sie natürlich die Löcher für die Zylinderschrauben bohren, und dann die Stelle herausfinden, an denendie Zylinderschrauben in das Bettgestell eindringen. Stellen Sie die Füße in der Position auf das Bettgestell, in der sie hinterher angebracht werden sollen. Dazu legen Sie das Bettgestell mit der Unterseite nach oben auf den Boden und plazieren die vier Füße auf die inneren Ecken. Wie im Bild halten Sie einen Schraubenschlüssel auf die Schraube und hämmern kurz darauf. Diese Schraube markiert dann die gesuchte Stelle.

▲ 23. Bohren Sie die Löcher tief genug für die Schrauben, aber nicht tiefer. Dann stemmen Sie an den Kantseiten des Gestells rechteckige Vertiefungen aus, in die Sie die rechteckigen Muttern einlassen. Sobald die Mutter an ihrem Platz sitzt, wird diese Vertiefung mit einem kleinen Holzstück verschlossen und verleimt. Benutzen Sie zum Ausstemmen einen Beitel von 5–6 mm Breite. Stemmen Sie so tief, bis die Muttern hineinpassen, und die Schrauben, die in die Bohrlöcher gelassen werden, in die Mutter greifen können.

▲ 24. Um die rechteckige Mutter für die Zylinderschraube vollkommen unbeweglich zu machen, leimt man sie fest. Dazu schneidet man ein kleines Holzstückchen so zurecht, daß es genau in die Vertiefung paßt. Es wird mit Leim bestrichen und hinter der Mutter in die Vertiefung gesteckt. Erst, wenn der Leim getrocknet ist, schaben Sie die überstehenden Holzreste mit einem Beitel ab. Dann hobeln Sie die Oberfläche glatt.

► 25. Die Bretter für den Lattenrost lassen Sie am besten von einem Fachmann zurechtschneiden, hobeln und auf die gleiche Länge sägen. Ihre Einkaufsliste für den Baumarkt:

13 Bretter 11,8 x 1,8 cm; Länge: 134,5 cm.

2 Längsstreben7 x 5,5 cm; Länge: 189,5 cm

Die 13 Bretter werden in gleichen Abständen über die Längsstreben verteilt. Die beiden schmalen Längsstreben werden anhand einer gedachten Mittelachse ausgerichtet. Der Abstand zwischen ihnen beträgt 60 cm.

► 26. Die Bretter des Lattenrostes sollen mit dem Bettgestell bündig abschließen. Dann kann man gefahrlos eine Matratze auf das Bett legen. Daher ist es wichtig, daß auch die Metallstützen, welche die mittleren Längsstreben am Gestell befestigen, in der richtigen Höhe angebracht werden.

◄ 27. Jetzt ist das Bett fertig gebaut, und es fehlt nur noch die Endbehandlung. Wir tragen in diesem Beispiel eine dunkle Lasur auf. Dazu müssen Sie zuerst das ganze Bett wieder auseinander nehmen. Jedes einzelne Teil wird mit sehr feinem Schleifpapier abgeschliffen. Benutzen Sie dazu eine Schleifmaschine mit Endlosschleifpapier! Damit dies gut gelingt, spannen Sie die Werkstücke in die Werkbank ein.

◄ 28. Wir verwenden in unserem Beispiel eine Nußbaumlasur aus Pulver, das erst in Wasser gelöst wird. Es gibt viele verschiedene Arten von Lasuren. Wählen Sie selber, welche Lasur Sie auftragen möchten!

► 29. Tragen Sie die Lasur mit einem breiten Pinsel auf. So können Sie schnell streichen, denn die Lasur trocknet relativ schnell. Ziehen Sie beim Streichen von Holz stets Handschuhe an! Holzfarben sind wasserfest und schwer von der Haut zu entfernen!

► 30. Wenn die Lasur getrocknet ist, versiegeln Sie die Poren mit Klarlack. Verwenden Sie einen Baumwollappen, dann können Sie am besten eine dünne und gleichmäßige Lackschicht auftragen. Bewegen Sie den Lappen immer in Faserrichtung und drücken Sie ihnleicht auf das Holz, damit der Lack gut eindringt.

► 31. Sobald der Klarlack getrocknet ist, polieren Sie die Oberflächen mit Aluminiumwolle. Dadurch werden alle Unregelmäßigkeiten, Lackspuren usw. wieder ausgeglichen. Mit Aluminiumwolle können Sie sehr fein polieren.

Dann reiben Sie die Oberfläche mit Wachs ein. Nehmen Sie dazu wieder einen Baumwollappen. Nach der Wachsbehandlung sollten alle Flächen gleichmäßig dunkel glänzen.

◄ 32. Wenn das Wachs trocken ist, wienern Sie ein letztes Mal mit einem sauberen, weichen Baumwollappen nach, bis alle Teile in einem schönen, dunklen Ton einen diskreten, aber eleganten Glanz haben. Da die Werkbank für so viele Teile nicht genug Platz bietet, können Sie die Holzteile für die Endbehandlung auch auf gewöhnlichen Böcken ausbreiten.

Schachtischchen

Bei dem Bau dieses Schachtischchens lernen Sie eine ganz besondere Form der Einlegearbeit kennen. Durch die spezielle Anordnung der Furnierblätter erhalten Sie die Oberfläche des Schachbretts, die dieser Tischlerarbeit eine besondere Note verleiht.

Außerdem lernen Sie hier auch, mit Kontaktkleber umzugehen. Dieser Klebstoff spielt beim Bau des Schachtischchens eine wichtige Rolle.

▶ Fertiges Schachtischchen

SIE BRAUCHEN:

- 3 mm starke Furnierblätter aus hellem Holz (für 32 Quadrate à 4 x 4 cm),
- 3 mm starke Furnierblätter aus dunklem Holz (für 32 Quadrate à 4 x 4 cm),
- 3 mm Furnierblätter aus Ahornholz (für 4 Rechtecke à 11,5 x 56 cm),
- Abfallholz, um die Schablonen für die Furnierblätter herzustellen
- Eine Melaminharzplatte, ca. 1 x 1 m,
- 4 8mm breite Einlegestreifen; Länge: 70 cm
- 3 mm Sperrholzplatte für die Schablonen (rechteckige Platte; ca. 70 x 60 cm),
- 19 mm-MDF-Platte für die Herstellung folgender Teile:
  2 Quadrate 52,2 x 52,2 cm;
  4 Rechtecke 10 x 56 cm;
  die Teile, die anhand von Schablonen ausgeschnitten werden
- 4 Kiefernholzleisten 6,2 x 1,5 x 52,2 cm für die Streben
- 6 Kiefernholzleisten 3 x 0,8 x 80 cm,
- 4 Klötze aus Buchenholz 4 x 4 x 7 cm,
- Buchenholzplatten für die Schubladen
- 4 mm-Sperrholzplatte, 2 Stück à 18,6 x 26,3 cm (für Schubladenboden),
- 2 Griffe für die Schubladen
- Naturbeize

▼ Vorderseite der Schublade

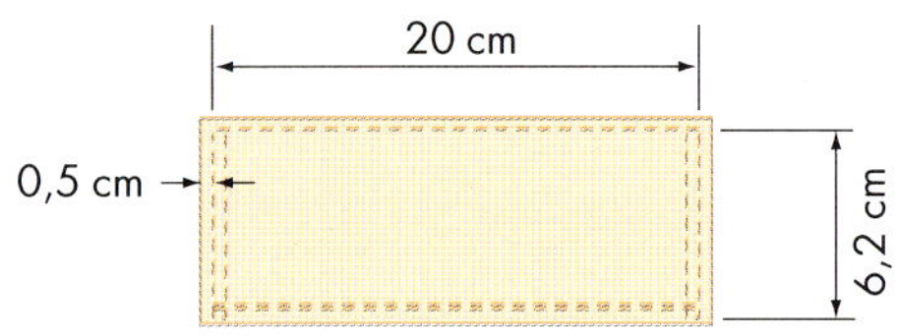

▼ Rückseite der Schublade

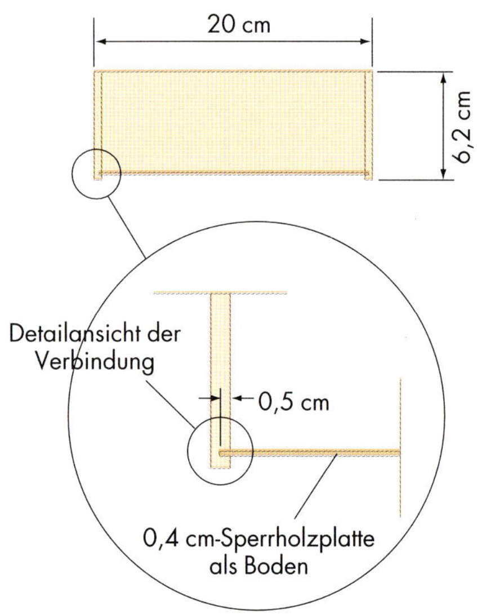

▼ Unterseite der Schublade

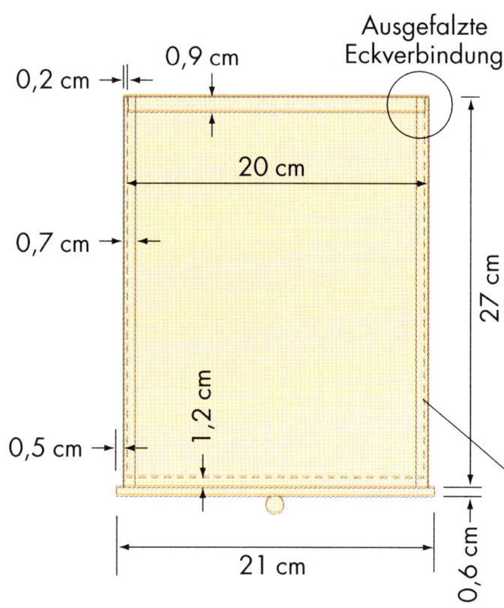

▶ Detailansicht Fuß

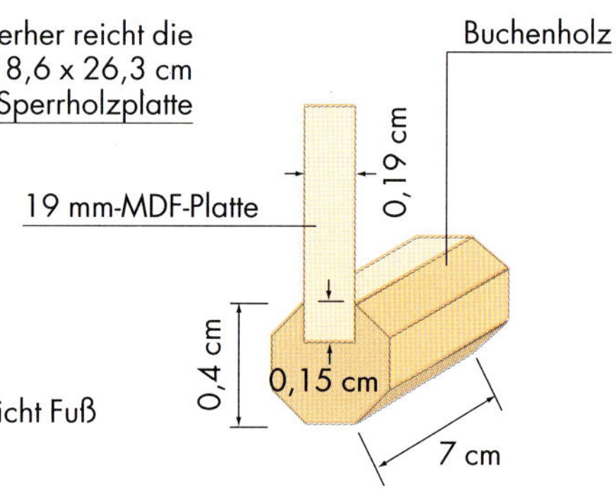

▼ Vorder- und Seitenansicht

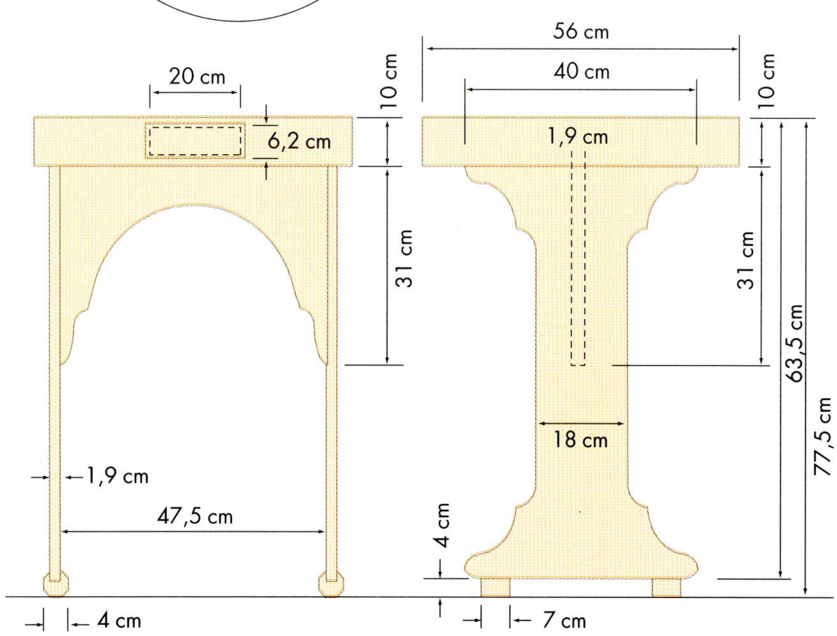

▼ Schachbrett-Tischplatte

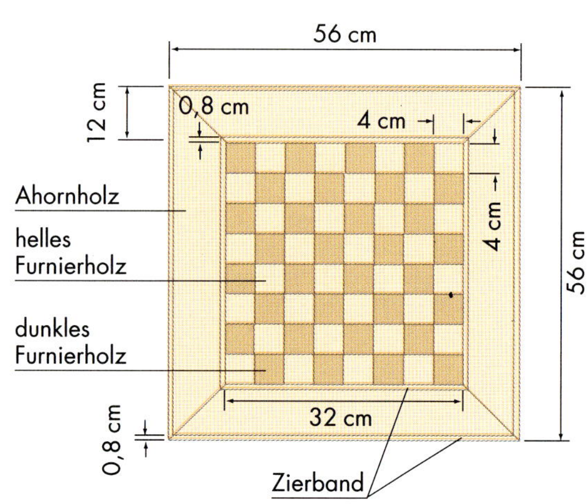

▲ 1. Zuerst stellen Sie die sichtbare Oberfläche des Schachtischchens her. Sie haben zwei große Furnierblätter aus hellem und dunklem Holz. Die Holzarten können Sie frei wählen. Diese Furnierblätter sind ungefähr 3 mm dick. Achten Sie beim Kauf darauf, daß die Furnierflächen fehlerfrei sind

► 2. Um die Furnierblätter auf exakt 4 cm breite Streifen zu schneiden, schneiden Sie diese mit einer scharfen Klinge, z.B. mit einer Zahnhobelklinge. Eine 4 cm breite Holzleiste dient als Führungslinie. Damit Sie exakt schneiden und nicht verrutschen, spannen Sie Furnierblatt und Leiste mit zwei Schraubzwingen fest.

► 3. Jetzt müssen Sie die 4 cm breiten Furnierstreifen in 4 cm lange Quadrate schneiden. Dafür können Sie aus einem Reststück einer MDF-Platte eine Schablone bauen. Fräsen Sie eine Nut ein, die ein bißchen breiter ist als 4 cm und die als Führungslinie dient. Machen Sie alle 4 cm eine Markierung und schneiden Sie, indem Sie eine Hobelklinge ansetzen und mit dem Hammer die Furnierstreifen durchtrennen. So bekommen Sie saubere Schnitte, ohne daß das Holz splittert.

▼ 4. Sie brauchen 64 Quadrate, 32 von jeder Sorte Furnierholz. Die ordnen Sie jetzt schachbrettartig an. Nehmen Sie die Melaminplatte als Grundfläche und legen Sie einige Streifen gummiertes Papier oder Klebestreifen darauf. So können Sie die quadratischen Furnierblätter abwechselnd aufkleben. Arbeiten Sie dabei sorgfältig und achten Sie darauf, daß keine Lücken zwischen den Quadraten entstehen!

▼ 5. Wenn Sie mit dem Schachbrettmuster fertig sind, können Sie es – dank der Klebestreifen – an einem Stück nehmen und umdrehen. Befestigen Sie jetzt auch noch die 8 mm breiten Zierleisten auf die gleiche Art. Diese Zierleisten können Sie im Baumarkt kaufen. Sie sollten an den Enden auf 45° abgeschnitten werden. Bevor Sie diese aufkleben, schneiden Sie die Ecken so, daß sie schön abschließen.

▲ 6. Zum Schluß erhalten Sie eine Oberfläche von 56 x 56 cm ohne die Klebestreifen (diese sieht man nicht, weil Sie die Fläche auf der Rückseite zusammenkleben); Die Seite mit den Klebestreifen wird jedoch hinterher die Oberseite.

▲ 7. Das Tischchen setzt sich zusammen aus einer insgesamt 10 cm tiefen Tischfläche, vier Füßen, die an den Enden der Tischbeine sitzen, zwei Schubladen, zwei Tischbeinen und einem waagerechten Verbindungsstück. Diese letzten drei Teile bestehen aus 19 mm-MDF-Platten und werden mit Schablonen ausgeschnitten.

◀ 8. Da die Seitenteile und das waagerechte Verbindungsstück symmetrische Formen haben, reicht es , halbe Schablonen herzustellen. Diese legen Sie dann zweimal auf das Holz, das Sie markieren wollen – einmal richtig herum, einmal seitenverkehrt. So bekommen Sie absolut symmetrische Bauteile.

▼ 9. Wenn Sie alle Formen von den Schablonen auf das Holz übertragen haben, sägen Sie die Formen auf der Werkbank mit einer Stichsäge aus. Mit der Stichsäge können Sie am besten die Kurven schneiden.

▼ 10. Jetzt bereiten Sie die 10 cm tiefe Tischfläche vor. Dazu brauchen Sie zwei gleichgroße, quadratische MDF-Platten von 19 mm Dicke und einem Format von 52,2 x 52,2 cm. Um die erforderliche Dicke zu erhalten, nehmen Sie vier Kiefernholzstreben im Format 6,2 x 1,5 cm und in der Länge 52,2 cm. Zwei bringen Sie an den Rändern an und zwei in der Mitte mit einem Zwischenraum von 20 cm für die Schubladen.

▲ 11. Leimen Sie die Leisten auf die MDF-Platte. Dann nageln Sie sie mit 1,8 mm-Nägeln fest. Damit Sie die Leisten von oben richtig treffen, zeichnen Sie sich einige Hilfslinien auf die Platte, und zwar an die Stellen, unter denen die Streben liegen.

▲ 12. Jetzt brauchen Sie noch die Seitenverkleidung für die Tischfläche. Sägen Sie dazu vier Bretter aus der 19 mm-MDF-Platte in 56 cm Länge und 10 cm Breite. Die Enden werden mit der Gehrungskreissäge auf Gehrung geschnitten, so daß die Verbindung so unauffällig wie möglich wird.

► 13. Die Vorder- und die Rückseite müssen ausgesägt werden, um Platz für die Schubladen zu schaffen.Der Spalt sollte absolut mittig liegen und 20 x 6,2 cm messen.

▲ 14. Wenn alle Tischflächenelemente miteinander verbunden sind, werden die Nagelköpfe mit dem Nagelversenker versenkt, und die dabei entstandenen Lücken werden mit Holzkitt verschlossen. Kitt aus Holzleim ist nicht empfehlenswert, da der Leim in Kontakt mit Metall keine Wirkung zeigt.

► 15. Nehmen Sie Kontaktkleber, um das Schachbrettmuster aufzukleben. Tragen Sie ihn so gleichmäßig wie möglich auf. Beide zu verklebende Oberflächen müssen mit Klebstoff eingestrichen werden. Wir fangen bei der Tischfläche an.

◀ 16. Die furnierte Oberfläche mit dem Schachbrettmuster muß auch vollständig und gleichmäßig mit Klebstoff bestrichen werden. Das sollte recht schnell geschehen, damit der Klebstoff gleichmäßig an beiden Oberflächen antrocknen kann. Der Klebstoff ist geeignet zum Zusammenkleben, wenn Sie mit dem Finger die klebrige Fläche berühren und der Klebstoff keine Fäden mehr zieht.

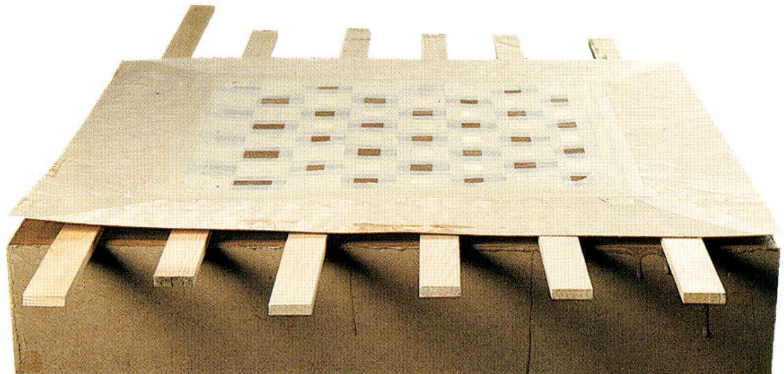

▲ 17. Um die furnierte Fläche möglichst exakt auf die Tischplatte zu kleben, behelfen Sie sich mit ein paar Latten (ca. 3 x 0,8 cm), die Sie zwischen Tischplatte und Schachbrettfläche legen. So haben Sie Zeit, die Furnierfläche genau auf der Platte zu positionieren.

◀ 18. Wenn die beiden Oberflächen exakt aufeinanderpassen, können Sie die Leisten nach und nach entfernen. Mit einem Hammer streichen Sie dann über die Flächen, die gerade in Kontakt kommen, und drücken Sie fest zu.

▼ 20. Bevor Sie die Tischbeine anbringen, feilen Sie deren Kanten mit einer Feile rund. Dann markieren und setzen Sie die Bohrlöcher von 1 cm Durchmesser und ebensolcher Tiefe. Dort stecken Sie die profilierten 2 cm langen Dübel ein, die 1 cm aus dem Holz herausragen. Das waagerechte Verbindungsstück wird mit jeweils drei Dübeln an den Längsachsen der Tischbeine befestigt. Die Dübel halten einen Mindestabstand von 2,5 cm zu den Kantseiten.

▶ 19. Wenn die Furnierfläche fest auf der Tischfläche klebt, können Sie die Klebstreifen entfernen, die das Schachbrett bislang zusammengehalten haben. Falls von den äußeren Furnierplatten ein Rest überstehen sollte, feilen Sie ihn mit einer Feile ab. So können die Furnierblätter nicht splittern.

◀ 21. Die Tischbeine werden in der Mitte der Tischfläche angebracht. Nehmen Sie Ihre Hilfslinien zur Unterstützung, wenn Sie die Mittelachsen suchen. Die Tischbeine sollten parallel zu den Schubladenführungen stehen.

▶ 22. Die Tischbeine bekommen Aufsätze aus Buchenholz. Diese verhindern, daß Feuchtigkeit an die MDF-Platten gelangt. Die 7 cm langen Buchenholzklötze schneiden Sie aus 4 x 4 cm-Leisten. Feilen Sie deren Kanten schräg ab.

▼ 23. Die vier Bestandteile der Schublade bestehen aus Buchenholz. Sie werden durch eine überfalzte Verbindung miteinander verbunden. Dann werden die Bauteile geleimt und vernagelt. Der Boden besteht aus einer 4 mm starken Sperrholzplatte mit den Maßen 18,6 x 26,3 cm.

Der Boden wird in eine 5 mm breite und tiefe Nut an der Vorderplatte und den Seitenwänden der Schublade geschoben und mit der Rückwand vernagelt.

▶ 24. So können Sie ein dekoratives Tischchen mit Schachbrettmuster bauen. Zur Endbehandlung schlagen wir eine farblose Beize vor. Sie verändert die Farbe der Bauteile nicht, aber sie hebt die Farbunterschiede hervor. Dadurch kommt das Schachbrettmuster besonders schön zur Geltung. Tragen Sie mindestens zwei Schichten Beize auf!

Eisenbahn

Für die Eisenbahn wenden wir Techniken an, die typisch sind für das Verleimen und die Behandlung von kleinen Flächen. An den vielen Holzteilen kann man außerdem die unterschiedlichen Eigenschaften verschiedener Hölzer beim Schneiden und Sägen kennenlernen.

▶ Die fertige Lok

SIE BRAUCHEN:

- 1 A Qualitäts-Kiefernholzbrett 90 x 10 mm Länge: 30 cm (für die Böden)
- 1 A Qualitäts-Kiefernholzbrett 70 x 10 mm Länge: 30 cm (für das Führerhäuschen)
- 1 A Qualitäts-Kiefernholz-Kantholz 45 x 45 mm; Länge: 30 cm (für den Heizkessel)
- 1 A Qualitäts-Kiefernholzbrett 90 x 20 mm Länge: 30 cm (für das Dach der Lok)
- 1 A Qualitäts-Kiefernholzleiste 38 x 10 mm Länge: 30 cm (für den Unterboden)
- 1 A Qualitäts-Kiefernholzleiste 30 x 10 mm Länge: 50 cm (für die vier senkrecht stehenden Teile des Unterbodens)
- 1 A Qualitäts-Kiefernholzleiste 35 x 10 mm Länge: 50 cm (für den Kohlentender)
- 1 A Qualitäts-Kiefernholzleiste 40 x 20 mm Länge: 20 cm (für den Prellbock)
- Leiste 15 x 15 mm; Länge: 50 cm (zur Verzierung des Zwischenraums zwischen Heizkessel und Boden),
- Zedernholzleiste 30 x 30 mm Länge: 30 cm (für 10 Räder und Frontverkleidung der Lok)
- Buchenholzrundstäbe:
  6 mm; Länge: 50 cm (für die Radachsen)
  16 mm; Länge: 10 cm (für den Schornstein)
  10 mm; Länge: 5 cm (für die Glocke)
- Weißer Holzleim
- Grobes, mittelfeines und feines Schleifpapier
- 1,5 cm lange Nägel
- Karton oder dickes Papier für Schablonen
- Farblose Beize

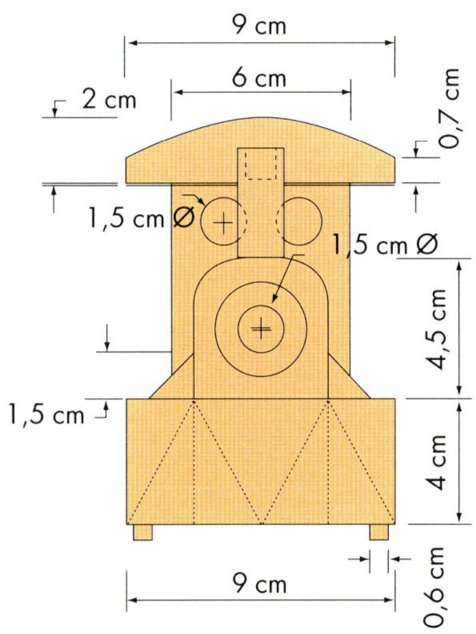

▲ Ansicht von vorn

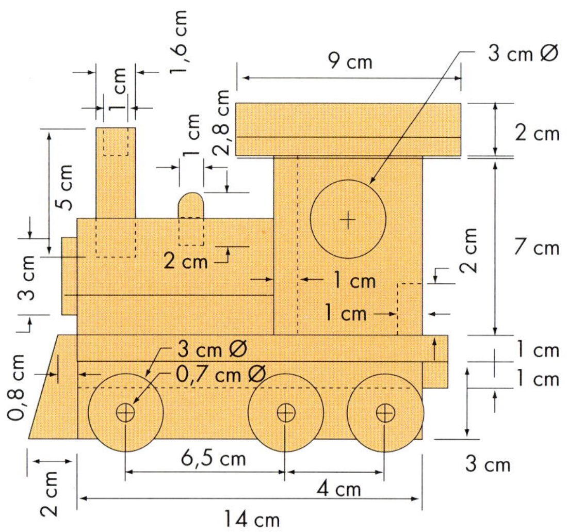

▲ Seitenansicht

▼ Ansicht von hinten

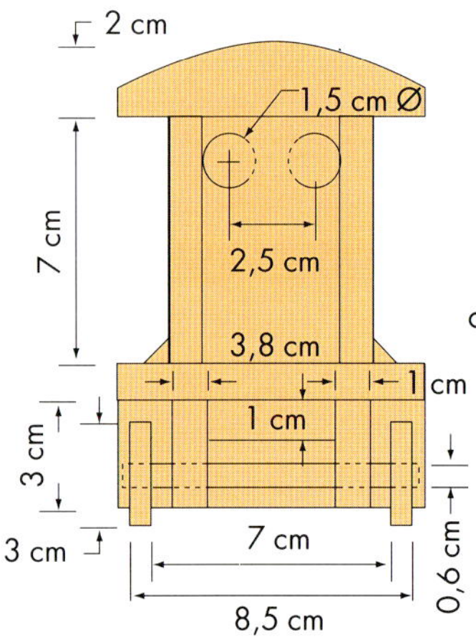

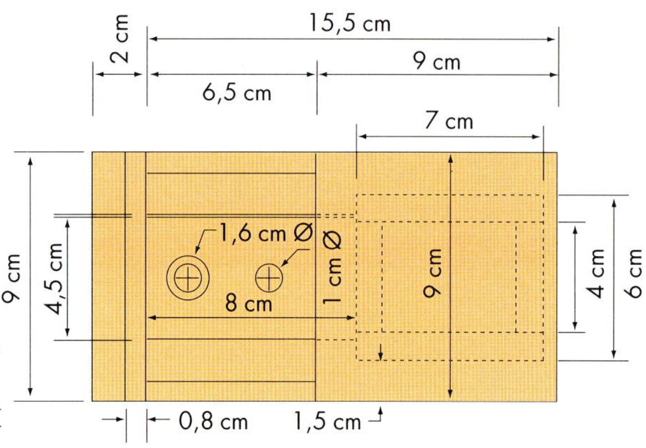

▲ Grundriß von oben.

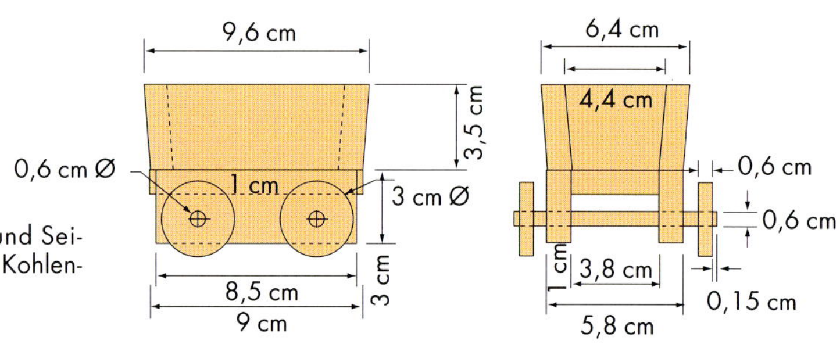

▶ Vorder- und Seitenansicht des Kohlentenders

▼ Boden und Seitenwände des Kohlentenders

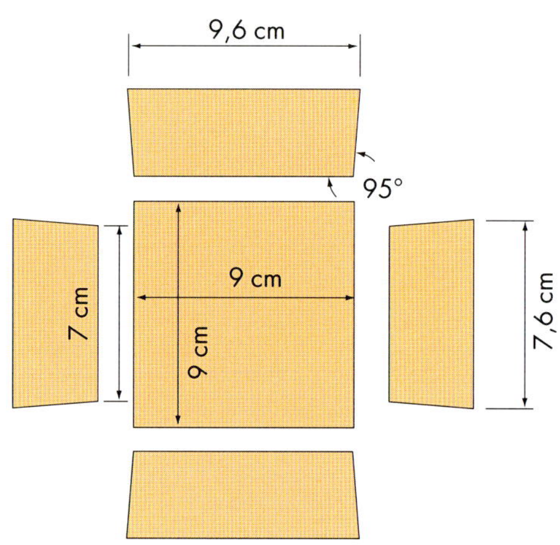

▲ 1. Auf einem 9 cm breiten, 1 cm dicken und 30 cm langen Kiefernholzbrett markieren Sie mit Bleistift und Lineal die Umrisse der Böden der Lokomotive und des Kohlentenders.

▲ 2. Wenn Sie die ausgemessenen Flächen noch einmal mit dem Winkel überprüft haben, sägen Sie die beiden 15 cm bzw. 9 cm langen Holzstücke mit der Gehrungskreissäge aus. Lassen Sie ca. 1 cm Abstand zwischen den Umrissen der beiden Holzteile. Die Kreissäge schneidet nämlich einige Millimeter breit.

◀ 3. Für den Heizkessel der Lokomotive nehmen Sie das 45 x 45 cm-Kantholz. Auf dessen Stirnseite markieren Sie die Umrisse des Kessels anhand einer Schablone, die Sie aus Pappe oder aus Sperrholz anfertigen können.

◀ 4. Nehmen Sie die Zeichnung auf der Stirnseite als Ausgangspunkt für die Markierungen an der Kantseite. Parallel zur Kante zeichnen Sie ein, wieviel Sie weghobeln müssen, um eine schöne Rundung zu bekommen. Stützen Sie dabei das Werkstück gegen das Anschlagsklötzchen auf der Werkbank.

▶ 5. Nach dem Hobeln bleiben immer Übergänge im Holz. Um ein Werkstück vollkommen rundzuhobeln, benutzen Sie ein Hobelmesser. Streichen Sie es immer in Faserrichtung auf dem Holz entlang.

◀ 6. Obwohl das Hobelmesser die Fläche rund hobelt, muß sie mit Schleifpapier bearbeitet werden. Nehmen Sie erst grobes, dann mittelfeines und dann feines, und schleifen Sie immer in Faserrichtung.

▶ 7. Das Werkstück ist fertig geschliffen, wenn es eine schöne, regelmäßige Rundung hat. Die anfänglich gezeichneten Linien dienen dabei als Maßstab. Dann markieren Sie mit Hilfe des Winkels die benötigte Länge auf dem Werkstück.

◀ 8. Diese Markierung zeigt Ihnen, wo Sie die Gehrungskreissäge ansetzen müssen. Setzen Sie das Schneidegerät ein wenig außerhalb der Markierung an. Sie erhalten ein 8 cm langes Werkstück: den Heizkessel der Lokomotive.

▼ 9. Auf ähnliche Art stellen Sie das Dach der Lokomotive her: Machen Sie sich eine Schablone für ein 9 x 2 cm-Brett und legen Sie diese an der Stirnseite dieses Holzstücks an. Das Dach schneiden Sie mit der Kreissäge auf 8 cm Länge.

▼ 10. Vergessen Sie nicht, das Werkstück nach dem Hobeln mit Schleifpapier zu glätten. Die Querschnitte durch die Werkstücke können Sie, statt mit einer Kreissäge, auch mit einer Rückensäge machen.

▶ 11. Wenn man senkrecht auf ein Werkstück bohrt, sollte man immer eine Holzplatte darunterlegen. So kann das Holz auf der Rückseite nicht splittern, wenn die Bohrspitze dort wieder herauskommt.

▲ 12. Aus einem 6 cm breiten und 1 cm dicken Brett gewinnen Sie die vier Teile des Führerhäuschens. Für die Bohrlöcher spannen Sie den Bohrer in einen Bohrständer und benutzen Forstnerbohraufsätze mit den Durchmessern 1,5 und 3 cm.

▶ 13. Wenn Sie das Führerhäuschen und das Dach verleimt haben, können Sie diese Teile auch mit alten Sprungfedern zusammenhalten. Solche Sprungfedern gibt es in alten Stühlen oder Sesseln. Sie pressen solche kleinen Teile ebensogut zusammen wie Schraubzwingen, bis der Leim getrocknet ist.

▼ 14. Auch wenn Sie die Achslöcher für die Waggonräder bohren, spannen Sie die Maschine in den Bohrständer ein. Markieren Sie vorher die Stellen für die Bohrlöcher mit einem Streichmaß.

▼ 15. Für den Zwischenraum zwischen Heizkessel und Boden brauchen Sie dreieckige Leisten. Diese müssen Sie sich erst zurechtsägen. Spannen Sie die 15 x 15 cm-Leiste in die Werkbank ein und sägen Sie mit der Stichsäge in die Stirnseite der Leiste.

◀ 16. Wenn Sie die Leisten zurechtgeschnitten haben, hobeln Sie die noch rauhen Sägeflächen mit einem Hobel vorsichtig glatt.

▶ 17. An die Unterbauten werden die Achsen für die Räder montiert. Außerdem bilden sie die Grundfläche für die Lok und den Kohlentender. Sie brauchen Bretter mit 14,8 x 3,8 x 1 cm (Lok) und 8,5 x 3,8 x 1 cm (Tender). An diese leimen Sie die Bretter mit den Achslöchern. Das sind pro Wagen zwei Stück mit den Maßen 14 x 3 x 1 cm (Lok) und 8 x 3 x 1 cm (Tender).

▶ 18. Wenn Sie den Unterbau mit dem Boden für die Lok oder den Waggon verbinden wollen, reicht es, die Teile einfach zu verleimen. Auch hier können Sie wieder Sprungfedern zum Pressen benutzen. Das gilt ebenso für die Ladefläche des Kohlentenders.

▼ 19. Bei der Lok verleimen Sie den Unterbau mit dem Boden und schlagen zusätzlich noch einige Nägel von 2 cm Länge ein.

▼ 20. Die Räder werden aus Zedernholz hergestellt. Sie brauchen eine Leiste mit dem Querschnitt von 6 x 6 cm. Legen Sie an der Stirnseite eine Schablone an oder zeichnen Sie mit einem Zirkel einen Kreis von 1,5 cm Radius. Dann hobeln Sie mit einem Hobel die scharfen Kanten herunter. Schneiden Sie mit dem Hobelmesser nach und schleifen Sie mit Schleifpapier das Holz rund.

▲ 21. Mit dem Hobel, dem Hobelmesser und dem Schleifpapier können Sie aus einem kantigen Klotz einen gleichmäßigen Zylinder herstellen. Von diesem schneiden Sie mit der Gehrungskreissäge kleine, 6 mm dicke Scheiben ab. Mit einem 6 mm-Bohraufsatz bohren Sie die Achslöcher in die Radachsen.

▲ 22. Bevor Sie die fertigen Räder an die Achsen leimen und sie mit dem Zug verbinden, führen Sie die Endbehandlung durch. Wählen Sie den Anstrich für den Zug. Wir haben uns für einen doppelten Anstrich mit farbloser Beize entschieden.

▼ 23. Jetzt fehlen nur noch der Schornstein, für den Sie einen Rundstab ausfräsen, ein Prellbock, den Sie aus einer 2 x 4 cm-Leiste herstellen und die Heizkesselverzierung vorne am Zug. Für die Verbindung der beiden Zugwagen kann man an der Lok einen geschlossenen, runden und am Waggon einen offenen Haken anbringen.

Flugzeug

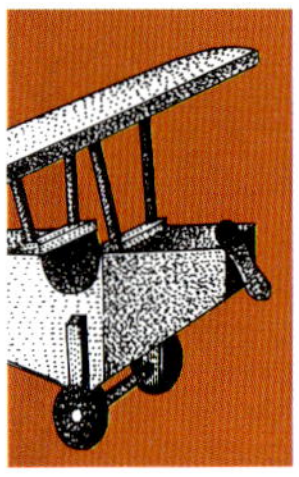

Dieses schöne Spielzeug können Sie aus Resten bauen, die bei größeren Arbeiten angefallen sind. Es ist recht einfach herzustellen. Sie können es zum Beispiel auch als Mobile ins Kinderzimmer hängen.

► Bauen Sie ein schönes Flugzeug.

SIE BRAUCHEN:

- 1 A Qualitäts-Kiefernkantholz 60 x 65 mm; Länge: 40 cm (für den Rumpf)
- 1 A Qualitäts-Kiefernholzbrett 75 x 8 mm Länge: 40 cm (für den Flügel)
- Eine Leiste 12 x 8 mm; Länge: 15 cm (für die Stützen der Flügelstreben)
- Eine Leiste 15 x 6 mm; Länge: 15 cm (für das Fahrgestell)
- Ein Kiefernholzbrett 50 x 6 mm Länge: 15 cm (für die beiden Flügel des Höhenruders)
- 6 mm Buchenholz-Rundstab; Länge: 40 cm (für die 4 Flügelstreben und die Achse des Fahrgestells)
- Zwei Zedernholzräder; Durchmesser: 30 mm Dicke: 5 mm
- Ein Rädchen aus Buchenholz; Durchmesser: 15 mm; Dicke: 5 mm
- Nägel in der Länge von 20 bzw. 15 mm
- Weißer Holzleim
- Mittelfeines und feines Schleifpapier
- Farblose Beize
- Ausreichend 3 mm Sperrholzplatte für die Schablonen (40 x 40 cm)

▼ Ansicht von oben

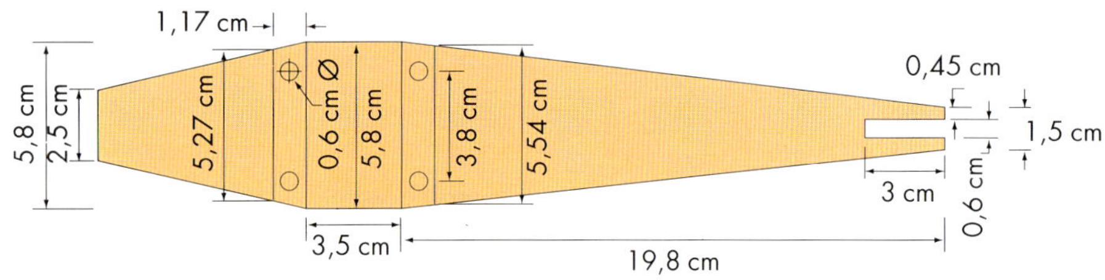

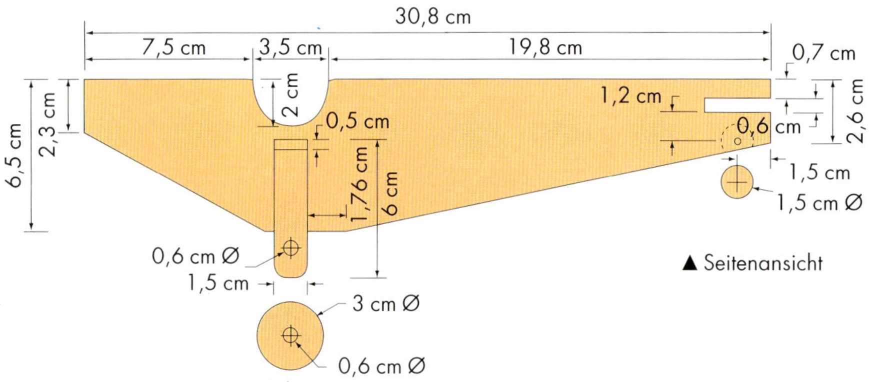

▲ Seitenansicht

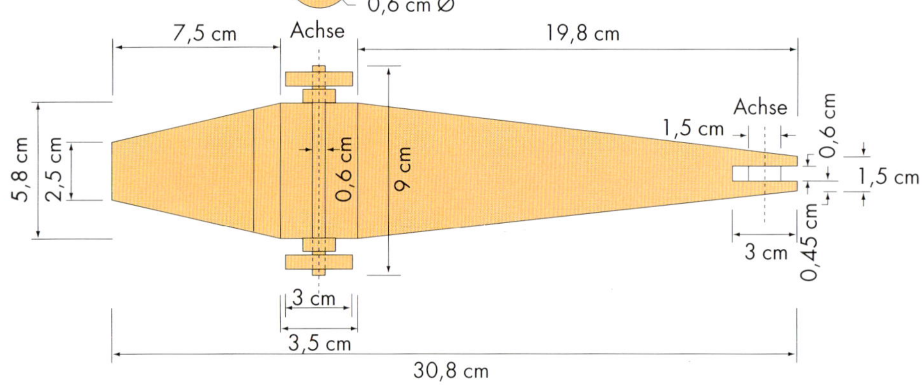

▲ Ansicht von unten

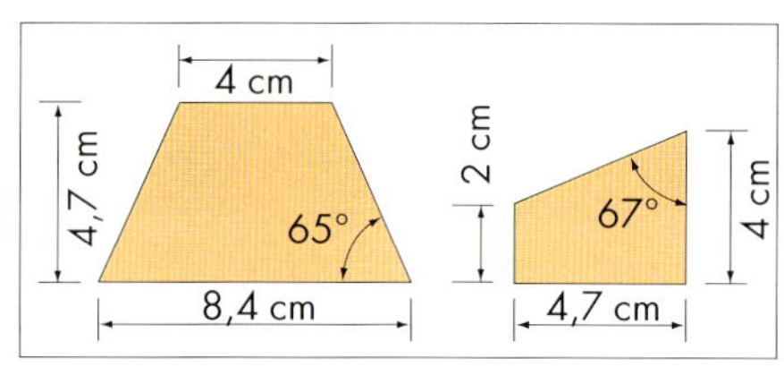

▲ Bauteile des Höhenruders

▼ Ansicht von vorne

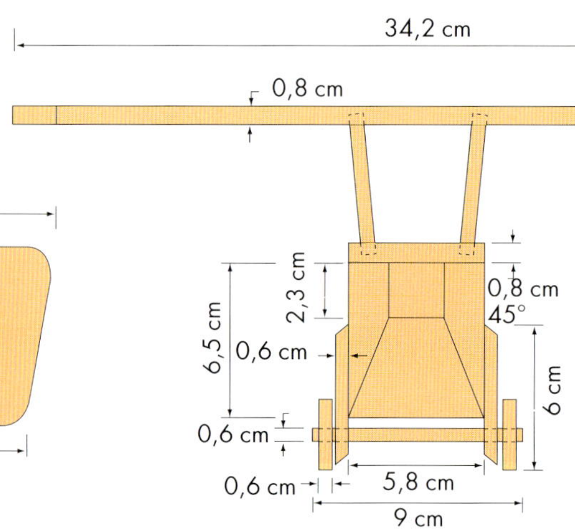

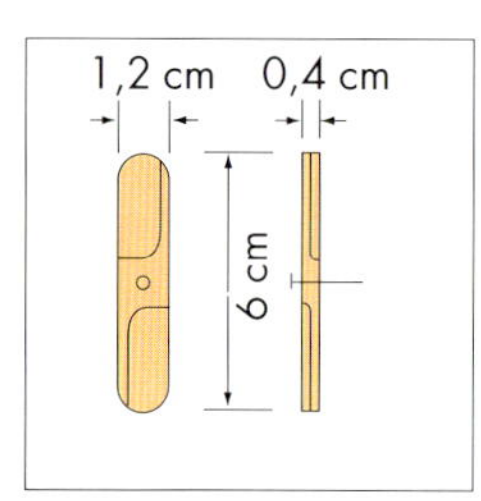

▲ Propeller

▼ Flügel

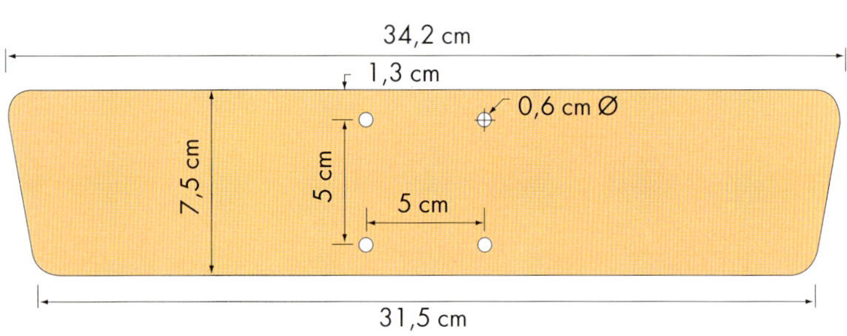

◀ 1. Zeichnen Sie die Schablonen für die einzelnen Bauteile auf 3 mm Sperrholzplatte. Benutzen Sie dazu die nebenstehenden Angaben. Wenn Sie die Schablonen mit der Rückensäge ausgesägt haben, zeichnen Sie mit den Schablonen direkt auf das Holz.

▼ 2. Fangen Sie mit dem Hauptbauteil an: dem Flugzeugrumpf. Zeichnen Sie die Umrisse beider Schablonen auf das 31 cm lange 60 x 65 mm-Kantholz.

◀ 3. Um den Pilotensitz auszusägen, machen Sie mit der Rückensäge oder dem Fuchsschwanz mehrere parallele Schnitte im Abstand von 0,5 cm. Hinterher halten Sie die Säge schräg und sägen die Stücke aus, die sich in dieser Position heraussägen lassen.

▼ 4. Wenn die gröbsten Stücke herausgesägt sind, können Sie die Vertiefung mit einer Raspel oder mit einer Feile bearbeiten. Den letzten Schliff machen Sie mit Schleifpapier, bis Sie eine schöne Rundung erhalten.

▲ 5. Spannen Sie nun den Flugzeugrumpf fest in die Werkbank ein und hobeln Sie die Seitenflächen ab. Dabei bewegen Sie den Hobel immer in Faserrichtung. Halten Sie sich dabei an die Markierungen, die Sie mit den Schablonen auf das Holz gezeichnet haben!

▼ 6. Am hinteren Ende des Rumpfes müssen Sie nun die Nuten für das Höhenruder aussägen. Mit der Gehrungskreissäge machen Sie zwei Schnitte von 6 mm Breite und 30 mm Tiefe. Halten Sie sich einfach an die Markierungen, die Sie mit der Schablone aufgetragen haben.

▲ 7. Wenn Sie den Flugzeugrumpf fertighaben, bearbeiten Sie die anderen Teile des Flugzeugs. Beim Ausmessen, Anreißen und Aussägen der Bauteile halten Sie sich genau an das Schema auf Seite 134.

◀ 8. Das Höhenruder stecken Sie so zusammen: Das Rädchen nageln Sie mit einem 2 cm-Nagel an. Die beiden Flügelteile stecken Sie einfach in die dafür vorgesehenen Nuten und leimen sie dort fest.

▼ 9. Für die vier Flügelstreben bohren Sie vier Löcher von 6 mm Durchmesser und 5 mm Tiefe in die Flügel. Am Rumpf werden die Streben in zwei kleinen Leisten befestigt, die vor und hinter dem Pilotensitz angeleimt werden. Die Bohrlöcher in diesen Leisten haben die gleichen Ausmaße. Die Teile des Fahrgestells werden angeleimt und mit zwei 2 cm-Nägeln angenagelt. Die Räder werden angeleimt.

▼ 10. Der Propeller wird aus Hartholz gebaut. Nehmen Sie dazu eine 12 x 4 mm Leiste und bestimmen Sie die nötige Länge mit einem Zirkel.

▼ 11. Zeichnen Sie die Form des Propellers auf, sägen Sie ihn aus und feilen Sie seine Enden mit einer Feile rund. Halten Sie sich an das Schema von Seite 134. Mit einem 15 mm-Nagel befestigen Sie den Propeller an der Flugzeugnase.

▲▼ 12 und 13. Für die Endbehandlung schlagen wir zwei Schichten farbloser Beize auf allen beweglichen und unbeweglichen Teile vor. Dann ist das Flugzeug fertig.

Tafel

Auch wenn die Hauptfläche dieser Tafel aus einer Spanholzplatte besteht, die mit einer 13 mm-Melaminschicht verkleidet ist, so sind an diesem Werkstück viele Kiefernholzelemente verarbeitet. Sie rahmen die Tafel ein. Diese Tafel ist sehr einfach zu bauen. Die Holzverbindungen sind Verleimungen oder einfache Nutverbindungen. Dank dieser Verfahren kann man problemlos Spanplatten und Massivholz miteinander verbinden: Sie können eine einfache und trotzdem vielseitig verwendbare und praktische Tafel bauen.

▲ So sieht die Tafel aus.

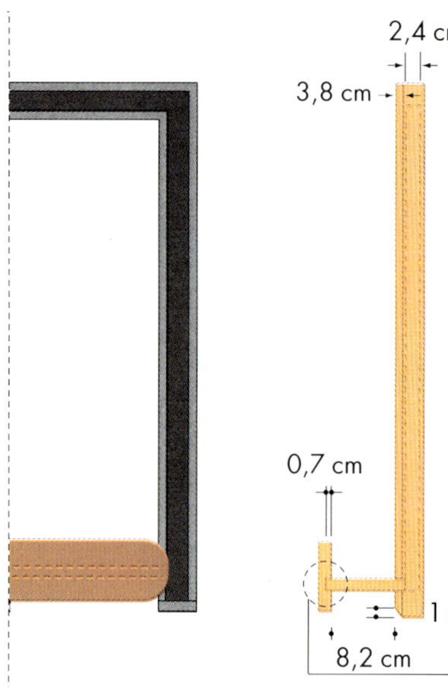

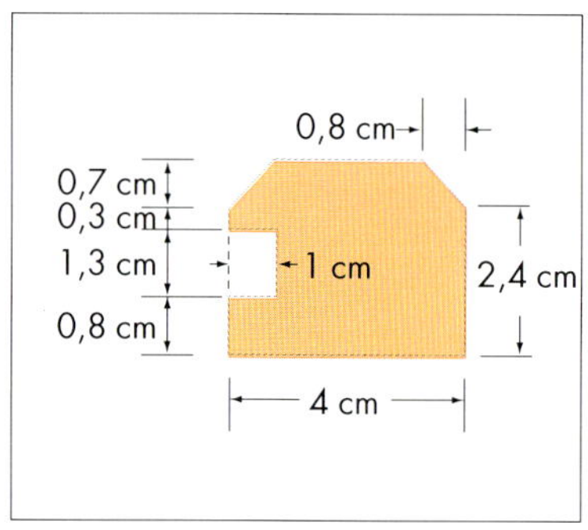

◀ Querschnitt durch den Kiefernholzrahmen

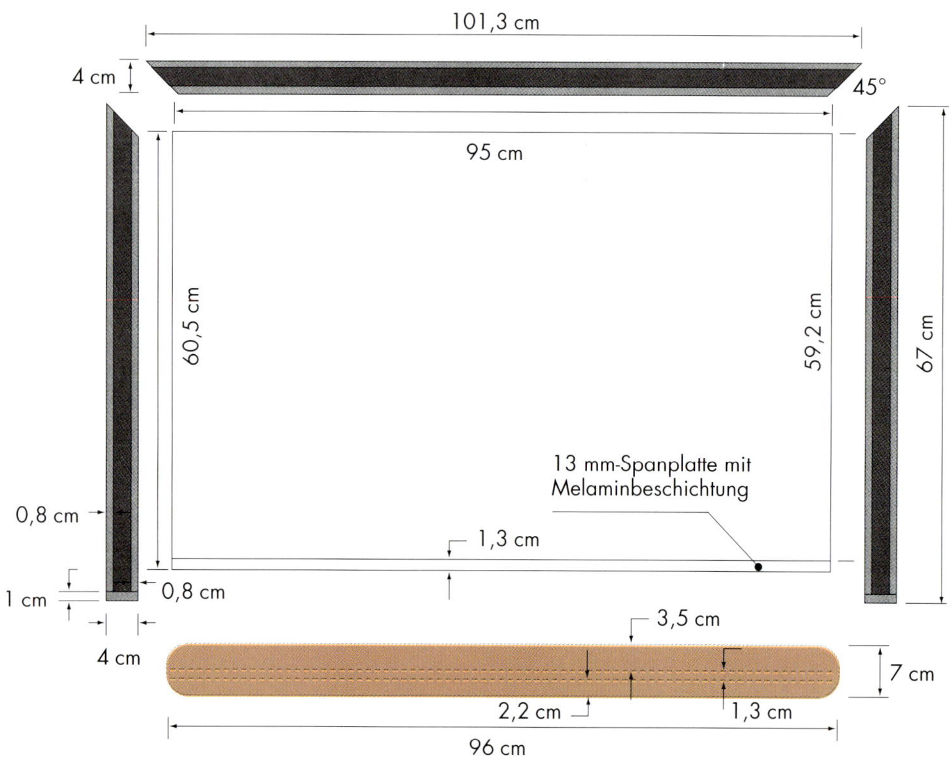

◀ Vorderansicht der einzelnen Bestandteile

SIE BRAUCHEN:

- 13 mm-Spanplatte, mit weißem Melamin beschichtet:
  1 Brett 95 x 60,5 cm,
  1 Brett 10 x 93 cm
- 1 A Qualitäts-Kiefernholzleiste 32 x 40 mm, zugeschnitten und abgeschliffen
  2 Stück; Länge: 70 cm
  1 Stück; Länge: 110 cm
- 1 A Qualitäts-Kiefernholzleiste 7 x 1,5 cm, zugeschnitten und abgeschliffen
  Länge: 100 cm
- Weiße Kunststoffverkleidung für 13 mm-Kante
- Holzfarbe: grau und rot
- Versiegelungslack
- Weißer Holzleim
- Kontaktkleber
- Beschläge, um die Tafel an der Wand anzubringen
- 5 Flachkopfschrauben; Länge: 35 mm

► 1. Beginnen wir den Bau der Tafel mit der Verbindung der beiden melaminverkleideten Spanholzplatten. Diese Teile haben Sie bereits im Baumarkt zuschneiden lassen. Auf der kleinen Spanplatte (93 x 10 cm) zeichnen Sie mit einem Streichmaß die Dicke der großen Spanplatte (95 x 60,5 cm) ab. Die große Spanplatte wird im 90°-Winkel auf die kleine aufgeschraubt.

▼ 2. Als Verbindung nehmen wir fünf Flachkopfschrauben von 35 mm Länge. Sie werden in gleichem Abstand auf der Längsseite verteilt. Die äußersten Schrauben müssen einen Mindestabstand von 5 cm zu den Stirnseiten halten. Die Stirnseiten werden mit weißen Kunststoffstreifen geschützt.

Die schmale Spanholzplatte wird nun so angebracht, daß zu jeder Seite 1 cm Luft bleibt.

◄ 3. Sind die Hauptbestandteile der Tafel miteinander verbunden, können Sie die Rahmenleisten bauen. Zuerst die vordere Leiste, die auf die kleine Spanholzplatte gesetzt wird. Zusammen ergibt dies einen guten Kreidehalter. Man nimmt ein Qualitäts-Kiefernholzbrett mit den Ausmaßen 1,5 x 7 cm und 96 cm Länge. Mit der Kreissäge schneidet man eine Nut von 7 mm Tiefe und 13 mm Breite, 35 mm von einer der Kanten entfernt.

► 4. Als nächstes bearbeiten Sie die drei Kiefernkanthölzer mit den Ausmaßen 32 x 40 cm. Aus ihnen machen Sie den Rahmen um die große Spanholzplatte herum: zwei Seitenleisten von 67 cm und eine Querleiste von 101,3 cm Länge. Die Nut verbindet die Rahmenhölzer mit der Platte; die Schrägkanten dagegen sind nur zur Verschönerung da.

▼ 5. Schritt für Schritt bearbeiten Sie den Rahmen. Zuerst schneiden Sie die Nut mit einer Kreissäge aus. Die Nut ist 13 mm breit und 8 mm von der Vorderseite entfernt. Für den breiten Schnitt stellen Sie die Kreissäge auf 10 mm.

► 6. Für die Schrägkanten reißen Sie erst mit dem Streichmaß in 8 mm Entfernung von den abzuhobelnden Kanten eine Markierung an, und zwar auf der Vorderseite, die am weitesten von der Nut entfernt ist. Sie wird die dekorative Frontfläche.

◄ 7. Um die Schrägkanten herzustellen, benutzen Sie einen Hobel. Diesen ziehen Sie über die betreffenden Kanten, bis Sie an die markierten Linien stoßen. Damit Sie diesen Arbeitsgang exakt und sicher ausführen können, ist es wichtig, daß Sie das Werkstück vorher an der Werkbank befestigen.

▼ 8. Um die drei Rahmenhölzer formschön miteinander zu verbinden, sägen Sie ihre Enden mit der Gehrungskreissäge auf Gehrung (45°). Die Verbindungen werden dadurch versteckt, wenn die Tafel einmal an der Wand hängt. Um sicherzugehen, daß die Verbindung auf Gehrung funktioniert, sollten die Kanthölzer immer etwas länger sein, als es die Maße in den Bauplänen vorgeben. Dann haben Sie mehr Spielraum, falls Sie die Flächen anpassen müssen.

▲ 9. Die unteren Enden der beiden Seitenleisten werden noch ein wenig verschönert: Die Stirnseiten werden im 45°-Winkel abgeflacht. Dazu reißt man wieder zwei Linien jeweils in 1 cm Abstand von der unteren Kante an.

► 10. Auch die vordere Leiste wollen wir verschönern, indem wir ihr ein abgerundetes Profil geben. Dazu zeichnen wir eine kurvige Linie an die beiden Enden der Leiste. Das geht ganz einfach, wenn man z.B. eine runde Dose nimmt und die Rundungen mit dem Bleistift nachzeichnet.

▲ 11. Sie können die Rundung direkt mit einer elektrischen Stichsäge aussägen. Denken Sie daran, daß Sie die Säge immer ein wenig außerhalb der gezeichneten Linie ansetzen. Danach schleifen Sie die Rundungen erst mit mittelfeinem, dann mit feinem Schleifpapier ab.

▶ 12. Bevor Sie die verschiedenen Teile der Tafel anstreichen, bauen Sie sie zusammen, damit Sie prüfen können, ob alle Gehrungen korrekt gesägt sind und die Spanplatten in ihre Nuten passen.

▼ 13. Im nächsten Arbeitsgang streichen Sie alle Kiefernholzelemente an. Wir schlagen für den Rahmen einen Grauton und für die vordere Leiste einen Rotton vor. Wenn Sie sich vergewissert haben, daß alle Bauteile ausreichend abgeschliffen sind, versehen Sie sie erst mit einem Farb- und dann mit einem Versiegelungsanstrich.

▼ 14. Erst wenn der Farbanstrich gut durchgetrocknet ist, können Sie die einzelnen Holzteile verleimen. Streichen Sie alle Nuten mit weißem Holzleim ein. Achten Sie darauf, daß Sie nicht zu dick auftragen, weil sonst der Leim herausquillt, wenn Sie die Bauteile zusammenpressen.

◀ 15. Jetzt müssen Sie die Teile nur noch zusammensetzen. Dabei helfen Ihnen ein Hammer und eine kleine Holzplatte. Mit dem Hammer klopfen Sie die Verbindung fest, und mit dem Holzplättchen schützen Sie die Bauteile vor Beschädigung durch den Hammer.

▼ 16. Nach dieser Arbeit haben Sie eine Tafel, die Sie in jedem Kinder- oder Spielzimmer aufhängen können. Je nachdem, an welche Wand Sie die Tafel hängen wollen, wählen Sie sich passende Beschläge aus. In jedem Fall ist die Tafel nicht besonders schwer, da sie nur aus leichten Materialien besteht.

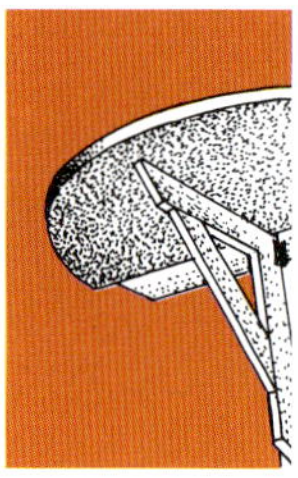

Beim Bau dieses kleinen Klapptisches können Sie drei verschiedene Verbindungsarten anwenden: eine Schlitz- und Zapfen-Verbindung im 90°-Winkel, eine andere im 45°-Winkel und eine T-Überblattung. Alle diese Verbindungen befinden sich im Fuß des Klapptisches, der aus Kiefernholz ist und eine halbrunde Melaminplatte hat.

▲ So sieht der fertige Klapptisch aus.

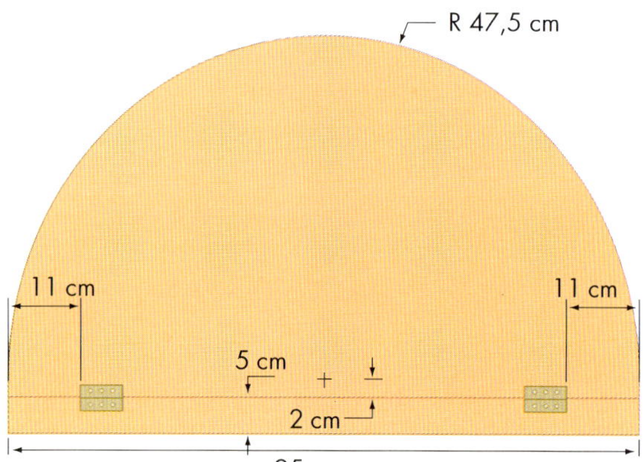

◄ Tischfläche

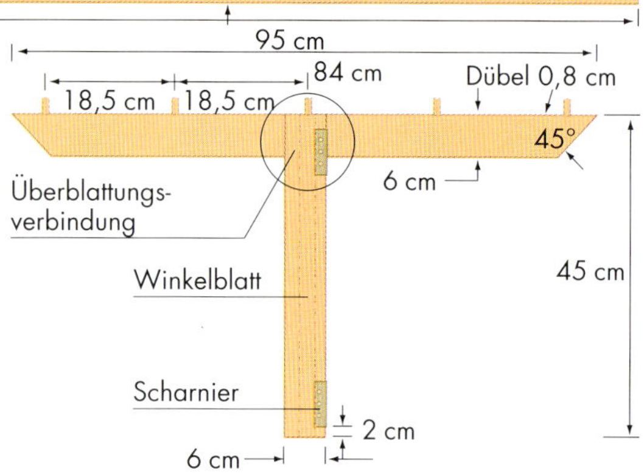

▲ T-Stütze

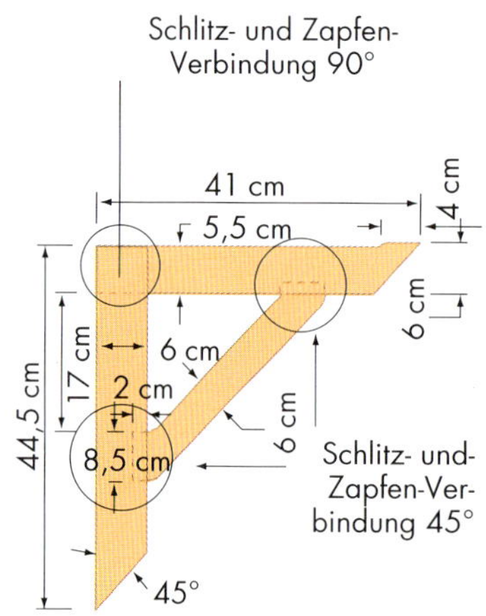

▲ Winkelblatt

SIE BRAUCHEN:

- Rechteckige Spanholzplatte, beidseitig melaminbeschichtet (19 mm dick) 100 x 55 cm
- 1 A Qualitäts-Kiefernholzleiste 1,5 x 6 cm in ausreichender Länge für die benötigten Teile
- 4 Scharniere aus rostfreiem Stahl 60 x 40 mm
- 3,5 m-Kunststoffverkleidung für Spanplattenkanten19 mm
- Weißer Holzleim
- Kontaktkleber
- 5 profilierte 8 mm-Holzdübel
- Grobes, mittelfeines und feines Schleifpapier
- Wandhaken (je nach Mauerwerk)
- Nägel

► 1. Dieser Klapptisch ruht auf einer Stütze, die man zur Seite drehen kann. Sie ist an einem T-Element angebracht. Dieses T-Element setzt sich aus zwei Leisten zusammen, die durch eine T-Überblattung miteinander verbunden sind. Diese Verbindung stellen wir als erstes her. Auf einer zurechtgeschnittenen und geschliffenen 1,5 x 6 cm-Leiste von 84 cm Länge suchen Sie genau die Mitte. Auf dieser legen Sie in rechtem Winkel eine zweite Leiste der gleichen Größe an. Mit einem Bleistift markieren Sie ihre Breitenabmessung von 6 cm.

◄ 2. Nachdem Sie die Umrisse markiert haben, kontrollieren Sie noch einmal mit einem Winkel, ob Ihre Markierung genau rechtwinklig ist, schließlich wird innerhalb dieser Markierungen die Vertiefung gesägt.

► 3. Bei einer Überblattung schneidet man das Holz bis zur Mitte ein. In diesem Fall geht der Schnitt 0,75 cm tief. Daher sollte man sich mit dem Streichmaß auch eine Markierung in dieser Höhe auf den Rand setzen.

▲ 4. Wenn Sie die Vertiefung für die Überblattung aussägen, stützen Sie das Werkstück an dem Anschlagsklötzchen ab. Machen Sie mit der Rückensäge mehrere parallele Schnitte im Abstand von 0,5 cm, bis Sie an die seitlichen Markierungen stoßen. Dann sind Sie bei einer Tiefe von 0,75 cm angelangt.

► 5. Wenn Sie alle Schnitte gesägt haben, benutzen Sie dasselbe Sägeblatt als Brecheisen und fangen Sie von der Mitte aus an, die Holzreste aus der Vertiefung zu brechen, sodaß eine freie Fläche für die Überblattung entsteht.

▲ 6. Da das Vorgehen mit der Rückensäge einen sehr unregelmäßigen Untergrund zurückläßt und Sie eine Vertiefung brauchen, die mit dem eingefügten Teil perfekt zusammenpaßt, bearbeiten Sie die Lücke mit einer Feile; erst mit einer groben, dann mit einer mittelfeinen und – falls nötig – mit einer feinen. Für diese Arbeit ist das Anschlagsklötzchen auch wieder sehr praktisch.

► 7. Jetzt sägen Sie die Überblattung an der T-Leiste aus. Spannen Sie die T-Leiste dazu senkrecht in die Werkbank ein. Sägen Sie mit der Rückensäge bis zu der Markierung, die die Breite der ersten Leiste kennzeichnet. Führen Sie erst den Schnitt durch das Hirnholz aus. Dann sägen Sie vorsichtig über die Breitfläche, immer an der Markierung entlang. Auch bei der T-Leiste sollten Sie die gesägten Flächen mit einer Feile solange nachschleifen, bis die beiden Teile perfekt ineinanderpassen.

▼ 8. Sie müssen bestimmt noch öfter nachschleifen. Wenn die Teile schließlich gut ineinanderpassen, leimen Sie diese mit weißem Holzleim zusammen. Die Verbindung sollte so beschaffen sein, daß beide Leisten bündig miteinander abschließen.

▼ 9. Nun können Sie sich den drei Teilen widmen, die zusammen das bewegliche Winkelblatt bilden. Zuerst bauen Sie die 90°-Verbindung dieses Bauteils. Zeichnen Sie auf beide zu verbindenden Teile die gleichen Umrisse. Die Grundfläche der Verbindungsstücke ist quadratisch.

◄ 10. Um an der einen Leiste den Zapfen auszusägen, spannen Sie das Holzteil in die Werkbank ein. Sägen Sie mit der Rückensäge 6 cm tief in das Hirnholz hinein. Danach reichen zwei kurze Schnitte von den Seiten, und Sie haben die beiden äußeren Lappen von der Leiste abgetrennt.

► 11. Auf das Schlitzteil müssen Sie genau die gleichen Markierungen setzen. Dieses spannen Sie jedoch mit Hilfe zweier Schraubzwingen waagerecht in die Werkbank ein. Mit einem Stemmeisen von der Breite eines der drei Streifen bearbeiten Sie das Schlitzteil mit einem Holzhammer. Drehen Sie das Werkstück von einer Seite auf die andere. Allmählich nimmt der Schlitz Form an. Beide Teile, sowohl das Zapfen- als auch das Schlitzteil müssen noch gründlich gefeilt und geschliffen werden

▼ 12. Prüfen Sie, ob die beiden Teile perfekt ineinanderpassen und kleben Sie diese dann mit Holzleim zusammen. Pressen Sie diese Verbindung während des Leimens mit einer Schraubzwinge zusammen, da Sie sonst leicht auseinandergeht. Die Verbindung sollte perfekt sitzen und an allen Enden bündig ineinandergreifen.

▼ 13. Die dritte Leiste, die zum Winkelblatt gehört, hat die gleichen Ausmaße wie die beiden anderen. Sie wird an beiden Enden mit den Leisten verbunden, und zwar durch eine Nut- und-Feder -Verbindung im 45° -Winkel. Vom Prinzip her funktioniert diese Verbindung wie die Schlitz- und Zapfen-Verbindung. Der Unterschied besteht darin, daß der Schlitz direkt in die Kantseite gestemmt wird. In unserem Fall wird er 2 cm tief. Er soll etwas mehr als ein Drittel der Kantseite breit sein (7 mm) Er wird vorgezeichnet und dann mit dem Stemmeisen ausgestemmt.

▼ 14. Ein weiterer Unterschied zur vorherigen Holzverbindung besteht darin, daß das Zapfenteil an einem schrägen 45°-Winkel angesetzt wird. Der Zapfen dringt auf der ganzen Breite 2 cm weit in die Ausstemmung ein.

▼ 15. Um die schrägen Zapfen zu schneiden, muß man das Werkstück in die Werkbank einspannen. Mit dem Streichmaß setzen Sie die Markierungen, und mit der Rückensäge sägen Sie genau entlang der Linien. Wenn der Zapfen abgeschrägt ist, sollte er ein bißchen breiter sein als die ihn umgebenden Kanten (in diesem Fall: 7 mm).

▲ 16. Obwohl der Zapfen 2 cm weit in einem 45°-Winkel in den Schlitz hineinragen würde, wird der Schlitz so ausgestemmt, daß seine Wände im 90°-Winkel zur Kantseite stehen. Deshalb muß die Spitze des Zapfens abgeschnitten werden, sonst paßt er nicht in die Ausstemmung.

◀ 17. Wenn das Winkelblatt zusammengesetzt und verleimt ist, wird es mit 2 Scharnieren an das T-Element geschraubt. Die Scharniere sind 6 cm lang und 4 cm breit. Es ist wichtig, daß das Winkelblatt am senkrechten Teil des T-Elements sitzt. Es bildet die Mittelachse, und diese sorgt für das nötige Gleichgewicht, um den Tisch in Position zu halten. Die Scharniere sollten in einigem Abstand voneinander angebracht werden, in jedem Fall mit einem Mindestabstand von 2 cm zu den Stirnseiten des Ts.

◀ 18. Ein wichtiges Detail betrifft die obere Strebe des Winkelblatts. Auf ihr ruht die Tischplatte, wenn der Tisch ausgeklappt ist. Die Strebe ist auf fast der gesamten Länge 5 mm niedriger gehobelt als das T-Element. Nur an der Außenkante, auf den letzten 5 cm, hat die Strebe eine Art Nase, auf welcher der Tisch aufliegen kann. Dies macht man, um die Scharniere zu entlasten, die die Tischfläche mit der oberen Strebe des T-Elements verbinden.

▲ 19. Die Melaminplatte besteht aus zwei Teilen: einem beweglichen (der halbrunden Tischplatte) und einem feststehenden. Dieses Bauteil von 95 x 5 cm wird mit 5 Holzdübeln an der Oberkante der oberen T-Strebe befestigt. Die Dübel sind im Abstand von 18,5 cm voneinander verteilt. Bohren Sie Löcher von8 mm bis 1 cm Tiefe in das Holz und in die Melaminplatte. Dann bestreichen Sie Löcher und Dübel mit Leim und verkleben sie.

► 20. Nun zeichnen Sie die Umrisse für die eigentliche Tischplatte. Zu diesem Zweck bauen Sie sich einen Zirkel aus einer Leiste, die geringfügig länger ist als der Radius, den Sie für Ihren Kreis brauchen. Nageln Sie diese Leiste locker an den Rand auf der Mittelachse der 100 x 55 cm- Melaminplatte. Wenn Sie Ihren Bleistift an diesen Zirkel ansetzen, können Sie einen Halbkreis mit dem Radius von 47,5 cm zeichnen. Die Rundung des Tisches wird schöner, wenn Sie den Zirkel 2 cm vom Rand entfernt ansetzen.

► 21. Wenn die Umrisse mit dem Bleistift gezeichnet sind, werden sie mit einem Stechbeitel nachgezogen. Dadurch wird die Melaminbeschichtung vom Holz getrennt. Sonst kann es passieren, daß der Kunststoff beim Sägen beschädigt wird.

▼ 22. Jetzt wird die 19 mm-Melaminplatte mit einer elektrischen Stichsäge gesägt. Folgen Sie den vorgezeichneten Führungslinien. Spannen Sie vorher die Platte fest mit Schraubzwingen in der Werkbank ein So verhindern Sie, daß die Platte bei den Vibrationen der Säge zu rutschen beginnt.

► 23. Ist die Tischplatte ausgesägt, werden ihre Kanten mit Schleifpapier geglättet: erst mit grobem, dann mit mittelfeinem und schließlich mit feinem. Es ist sehr wichtig, daß die Kanten sehr gut abgeschliffen werden. Im nächsten Arbeitsgang werden sie nämlich mit Kantenschutzstreifen verklebt. Am bequemsten können Sie schleifen, wenn Sie die Platte senkrecht in die Werkbank einspannen.

▲ 24. Wenn die runde Kantseite der Tischplatte abgeschliffen ist, wird sie mit einem Kantenschutzstreifen aus weißem Kunststoff verklebt. Dazu benutzen Sie Kontaktkleber. Dieser Klebstoff muß möglichst schnell und gleichmäßig verteilt werden. Um den Plastikstreifen einzukleben, nageln Sie ein etwas längeres Stück Streifen als Sie brauchen auf ein Stück Holz und lassen Sie es herunterhängen. Tragen Sie den Kleber mit einem Metallspachtel auf, und zwar sowohl auf den Klebestreifen als auch auf die Tischkante.

◀ 25. Lassen Sie den Klebstoff trocknen. (den richtigen Augenblick erkennen Sie, wenn der Kleber keine Fäden mehr zieht: Fingerprobe!) Wenn die Kantseite und die Klebestreifen bereit sind, kleben Sie den Streifen auf die Kante. Pressen Sie den Klebstreifen mit dem Hammer fest und ziehen die Luftbläschen aus der Klebestelle.

◀ 26. Wenn der Klebstoff getrocknet und die Kante verklebt ist, feilen Sie überstehende Ränder vorsichtig mit einer Feile ab. Der Kantenschutzstreifen muß immer ein wenig breiter sein als die Kante: Es ist einfacher, wegzuhobeln, was zuviel ist als fehlendes Material auszugleichen. Durch das Feilen erhalten Sie genaue Ränder. Genauso verfahren Sie dann mit der schmalen (95 x 5 cm) Melaminplatte.

► 27. Sie verbinden jetzt die zwei Platten (19 mm) mit zwei 6 x 4 cm-Scharnieren aus rostfreiem Stahl. Bringen Sie diese mit einem Mindestabstand von 11 cm zur Außenkante an!

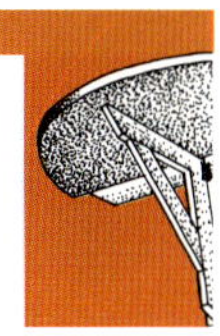

▲ 29. Jetzt können Sie den Klapptisch an einer Wand anbringen, am besten in einer Höhe von 75 bis 80 cm über dem Boden. Sie können ihn mit Schrauben, Nägeln oder Dübeln an der Wand befestigen – das hängt ganz von der Wand ab. Der Tisch sollte aber mit mindestens 4 Stützelementen befestigt werden. Die zwei äußeren sollten wenigstens 10 cm von den Rändern entfernt sein, und die inneren Stützen sollten symmetrisch zur Achse – ca. 10 cm zu jeder Seite von ihr entfernt – angebracht werden.

◄ 28. Jetzt sind die beiden Bestandteile der Tischoberfläche miteinander verbunden, nun wird die Stützkonstruktion angebracht. Dazu werden die Löcher für Holzdübel gebohrt, und dann wird die Dübelverbindung geleimt. Prüfen Sie vorher, ob der bewegliche Arm des Winkelblatts tief genug abgehobelt ist, damit er im angezogenen Zustand Platz für das Scharnier läßt!

▼ 30. Dieser Klapptisch hat die hervorragende Eigenschaft, daß er auch für ganz kleine Räume geeignet ist: In zugeklapptem Zustand nimmt er praktisch keinen Platz weg. Deshalb ist er ideal für kleine Küchen oder ähnliche Räume. Für die Massivholzteile empfiehlt sich ein doppelter Anstrich mit Beize.

Weinregal

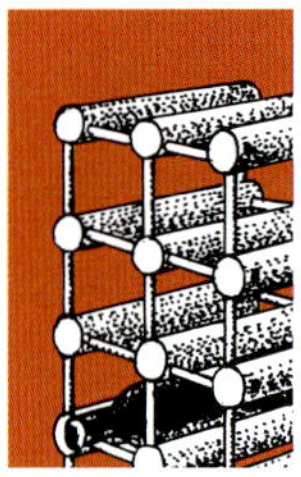

In diesem Weinregal können Sie etwa 10–12 Flaschen lagern. Es ist auch erweiterungsfähig: Sie können jederzeit neue Module aus Holz anbauen, wenn Ihr Weinvorrat größer wird. Außerdem ist das Regal sehr flexibel in der Form: Sie können es sowohl hinlegen als auch aufstellen.

SIE BRAUCHEN:

- 36 profilierte Rundstäbe aus Buchenholz Länge: 11 cm
- 1 A Qualitäts-Kiefernkantholz 3 x 3 cm oder entsprechendes Holz; fehlerfrei und glattgehobelt; Länge: 4,5 m
- Weißer Holzleim
- Baumwollappen zum Wienern

▼ fertiges Weinregal

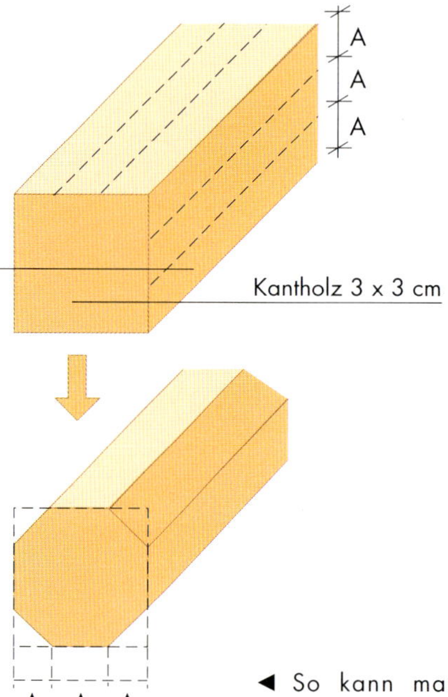

◄ So kann man dem Kantholz ein achteckiges Profil geben.

▼ Ansicht des achteckigen Kantholzes: der größte Bestandteil des Flaschenhalters

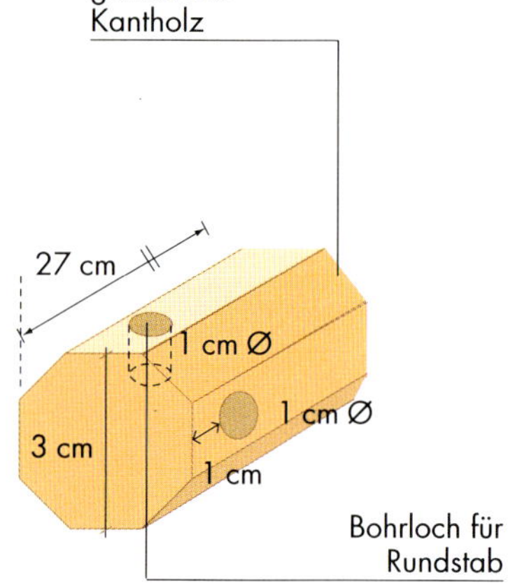

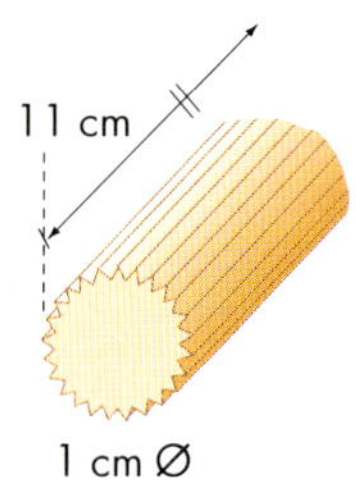

▲ Detailansicht des Rundstabs

▼ 1. Nehmen Sie ein 60 cm langes Kantholz vom Querschnitt 3 x 3 cm, z.B. aus Kiefernholz. Vom Holzstück messen Sie die Längskanten ab und reißen mit dem Streichmaß die Hilfslinien an, mit denen Sie den achteckigen Grundschnitt jedes der Kanthölzer herstellen können.

▼ 2. Auf allen vier Kantseiten des Holzstücks reißen Sie mit dem Streichmaß zwei zu den Kanten parallel verlaufende Linien an, so daß das Kantholz auf der ganzen Länge in drei gleichgroße Abschnitte geteilt ist. Vergessen Sie nicht, daß die Kantseiten absolut eben sein müssen, damit das Streichmaß einen gleichmäßigen Strich erzeugt.

▲ 3. Legen Sie das Kantholz mit den Markierungen nun auf die Werkbank und setzen Sie den Hobel an den Scheitelpunkten an. Hobeln Sie so viel ab, bis Sie 8 gleichmässige Schrägkanten erhalten. Sie sollten alle die gleiche Fläche haben.

▲ 4. Damit Sie die Holzstücke gleichlang schneiden, empfiehlt sich eine Form. Sie bauen sie aus einem Stopper, zwei Leisten, die genau Platz lassen für die achteckigen Kanthölzer, und einer Markierung, welche die gewünschte Länge anzeigt.

◀ 5. Den ersten Schnitt führen Sie entlang der Bleistiftmarkierung aus, die Sie an der von Ihnen gewünschten Höhe gemacht haben. Für die weiteren Schnitte dient die Sägekante zur Orientierung. So erhalten Sie garantiert Werkstücke, die alle auf die gleiche Art geschnitten sind. Eine Schneideform ist immer nützlich, wenn man viele Werkstücke auf die gleiche Größe zurechtschneiden will. Hier sind es 27 cm.

◀ 6. Für die Rundstäbe, welche die Achteckstücke miteinander verbinden, müssen Sie Löcher bohren. Auch dafür kann man die Form benutzen. Spannen Sie Ihre Form unter den Bohrständer auf der Werkbank und legen Sie die Werkstücke ein. Wenn Sie die Form mit Hilfe von Schraubzwingen an der Werkbank fixieren, können Sie sehr exakt bohren.

▶ 7. Jetzt bohren Sie die Löcher in die Enden jedes achteckigen Kantholzes. An jedem Ende sitzen vier Löcher: 1 cm von der Stirnseite entfernt und mit 1 cm Durchmesser. Bohren Sie auf knapp 1 cm Tiefe. Achten Sie darauf, daß Sie die Bohrlöcher jeweils genau in die Mitte der Kantseiten bohren!

◄ 8. Nun schneiden Sie die Rundstäbe einheitlich auf 9 cm Länge. Dafür können Sie auch die Form benutzen, an die Sie sich einfach eine weitere Markierung machen. Beim Sägen sollten Sie den Rundstab mit der freien Hand festhalten.

▲ 9. Auch für das Schneiden der Rundstäbe ist die Form sehr praktisch, wie bei allen Schneidevorgängen, die sich mehrfach wiederholen. Bei den Rundstäben wiederholt sich der Arbeitsgang immerhin 36 mal! Die Rundstäbe sollten aus einem härteren Holz bestehen als die großen Holzteile, zum Beispiel aus Buchenholz.

◄ 10. Wenn nun die Rundstäbe gesägt sind, feilen Sie die Stirnseiten ab. Man kann sie so leichter in die Bohrlöcher einführen, und sie lassen sich besser verleimen. Feilen Sie mit einer feinen Holzfeile aus Metall.

► 11. Sind die Stäbe gefeilt, werden sie in ihre Bohrlöcher gesteckt. Vorher streichen Sie mit einem Pinsel weißen Holzleim auf ihre Enden.

▶ 12. Den überschüssigen Leim, der aus den Bohrlöchern quillt, nehmen Sie mit einem Baumwollappen auf. Die Leimstellen sollten hinterher sauber aussehen.

▲ 13. Um die Montage des Weinregals einfacher zu machen, setzen Sie die Bauteile erst zu Etagen zusammen. In unserem Beispiel haben wir fünf Etagen hergestellt. Wenn alle Regalstufen fertig verleimt sind und der Leim getrocknet ist, so daß die einzelnen Etagen aus drei Achteckhölzern und vier Rundstäben stabil sind, können Sie zur Montage des Weinregals schreiten.

▼ 14. Wenn Sie den Flaschenhalter zusammensetzen, sollten Sie nach einer bestimmten Ordnung vorgehen. Sie können erst eine neue Etage aufsetzen, wenn die darunterliegende Konstruktion getrocknet ist. Wenn Sie noch nicht stark genug ist, eine neue Etage zu halten, verzieht sich der ganze Aufbau.

▶ 15. Wenn sämtliche Bestandteile (36 Rundstäbe, 15 achteckige Kanthölzer) miteinander verbunden und stabil verleimt sind, erhalten Sie ein Weinregal, das Platz für zehn Flaschen bietet, wenn Sie es senkrecht aufstellen. Wenn Sie es auf die Seite legen, können Sie sogar zwölf Flaschen darin unterbringen.

GLOSSAR

A

abbeizen. Alte Anstriche entfernen, meist mit scharfen, evtl. gesundheitsgefährdenden Lösungsmitteln.

Ahle. Kleines Bohrwerkzeug für kleine Löcher. Auch Schusterpfriem genannt. s. S. 44

anreißen. Das Übertragen von Maßen von einem vorgegebenen Plan auf ein Werkstück.

Anschlagswinkel. Gerät zum Anreißen von Winkeln. s. S. 39

astrein. Holzstücke ohne Astlöcher.

ausstemmen. Das Bearbeiten von Vertiefungen in einem Werkstück

B

Balken. Vierkantig geschnittenes Holzstück mit größerem Querschnitt. s. S. 14

Band. Beweglicher Tür- und Möbelbeschlag, ähnlich dem Scharnier. s. S. 22

Basküle. Alter, nicht mehr gebräuchlicher Fenster- und Balkontürenbeschlag. s. S. 25

Beitel. Scharfes Werkzeug zum Ausstemmen von Holz. s. S. 42

Beize. Wäßrige Salzlösung, die bei der Holzbearbeitung eine Farbänderung hervorruft. s .S. 32

Bock. Gestell, auf das Platten, Geräte usw. aufgebaut werden können.

Bohle. Schnittholzsorte: Bretter mit Nut- und Federprofil. s. S. 14

Bohraufsatz. Das Schneid- bzw. Schraubgerät, das man an einer Bohrmaschine befestigt. s. S. 45

Bohrfutter. Der Teil der Bohrmaschine, in den man die Bohraufsätze einsetzt.

Bohrwinde. Handbohrgerät für Bohraufsätze. s. S. 44

Breitenverbindung. Holzverbindung jedweder Art, die die Kantseiten der Holzstücke miteinander verbindet. s. S. 52

bündig machen. Zwei oder mehrere Holzstücke so miteinander kombinieren, daß sich ihre jeweiligen Oberflächen auf genau der gleichen Höhe befinden.

D

Dickte. Schnittholzsorte mit schmalem Querschnitt; Dicke von 6 bis 15 mm. s. S. 14

Dispersionsfarbe. Anstrichfarben, bei denen die Farbpigmente in Lösungsmittel dispergieren. Sie bestehen aus verschiedenen Stoffen, die sich nicht gut miteinander verbinden, weshalb man sie aufrühren muß.

Dübel. Verbindungsmittel aus Metall oder Hartholz. Runde Stabdübel haben Durchmesser von 20–80 mm.

E

Einlegearbeit. Arbeit, bei der Holzstücke von einer Sorte in Holzstücke einer farblich anderen Sorte eingelassen werden. s. S. 78, 122

Endbehandlung. Alle Maßnahmen, die die Holzstücke dekorieren und schützen sollen. Alle Anstriche, aber auch Verzierungen gehören dazu.

F

Falle. Teil des Türschlosses, der die Tür automatisch verriegelt, wenn sie ins Schloß fällt. s. S. 24

Falz. Rechtwinklige Vertiefungen im Rand von Holzstücken.

Faser. Die Nahrungskanäle eines lebenden Baumes, die von den Wurzeln bis in die Äste reichen.

Feder. Profilform an der Schmalfläche von Paneelen, Bohlen oder Brettern. Auch: lose Federn zum Einsetzen in Nutverbindungen.

Forstnerbohrer. Sehr wichtiger, häufig gebrauchter Bohraufsatz für Löcher und Aussparungen mit sehr großem Durchmesser. s. S. 45.

Fräse. Universalschneidemaschine zum Schneiden aller Arten von Löchern, die mit rotierenden Messern arbeitet. s. S. 49

fräsen. Das Schneiden von Öffnungen und unterschiedlichen Profilen in Holz mit einer Fräse.

Fuchsschwanz. Handsäge mit breitem Sägeblatt. s. S. 40

Furnier. Schnittholz mit einer Dicke von 5–8 mm. s. S. 14

G

Gehrung. spezielle Eckverbindung zwischen zwei Holzstücken im 45°-Winkel.

Gehrungsschneidlade. Vorrichtung mit Führungsleisten zum genauen Sägen von 45°-Winkeln.

Geißfuß. Werkzeug zum Herausziehen von Nägeln. s. S. 46

H

Hartholz sehr festes und schweres Holz mit hohem Anteil an Holzfasern. In Europa fast alle Laubbäume. Ausnahmen: s. Weichholz.

Hirnholz. Fläche, die bei einem Schnitt quer zur Faserrichtung durch Massivholz entsteht. Entspricht der Stirnseite.

Hohlkehle. Konkav gebogene Profilform an Leisten und anderen Holzstücken.

Hohlmeißel. Scharfes, gebogenes Ausstemmwerkzeug. s. S. 42

Holzhammer. Werkzeug zum Vorantreiben von Stech- und Stemmwerkzeugen. s. S. 46

Holzschrauben. Schrauben mit scharfem Gewinde. s. S. 26

Holzverbindungen. Systeme zum dauerhaften Zusammenfügen mehrerer Holzteile.

K

Kante. Schmalfläche eines Holzstücks

Kantholz. Schnittholzgröße. Alle rechtwinkligen Holzstücke mit einer Breite von über 10 cm. s. S. 14

Karnies. Profilform. Karniese sind konkav und konvex gebogen.

Kehlhobel. Hobelgerät zum Schneiden konkaver Profile in Holz. s. S. 41

Klebstoff. Alle chemischen Verbindungen oder Gemische, die zwei Fügeteile dauerhaft miteinander verbinden.

L

Lack. Anstrichmittel, welches das Holz mit einem schützenden Film überzieht. s. S. 33

Leim. Kolloide, wasserlöslicher organischer Klebstoff. s. S. 28

M

Maserung. Textur. Zeichnung der Jahresringe im Holz.

MDF. Abk. für: Mitteldichte Holzfaserplatte. Zu Faserplatten s. S. 17

N

Nagelversenker. Kleines Werkzeug zum Aufsetzen auf Stahlstifte. Durch Daraufschlagen mit dem Hammer werden Nagelköpfe unter die Holzoberfläche versenkt. s. S. 46

Nut. Durchgehende Rille im Holz, die eine Feder erhält. Bei Paneel- und Holzverbindungen wichtig.

P

Paneel. Beschichtete, oberflächenveredelte Spanplatte, die an den Schmalflächen Nut- und Federprofil hat.

Parkett. Ein Holzfußboden, der sich aus vielen kleinen Parkettelementen zusammensetzt.

Q

Querschnitt. Der Schnitt durch ein Stück Massivholz quer zur Faserrichtung.

R

Raspel. Grobes Feilwerkzeug zum Abschrägen von Kanten.

Reißnadel. Gerät zum Anreißen von Markierungen auf Holz.

Rückensäge. Kleine Handsäge mit geradem Blatt. Der Rücken ist durch eine zusätzliche Stahlverstärkung versteift. s. S. 40

S

Schlitz. Zapfenloch. Gegenstück zum Zapfen. Beide Teile zusammen erlauben eine stabile Holzverbindung.

schränken. Die wechselseitige Verzahnung von Sägen. Schränkende Sägen haben eine breitere Sägefläche, da die Sägezähne rechts und links ein wenig überstehen.

spannen. Ein Holzstück mit einem anderen Gegenstand zusammenpressen, um es aus einem bestimmten Grund stabil zu halten (nach dem Leimen oder beim Sägen).

Spanplatte. Platte aus grob gehäckseltem und mit Kunstharzen verleimten Holz. s. S: 17

Sperrholzplatte. Platte aus mehreren Schichten Furnierholz, die miteinander verleimt sind. s. S. 17

Schraubzwinge. Werkzeug, um Holzstücke an anderen Gegenständen festzuspannen, meistens an die Werkbank.

Splitter. Im Holz befindliche, werkzeugzerstörende Fremdkörper.

Stahlwolle. Wird vor allem in Schleifmaschinen zum feinen Schleifen lackierter Oberflächen benutzt.

Stirnseite. Die schmalste Fläche eines Holzstücks. Stimmt überein mit der Hirnholzfläche. s. S. 14

Streichmaß. Werkzeug zum geraden Anreißen von Linien parallel zur Kante. s. S. 39

T

Terpentin. Bezeichnung für Kiefernharze, die aus Harzsäuren und Terpentinölen bestehen. Terpentinöl ist ein wichtiges Lösungsmittel für Lacke und Farben.

Topfscharnier. Möbelscharnier, das in eine runde Ausfräsung in der Tür angebracht wird.

Türblatt. Die bewegliche Holzfläche einer Türkonstruktion.

Türschwelle. Der untere Begrenzungsbalken einer Türöffnung.

Türsturz. Der obere Begrenzungsbalken einer Türöffnung.

Türzarge. Konstruktion, die den Rahmen der Türverankerung darstellt. Sie besteht aus Schwelle, Sturz und Seitenteilen.

U

UF-Harze. (Harnstoff-Formaldehyd- Harze). Häufig verwendete Kunstharze für die Herstellung von Span- und MDF-Platten.

V

versiegeln. Das Auftragen zumeist mehrerer Schichten Lack, um die Poren des Holzes zu schließen.

W

Weichholz. In Europa fast alle Nadelhölzer (außer Eibe) sowie Pappel, Espe, Weide, Linde, Roßkastanie.

Werkbank. Wichtiges Arbeitsgerät in der Tischlerwerkstatt. Die Werkbank ermöglicht alle Arten von Arbeitsgängen.

Winkel. Meß- und Anreißinstrument zum Übertragen von Winkeln auf das Werkstück. s. S. 38

Z

Zahnlücke. Abstand zwischen zwei Sägezähnen von einer Spitze zur anderen gemessen.

Zapfen. Ausbuchtung am Ende eines Holzstücks um eine Holzverbindung herzustellen.

Zapfenloch. Schlitz. Einkerbung, die paßgenau zu einem entsprechenden Zapfen geschnitten wird für eine Holzverbindung.

Ziehklinge. Hobel- und Schleifwerkzeug, das sich an alle Flächen anpaßt, auch an kurvige. s. S. 43

Zierleiste. Schmales Holzstück, das keine tragende Funktion hat, sondern nur der Dekoration dient.

Zuschneiden. Das Zurechtsägen von Holzstücken auf die für Konstruktionsarbeiten erforderlichen Baumaße.

Zylinderschraube. Schraube, deren Ansatzpunkt für den Schraubendreher sich seitlich auf dem Schraubkopf befindet.